ケースに学ぶ生産管理

徐 寧教・新宅純二郎・富野貴弘 編

有斐閣ブックス

は　し　が　き

　経営学とは，企業の経営について学び，研究する学問である。いうまでもなく，「利益を追求」することは，企業経営における重要な目的の1つである。では，利益を出すためにはどうすればいいのだろうか。そのための，とても簡単な公式がある。利益というのは，売上から費用を引いた値のことである（利益＝売上－費用）。これがプラスになれば利益になり，マイナスになれば損をしたことになる。では，どのようにしてこれをプラスにできるのだろうか。たとえば，おにぎりをつくって売り，利益を得たいと考えたとしよう。おにぎりを1個つくるのには50円かかるとする。この場合，もしおにぎりが1個100円で売れたとすると，結果として50円の儲けが得られる計算になる。10個売ったら500円，100個売ったら5000円の儲けである。このように考えると，おにぎりをつくって売って，1個50円の利益を得ることはとても簡単なことに思える。

　しかし実際に，おにぎりを50円でつくるにはどうすればいいだろうか，と質問すると，これはとても難しい問題になる。おにぎりをつくるためには，まず誰がおにぎりをつくるのかを考えなければならない。料理の腕に自信のある人なら自分でつくることができるだろうが，そうでない場合には，誰かを雇う必要が生じる。お米を炊くための炊飯器と各種調理道具も用意しなければならない。もちろん，原材料を揃えなければならない。お米，水，海苔，中に入れる具などの調達も必要となる。これらがすべて揃ってから，はじめて調理が開始できる。このように，おにぎりをつくって儲けるという仕事は，一見，簡単なことに思えるが，実はそうではなさそうだ。

　こうしてようやく，お客さんに販売するためのおにぎりが完成したとしよう。最初の話では，おにぎりは1個100円で売れ，1個当たり50円の利益が得られると仮定した。しかし，ものを売ったり，買ったりしたことがある人ならわかると思うが，おにぎりが必ず1個100円で売れるという保証はどこにもない。お客さんにおにぎりを買ってもらうためには，見た目も味も良いおにぎりでなければならない。また，良いおにぎりであっても，1個50円でつくることができなければ，利益の50円は当然得られない。さらに，まだ考えないといけ

ないことがある。それは，お客さんが買ってくれそうな売場や時間で提供することである。

このように考えると，50円でつくったおにぎりを100円で売って，1個50円の利益を得るという話の裏には，かなり複雑なプロセスが隠れていることがわかるだろう。もちろん実際の経営の現場では，もっと複雑な段階を経て仕事が進められ，その段階ごとに合理的な意思決定を続けていく必要がある。その中で，本書が扱うのは，「ものをどのようにつくるのか」に関する話である。もう少し具体的にいえば，「どのようにして，売れるものを効率的につくればよいのか」を学ぶ。そのための経営管理手法のことを「生産管理」と呼ぶ。

「ものをどのようにつくるかについて学びます」というのと，「生産管理について学びます」というのでは，どうしても後者の方が難しいことを学ぶような気がするかもしれない。生産管理を学ぶ際に難しいのは，実際の生産活動が行われている現場についてなかなか想像しにくい点である。多くの人にとって工場は，たとえば小学校の社会科見学でしか行ったことのない場所だろう。工場で生産されたものを日常的に使ってはいるが，実際に工場の中で，どのようなことが行われているのかはよくわからないというのが実感ではないだろうか。

そこで，本書では，すべての章の内容を現実のビジネスケースとセットにして説明している。各章では最初に，企業が生産活動に際して直面したさまざまな問題をどのように解決してきたのかに関するケースを紹介し，その後，そこから導き出される生産管理の理論について学んでいく。また，ケースを紹介するだけではなく，その企業の歴史，産業の背景，製品の特徴などを踏まえながら，企業の中で生産活動がどのように行われているかも説明しているため，生産管理についてより深くイメージしながら学べるだろう。

もう1つ本書が特徴としているのは，ケースのほとんどが筆者たちの直接的な取材によって書かれている点である。世の中のビジネスケースの中には，新聞，雑誌，有価証券報告書などといった二次資料だけに基づいて書かれているものもある。もちろんそれだけで十分な情報量のある内容になることもあるが，どこか物足りないと感じる読者もいるだろう。その点，本書は経営学および生産管理の分野の第一線で活躍する研究者が，実際に自分の足で現場を訪れて得られた情報をもとにして書いたものである。その分，生き生きとした現場の描写となっている。

本書は，「ものをどのようにつくるのか」に関する経営管理手法について学

ぶ本であるが，その領域は他の経営学の分野ともつながっている。たとえば，ものをつくってからどう売るかに関しては主にマーケティング論，企業全体の方向性の中でどのようにものをつくるのかに関しては経営戦略論，工場の組織体制に関しては組織論，製品開発に関してはイノベーション論（製品開発論）など，多くの分野と深く関連している。本書を通じて，生産管理について学ぶ中で，他の経営学，広くは他の学問分野とのつながりについても興味を持ち，考えてみてほしい。そうすることで，生産管理の知識をより生きた知識として活用することができるだろう。

　この本は，さまざまな方のお陰で完成することができた。最後に感謝を申し上げたい。ケース調査にご協力くださった企業の方々，多くの章のもととなった研究成果の支援をしてくださった東京大学ものづくり経営研究センター関係者の方々およびグローバルビジネスリサーチセンター（GBRC）関係者の方々，本書の執筆過程で多くの助言をしてくださった先輩・同僚・後輩の方々，その中でもとくに多くのご助力をいただいた東京大学名誉教授の藤本隆宏先生，本書の編集を担当してくださった有斐閣の藤田裕子氏・得地道代氏，いつも講義・ゼミで自分では考えられないような斬新なアイデアを提供してくれる学生たち，そして個人的にはいつも隣で支えてくれた妻ユリと家族に感謝したい。

2025 年 2 月

編者を代表して

徐　寧教

執筆者紹介

執筆順，＊は編者

AUTHORS

＊徐 寧教（ソ・ヨンキョ）　　　　　　　●序章，第 1・3・7 章（共同執筆），第 11 章
　　現在，神奈川大学経営学部准教授
　　主要著作　"A Global Knowledge Transfer Network: The Case of Toyota's Global Production Support System," *International Journal of Productivity and Quality Management*, 15 (2), 2015, 237–251.
　　　　　　　『多国籍企業の知識マネジメント：トヨタと現代に見る知識ネットワークの形成』有斐閣，2021 年。

閔 承基（ミン・スンギ）　　　　　　　　　　　●第 1 章（共同執筆）
　　現在，名城大学経営学部助教
　　主要著作　「ドミナントデザインの形成におけるプロセス・イノベーションの重要性：LCD 産業のケース」『生産管理』23 (2)，2016 年，103–108 頁。
　　　　　　　"When Does Product Diversity Improve Performance? The Moderating Role of Customer Scope Strategy," *Management Review: An International Journal*, 13 (2), 2018, 61–80.

辺 成祐（ビョン・ソンウ）　　　　　　　　　　　　　●第 2 章
　　現在，東洋大学経営学部准教授
　　主要著作　"Hyundai Steel's Ramp-up Strategy and the Learning Effect," *Annals of Business Administrative Science*, 15 (4), 2016, 163–174.
　　　　　　　『生産マネジメント論』（共著，具承桓編）法律文化社，2024 年。

呉 在烜（オ・ジェフォン）　　　　　　　　　　　●第 3 章（共同執筆）
　　現在，明治大学国際日本学部教授
　　主要著作　「新興国市場向け車両の開発体制の比較研究：日産と現代自動車の事例を中心に」『武蔵大学論集』65 (1)，2017 年，49–58 頁。
　　　　　　　『ものづくり経営学：製造業を超える生産思想』（分担執筆）光文社，2007 年。

＊富野 貴弘（とみの・たかひろ）　　　●第 3 章（共同執筆），第 6 章，12 章（共同執筆）
　　現在，明治大学商学部教授
　　主要著作　『生産システムの市場適応力：時間をめぐる競争』同文舘出版，2012 年。
　　　　　　　『この一冊ですべてわかる　生産管理の基本』日本実業出版社，2017 年。

富田 純一（とみた・じゅんいち）　　　　　　　　　　●第 4 章
　　現在，東洋大学経営学部教授
　　主要著作　『コア・テキスト　生産管理』（共著）新世社，2015 年。
　　　　　　　『1 からのデジタル経営』（共編著）碩学舎，2022 年。

柊 紫乃（ひいらぎ・しの）　　　　　　　　　　　　　●第 5 章
　　現在，愛知工業大学経営学部教授
　　主要著作　『現場改善会計論：改善効果の見える化』（共著）中央経済社，2023 年。
　　　　　　　「NEC パーソナルコンピュータ株式会社米沢事業場：疎開工場からグローバル企業へ

生き残りをかけた能力構築史」(共同執筆) 藤本隆宏編『工場史：「ポスト冷戦期」の日本製造業』有斐閣，2024 年。

臼井 哲也 (うすい・てつや)　●第 7 章 (共同執筆)
現在，学習院大学国際社会科学部教授
主要著作 "A Dynamic Process of Building Global Supply Chain Competence by New Ventures: The Case of Uniqlo," (共同執筆) *Journal of International Marketing*, 25 (3), 2017, 1-20.
「ビジネスモデルの理論的基礎と新しい多国籍企業」『未来の多国籍企業：市場の変化から戦略の革新，そして理論の変化』(共監修) 文眞堂，2020 年。

許 經明 (キョ・ケイメイ)　●第 8 章
現在，國立成功大學企業管理學系副教授
主要著作 "A Friend of a Friend? Informal Authority, Social Capital, and Networks in Telecommunications Standard-setting Organizations," (共同執筆) *Technological Forecasting and Social Change*, 189, 2023, 122346.
"Collaboration and Social Capital in Meta-organisations: Bonding or Bridging?" (共同執筆) *Technology Analysis & Strategic Management*, 2024, 1-13.

HELLER, Daniel Arturo (ヘラー，ダニエル・アルトゥーロ)　●第 9 章
現在，中央大学国際経営学部特任教授
主要著作 「ものづくり経営」山倉健嗣編著『ガイダンス現代経営学』中央経済社，2015 年。
Industries and Disasters: Building Robust and Competitive Supply Chains, (共編) Nova Science, 2018.

向井 悠一朗 (むかい・ゆういちろう)　●第 10 章
現在，高崎経済大学経済学部准教授
主要著作 "Technological Change from Analog to Digital: Aircraft Engine Control System," *Annals of Business Administrative Science*, 13 (6), 2014, 329-342.
「設計組織による製品アーキテクチャの改変：非高付加価値・非先端技術分野における日本企業の製品開発組織」『日本経営学会誌』37，2016 年，29-39 頁。

＊新宅 純二郎 (しんたく・じゅんじろう)　●第 12 章 (共同執筆)
現在，明治大学経営学部特任教授，東京大学名誉教授
主要著作 『経営戦略入門』(共著) 日本経済新聞出版，2011 年。
『ケースに学ぶ国際経営』(共編) 有斐閣，2013 年。

朴 英元 (パク・ヨンウォン)　●第 13 章
現在，埼玉大学学術院人文社会科学研究科教授
主要著作 『コア・コンピタンスと IT 戦略』早稲田大学出版会，2009 年。
Business Architecture Strategy and Platform-based Ecosystem, Springer, 2017.

福澤 光啓 (ふくざわ・みつひろ)　●第 14 章
現在，成蹊大学経営学部教授
主要著作 「デジタル複合機：志向性の異なる複数機能の結合」藤本隆宏編『「人工物」複雑化の時代：設計立国日本の産業競争力』有斐閣，2013 年。
「ソニー美濃加茂工場：危機を乗り越え進化を続けた強靭な現場とその閉鎖」(共同執筆) 藤本隆宏編『工場史：「ポスト冷戦期」の日本製造業』有斐閣，2024 年。

目　次

CONTENTS

序章　生産管理とは何か　●徐　寧教　1
フォードのケース

1 本章のねらい ……………………… 1

2 ケース：フォード社 ……………… 2

   2.1 フォード社とT型フォード ……… 2

   2.2 フォード生産システム …………… 3

   2.3 単一大量生産からフレキシブル
      大量生産へ ……………………… 8

3 ケースを解く …………………… 10

   3.1 生産管理とは何か ……………… 10

   3.2 競争力と生産管理 ……………… 12

   3.3 本書の構成 ……………………… 15

4 課　題 …………………………… 19

用語解説 ―――――――――――――――――― 22

第Ⅰ部　生産管理の基礎

第1章　人材管理　●閔　承基・徐　寧教　28
パナソニックグループのケース

1 本章のねらい ……………………… 28

2 ケース：パナソニックグループ ……… 28

   2.1 パナソニックグループと人材育成 ……… 28

   2.2 パナソニックグループの人材育成 …… 32

   2.3 PCO（パナソニック コネクト株式会社）… 37

3 ケースを解く …………………… 40

   3.1 投入する労働力の量と質 ……… 40

   3.2 人材育成における教育・訓練 ……… 42

   3.3 労働力のフレキシビリティ ……… 44

4 課　題 …………………………… 47

第2章　設備管理　●辺　成祐　49
現代製鉄のケース

目 次 vii

1 本章のねらい ················· 49
2 ケース：現代製鉄の設備導入と管理 ····· 50

2.1 現代自動車グループ傘下の
　　鉄鋼メーカー ················· 50
2.2 新たな挑戦 ················· 51
2.3 高炉と電気炉の「二刀流」操業開始 ····· 53
2.4 迅速な量産立ち上げ ················· 54
2.5 高級鋼生産への課題：
　　工程インテグレーション ················· 55
2.6 高炉設備の改修と保全 ················· 57

3 ケースを解く ················· 58

3.1 設備と設備管理サイクル ················· 58
3.2 設備の最大生産能力キャパシティと
　　拡張 ················· 59
3.3 加工経路と工程レイアウト，
　　生産ランプアップ，設備保全 ····· 61
3.4 プロセス産業の
　　工程インテグレーション ················· 63

4 課　題 ················· 64

第**3**章　　**部品納入管理** ●呉 在烜・富野 貴弘・徐 寧教
日産自動車のケース　66

1 本章のねらい ················· 66
2 ケース：日産とジヤトコ ················· 67

2.1 日産とNPW ················· 67
2.2 NPWにおける順序納入 ················· 71
2.3 ジヤトコにおける順序納入への
　　取り組み ················· 73

3 ケースを解く ················· 75

3.1 部品納入方式のタイプ ················· 75
3.2 トヨタのかんばん方式 ················· 78
3.3 生産ラインへの部品供給方式 ············· 81

4 課　題 ················· 84

第**4**章　　**品質管理** ●富田 純一
アサヒビールのケース　86

1 本章のねらい ················· 86
2 ケース：アサヒビール ················· 87

2.1 アサヒビールとスーパードライ ····· 87
2.2 ビールの生産工程 ················· 89

viii 目　次

	2.3 顧客志向のものづくりへの転換 ········ 91
	2.4 TQCと品質保証の要・太鼓判 　　システムの導入 ············· 92
	2.5 鮮度訴求を実現するフレッシュ 　　マネジメント ············· 94
	2.6 品質向上に向けた近年の取り組み ····· 96
3 ケースを解く ················· 97	3.1 品質の概念：設計品質，適合品質， 　　総合品質 ············· 97
	3.2 品質管理の歴史：SQCからTQCへ ··· 98
	3.3 検査の類型：受入検査，出荷検査， 　　自主検査 ············· 100
	3.4 継続的な品質改善 ············· 101
	3.5 品質保証 ············· 102
4 課　　題 ············· 104	

第5章　原価管理
●柊 紫乃
NECパーソナルコンピュータのケース　106

1 本章のねらい ············· 106	
2 ケース： ············· 107 　　NECパーソナルコンピュータ	2.1 NECパーソナルコンピュータ沿革 ···· 107
	2.2 米沢生産方式 ············· 108
	2.3 独自の原価管理・財務管理手法 ······ 109
3 ケースを解く ················· 112	3.1 原価の形態別分類（材料費・労務 　　費・経費）とお金の流れ（勘定 　　連絡図） ············· 112
	3.2 製品との関係による分類と 　　計算手法 ············· 114
	3.3 営業量との関係による分類と 　　製造間接費・固定費の増大 ········· 116
	3.4 伝統的原価計算とN社の米沢式 　　原価計算：原価の範囲と管理 　　のスピード ············· 118
	3.5 伝統的原価管理とN社の米沢式 　　原価計算：標準原価計算の 　　超カスタマイズ ············· 119
	3.6 伝統的会計手法の課題に対する 　　その他の提案 ············· 121
4 課　　題 ············· 123	

目　次　ix

第6章　納期生産管理

●富野　貴弘

ZARA とユニクロのケース　126

1　本章のねらい ……………… 126

2　ケース：ZARA とユニクロ ………… 127

2.1　アパレル産業のものづくり …………… 127

2.2　ZARA のケース：トレンド品の
QR ビジネス …………………… 128

2.3　ユニクロのケース：定番カジュアル
品の安定供給ビジネス …………… 131

3　ケースを解く ……………… 133

3.1　納期とは ……………………… 133

3.2　納期管理と生産方式 …………… 134

3.3　ものづくりにおける延期－投機の
原理 …………………………… 136

3.4　ZARA とユニクロの違い ……… 137

3.5　両社のポジション比較 ………… 139

4　課　　題 ……………… 140

第Ⅱ部　変化する生産管理

第7章　生　産　委　託

●臼井　哲也・徐　寧教

ユニクロのケース　142

1　本章のねらい ……………… 142

2　ケース：ユニクロ …………… 142

2.1　ユニクロの概要 ……………… 143

2.2　生産委託の開始：経済的なパワーの
構築 …………………………… 145

2.3　生産委託の進化：中国サプライヤーとの
協働関係の強化と競争の促進 …… 148

2.4　情報駆動型 SPA への進化 …… 150

3　ケースを解く ……………… 152

3.1　バリューチェーンと生産委託 ……… 152

3.2　生産委託のメリットとデメリット … 154

3.3　委託先の集中と分散化 ………… 157

4　課　　題 ……………… 159

x　目　次

第8章　プラットフォーム・エコシステムにおける生産計画　●許　經明　161
ASUS のケース

1 本章のねらい ……………… 161

2 ケース：ASUS ……………… 162

   2.1 サプライチェーンからプラットフォーム・エコシステムへの変遷 ……… 162

   2.2 ASUS の経営実績 ……………… 165

   2.3 ASUS の生産計画 ……………… 168

3 ケースを解く ……………… 171

   3.1 環境変化と生産計画 ……………… 171

   3.2 プラットフォーム・エコシステムにおける企業間関係 ……………… 172

   3.3 プラットフォーム・エコシステムへの特殊資産の投資 ……………… 175

4 課　題 ……………… 176

第9章　災害マネジメント　●ダニエル・A．ヘラー　180
アイシンとリケンのケース

1 本章のねらい ……………… 180

2 ケース：アイシン刈谷工場と ……… 181
　　リケン柏崎工場

   2.1 アイシンの刈谷工場の火災：代替生産の復旧方策 ……… 181

   2.2 リケンの柏崎工場の震災：現場復旧の方策 ……… 185

3 ケースを解く ……………… 188

   3.1 人命第一と復旧のスピード重視 … 189

   3.2 災害マネジメントの3つの組織能力 ……………… 191

   3.3 多能工の育成：問題解決スキル … 194

   3.4 生産現場の能力構築を優先する事業継続計画 ……………… 195

4 課　題 ……………… 197

第10章　生産技術の変革　●向井　悠一朗　200
造船産業のケース

1 本章のねらい ……………… 200

2 ケース：造船産業における ……… 200
　　工程イノベーション

   2.1 溶接・ブロック建造法の普及と産業の変遷 ……………… 200

   2.2 造船所の一般的な生産プロセス … 202

目　次　xi

		2.3 溶接・ブロック建造法 ………… 207
3 ケースを解く ………………… 210		**3.1** 工程イノベーションのインパクト … 210
		3.2 生産性とは何か …………………… 211
		3.3 ボトルネックへの対応 …………… 213
4 課　　題 ………………………… 217		

第11章　海外生産と生産システムの移転 ●徐　寧教
現代自動車のケース　220

1 本章のねらい ………………… 220		
2 ケース：現代自動車 …………… 221		**2.1** 現代自動車と海外生産 …………… 221
		2.2 現代自動車の中国進出： …………… 223 北京現代汽車
		2.3 現代自動車の生産システム移転 …… 227
3 ケースを解く ………………… 229		**3.1** 国家間の違いと生産システムの 海外移転 …………………………… 229
		3.2 生産システムの海外移転を 助ける要因，妨げる要因 ………… 231
		3.3 日本のマザー工場制との比較 …… 233
4 課　　題 ………………………… 236		

第12章　グローバル納期生産管理 ●富野貴弘・新宅純二郎
トヨタ自動車のケース　238

1 本章のねらい ………………… 238		
2 ケース：トヨタ自動車 ………… 239		**2.1** グローバル化と 日本のものづくりの変容 ………… 239
		2.2 トヨタ自動車のケース …………… 242
3 ケースを解く ………………… 249		**3.1** グローバル生産と長納期問題 …… 249
		3.2 生販連携による精度の高い 月度計画策定 ……………………… 250
		3.3 投機生産と延期生産の支え合い … 251
4 課　　題 ………………………… 253		

xii　目　次

第13章　ファクトリーオートメーション
●朴　英元
富士電機のケース　255

1　本章のねらい ……………… 255

2　ケース：富士電機 ……………… 256
2.1　富士電機株式会社三重工場 ……………… 256
2.2　三重工場のＦＡの取り組み ……………… 258

3　ケースを解く ……………… 263
3.1　自動化と自働化 ……………… 263
3.2　自働化戦略とパフォーマンス ……………… 266
3.3　日本型のスマートファクトリーの
あり方 ……………… 269

4　課　題 ……………… 273

第14章　デジタル３次元情報の活用
●福澤　光啓
ラティス・テクノロジーのケース　275

1　本章のねらい ……………… 275

2　ケース：ラティス・テクノロジー …… 277
2.1　ラティス・テクノロジーの概要 ……………… 277
2.2　ラティス社の中核技術 XVL の
開発 ……………… 278
2.3　ラティス社の提供する価値：デジタル
3D 設計情報の全社的連携 ……………… 282
2.4　ラティス社の技術の導入・
活用事例 ……………… 284

3　ケースを解く ……………… 285
3.1　コンカレントエンジニアリングと
フロントローディング ……………… 285
3.2　設計情報のデジタル化技術としての
3D CAD ……………… 288
3.3　情報技術と組織と戦略の良い連関を
つくり出す ……………… 289

4　課　題 ……………… 292

索　引　295

事項索引……295　　人名索引……308　　企業名索引……310

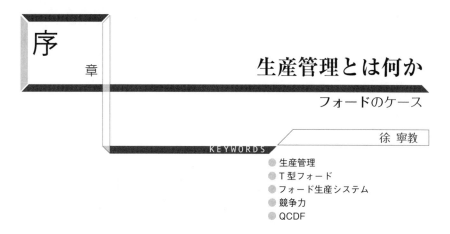

序章 生産管理とは何か

フォードのケース

徐 寧教

KEYWORDS
- 生産管理
- T型フォード
- フォード生産システム
- 競争力
- QCDF

1 本章のねらい

　本書では，経営学の一分野である**生産管理**について学ぶ。各章それぞれ実際のケースを用いて，全14章を，前半の「生産管理の基礎」と後半の「変化する生産管理」の2部に分けて説明する。この序章ではアメリカの自動車会社であるフォード社がどのように自社の生産システムを構築し，それによりいかにしてT型フォードというヒットモデルが生み出されたのかについて解説する。

　フォード社は，移動式組立ライン，部品互換性，生産現場の標準化などの要素を持つフォード生産システムを構築し，大量生産システムを確立した。そして，革新的な生産システムを通じて，T型フォードというモデル名の自動車を大量生産した。T型フォードは，当時インフラが未発達だったアメリカの悪路をよく走る高品質な車で，さらに値段も手頃で，一般大衆でも購入することができた。また，市場の需要に合わせて，大量かつ安定的に生産を行っていたのである。T型フォードは，アメリカ社会に車を大衆化させた記念碑的モデルであり，自動車がどのような製品かを定義づけた製品だともいえる。

　このようにフォード社は効率的な生産システムを通じて，自社の競争力を高めることができた。ここでいう生産管理とは，投入要素を形のある完成財に変換するプロセスを効率的に管理することを意味する。投入要素としては，ヒト，設備，部材をあげることができる。また，出来上がった完成財の品質，コスト，納期を高いレベルで維持することが生産管理の目的である。そして，それは

裏の競争力（品質，コスト，納期）として，表の競争力（製品，価格，流通，販促）を支えていくことになる。つまり企業は生産管理を通じて，競争力を向上させ，利益を得ることができるのである。

2 ケース：フォード社

2.1 フォード社と T 型フォード

本章では，アメリカのフォード社がどのように大量生産システムを構築し，それにより競争力を高め，自動車という製品をいかに大衆化させたのかについて説明する。ここで，生産システムとは，製品の生産活動のために，体系的に連携している要素を総体的に指す言葉である。そして，ケースを通じて，企業の生産管理とは何か，企業にとってどのような意味を持つのかを具体的に説明する。生産管理によって，企業は自らが生産する製品の品質を高め，コストを下げ，顧客の望む量の製品を望む時間に届けることができる。それは企業が市場で競争していく中で，なくてはならない力であり，競争優位の源泉になりうる重要な要素である。

フォード社はアメリカのビッグ 3（GM，フォード，クライスラー〔2021 年からステランティス社〕）と呼ばれる自動車会社のなかの一社であり，アメリカを代表する自動車会社である。同時に，自動車という製品を大衆化させた会社ともいわれている。このような大成功の裏には，フォード生産システムという革新的な生産管理手法が存在した。つまり，フォード社の当時の驚異的な経営成果の多くは生産管理によって支えられていたのである。

フォード社は，創業者であるヘンリー・フォードによって，1903 年に設立された。1908 年には，T 型フォードが生まれ，市場を席巻することになる。**T 型フォード**は，「小型，軽量，低コスト」をコンセプトに高い品質と，手頃な値段を武器に多くの消費者に選ばれた。そして，T 型フォードの登場によって，アメリカ市場で「自動車」という製品が確立され，多くの人に普及していったのである。販売価格は，当初 950 ドルから始まったが，最終的には 300 ドルまでに下がった。販売台数は，1908 年から 27 年に至るまでに 1500 万台以上に達した。このように T 型フォードは名実ともにフォード社の最も成功し，歴史上にその名を残した製品である。

T 型の歴史的意義は，単にフォード社の成功を牽引したことに限られるもの

T型フォード セダン (1919年)
(出所) The Henry Ford ホームページ。

ではない。ガソリン自動車という製品が発明されたのは、1886年にドイツ人のゴットリープ・ダイムラーによってである。自動車は発明当初、馬車もしくは自転車の代替品として位置づけられ、値段も高く、お金持ちの趣味程度の商品として認識されていた。当時の自動車は動力源も定まっておらず、ガソリンを動力にするものと蒸気機関、電気を動力にする車が混在していた。どの動力源が「自動車」という製品に相応(ふさわ)しいのかは、まだ結論が出ていなかったのである。

T型フォードは、その圧倒的な価格競争力と悪路でも問題なく走れる品質で、市場に広まり、自動車とはどのようなものかを社会に定着させた。T型フォードは、ガソリンエンジンを車体の前に置き、動力をドライブシャフトに伝えて車を走らせた。こうして、自動車の製品コンセプトとそれを具現化するための支配的な技術が決まった。このような製品もしくは技術のことを「ドミナント・デザイン」と呼ぶ。

2.2 フォード生産システム

大成功をおさめたT型フォードの背後には、数々の生産革新があった。それらは、**フォード生産システム**、もしくはそのままフォードシステムとも呼ばれる。このフォード生産システムによる大量生産こそがフォード社とT型の競争力を支えていたのである。ここでは、フォードの大量生産システムを支えた、(1)移動式組立ライン、(2)部品互換性、(3)生産現場の標準化という3つの要素について説明する。

(1) 移動式組立ライン

　工場といって，思い浮かべられる典型的な光景は，大きくて箱のような建物の中で，ベルトコンベアの上を流れてくるモノに，ずらっと並んだ労働者が分担された自分の仕事を反復的に行う姿であろう。これがもう少し現代的になると，労働者が自動化機械に代替されたりすることもある。ここで，重要なポイントは，人が自分の場所で動かず仕事をしており，モノが動きながら新たに加工されていくことである。これこそが移動式組立ラインである。それと反対に人が動いてモノが定地に置いてある方式は，定置式組立ラインという。

　この移動式組立ラインは，フォード社が採用したことで有名になったものである。実は，当初 T 型フォードの組立ラインでは，定置式組立方式を採用していた。つまり，図 O-1 a のように，工場内のラインに車がずらっと並んでいて，その車に対して，作業者が巡回しながら組立を行っていた。この方式では，作業者と一緒に部品，工具などが移動しなければならなかった。定置式組立方式では，T 型フォードの急増する需要に生産が追いつかなかったため，移動式組立方式を導入することになったのである。

　移動式組立方式において，図 O-1 b のように，人は自分の決まった位置にとどまり，運ばれてきた車を組み立てることになる。つまり，「仕事がある場所に人間が移動する」定置式組立方式から「仕事を人間のいる場所に移動させる」移動式組立方式に変わったのである。こうすることで，決まった位置に必要な部品や工具を固定して置くことができるようになった。しかし，この移動式組立ラインは，現代の工場で一般的に見られるベルトコンベヤーの上に車が載っているものではなく，車と車をロープでつなげて移動させる方式であった。

　移動式組立方式は，フォード生産システムの大きな要素であり，最も有名なものでもある。しかし，フォード社の成功は，移動式組立ラインだけではなく，他のさまざまな要因にも支えられている。

(2) 部品互換性

　フォード生産システムを理解するためのもう 1 つの重要なキーワードは，部品互換性である。これは，製品をつくる際の一種のコンセプトであるといえる。1 つの製品の中には，数多くの部品が含まれている。それらの部品が互いに組み合わさって，それぞれの機能を果たすことで 1 つの製品が最終的な性能を発揮することができる。一般的に自動車は，2 万点から 3 万点ほどの部品で出来ているといわれている。部品互換性とは，大量生産された部品と別に大量生産

図 0-1 ● 定置式組立方式と移動式組立方式

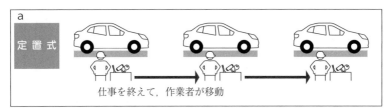
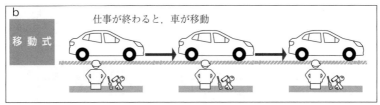

（出所）筆者作成。

された部品を組み合わせたときに，両者の接合部の寸法がピッタリ合い，問題なく組み立てることができるということを意味する。

　これは，一見すると当たり前のように思われるかもしれない。設計図にAという部品の上にBという部品を載せるということが書かれているのなら，その通りに作業をすると2つの部品を組み立てることが可能なはずである。しかし，これは部品を加工する技術が高度に発達しており，精密な部品をつくることができるという前提があるときに成立する話である。たとえばA部品はドーナッツの形をしており，B部品は突起のついた円盤型であると考えてみよう。A部品をB部品の上に載せて，ピッタリと合わせて組み立てるためには，A部品の穴とB部品の突起部分がほぼ同じ口径で加工されていなければならない。A部品の穴が大きすぎたら，2つの部品が固定されないし，B部品の突起部分が大きすぎたら，そもそも2つの部品を結合することができない。たとえば，A，B部品の結合部をそれぞれ，100mmの大きさで加工するよう設計図に書いてあったとしよう。実際の現場での部品生産は，設計図通りにはいかないことが多い。ちょうど100mmで加工しようとしても，そこには微妙な差が発生してしまう。少し大きく削ってしまったり，少し小さく削ってしまったりすることが起きてしまうのである。この差が大きくなると2つの部品が合わなくなり，部品互換性は確保できない。

それでは，これをどのように解決すればいいのか。最も簡単な方法は公差を決めて，合わない部品を事前に省いてしまうことである。公差とは，先ほどのように部品の指定された寸法からズレが生じた場合，どれほどまでなら許せるかという許容範囲のことである。たとえば100mmの部品なら，±0.01mmの範囲なら差があっても問題ないといったように指定するのである。しかし，これは精密な加工技術と厳格な品質管理を要する方法である。そのため，昔は，フィッターという作業者を通じて，部品の寸法問題を解決していた。フィッターとは，金属を削るヤスリを持った作業者のことで，部品同士の寸法が合わない場合，削って形状を一致させる仕事をしていた。当然その分だけ時間がかかって非効率的であった。

フォード社は，専用工作機械の導入と加工精度の向上，作業手順および道具の標準化を通じて，部品互換性を確立した。専用工作機械または専用設備とは，特定の部品を加工するために特化されている生産設備のことを指す。逆に多様な部品に対応している設備は，汎用設備と呼ぶ。汎用設備は，多様な部品を1つの機械で生産できるため，生産の柔軟性の面で長けているが，その都度，工具，加工方法などを変えなければならないため，生産性の面では劣る。専用設備は，特定の部品加工に特化しているため，生産性は高いが，柔軟性に乏しく，生産量が少ない場合には稼働率が下がってしまう。フォード社が専用設備を導入することができたのもT型を大量生産していたためである。こうしてフォード社では，専用工作機械を導入することで，大量で速く正確な部品の加工が可能になったのである。

部品互換性が実現すると，生産現場では，部品を1つずつ削って合わせていく必要がないため，生産効率が飛躍的に上昇する。つまり，最初に述べたように，大量に生産した部品と別の部品をランダムに組み合わせても問題なく組み立てることができるのである。

(3) 生産現場の標準化

生産現場では，作業標準というものが設定されている。これは作業者が現場において，正しく，そして最も効率的に作業をすることができるのかを表したものである。自動車工場を例にして，自動車に部品を取り付ける作業を考えてみよう。作業者がどのように部品を取り，それをどの工具を使って，ネジはどのように締めるのか，それぞれの作業は何秒内に行わなければならないのか，どういった動線で動くのかなど細かいところまですべて決められている。作業

者が決められた作業標準に従うことで，最も効率的な作業ができるのである。ちなみに，この作業標準はより効率的な生産のために改訂されることもある。当たり前のことであるが，最も効率的な仕事のやり方を決めて，作業者がそれに従うと，生産性を高く保ち，良い品質のものを生産することができるのである。

　しかし，近代的な生産管理手法が確立される前の工場では，このような作業標準が決められていないことが多かった。現場での生産は，その場合，構内請負式で行われていることが一般的であった。たとえば，車を生産する計画を立てて，それに合わせて車のエンジンに入るシリンダーブロックという部品が必要になったとしよう。この際，シリンダーブロックを生産しているチームにいつまで何個この部品が必要かを指示した伝票を送る。その伝票を見て，生産チームは，指定された時間・量に合わせてシリンダブロックをつくって指定場所に運ぶことになる。この生産の過程は厳格に管理されず，熟練労働者が自らの経験と技能に頼って生産を行っていた。また，生産に用いられる治工具も統一されていなかった。

　フォード社は，作業現場における作業方法と治工具などを標準化した。生産作業における作業方法と時間などを決めて，それに従うことで，ものづくりの経験があまりない労働者でも均質な製品をつくれるようにしたのである。また，治工具を統一して，専用設備を導入したことも作業の単純化と部品互換性の確保に寄与したといえる。

(4) 大量生産システムの確立

　そのほかにもフォード社は，徹底的に垂直統合を推進した。ダラス市のハイランドパーク工場ではプレス工程を内製化し，ミシガン州リバールージュ工場では製鉄所を構内に建設するなど，垂直統合を通じた効率化を進めた。また，1日の労働時間を8時間に設定し，日給を当時の平均の2倍となる5ドルに引き上げるなど労働者の待遇にも関心を払った。このようなさまざまな要素からなる効率的な生産システムを構築したことで，フォード社は，高品質，低コストの車を大量生産することができたのである。

　ただし，フォード生産システムは，一朝一夕で出来上がったものではなく，絶え間ない実験と改善を通じて完成されたものである。また，その多くは，起源がフォード社ではないことにも注意しなければならない。たとえば，部品互換性の概念は，18世紀のアメリカで，戦争中の銃器生産においてすでに

登場している。さらに，移動式生産ラインについてもアメリカの加工肉メーカーや小麦粉メーカーなどの生産ラインにその原型があったといわれている（Hounshell, 1984）。フォード社は，現代の生産管理においては当たり前になっているさまざまな要素を発展・統合して，大量生産システムとして完成させたのである。

2.3 単一大量生産からフレキシブル大量生産へ

このように自動車の大衆化を導いたフォード社とＴ型だったが，その後は，競争力を急速に失ってしまった。それは，フォード生産システムが持つフレキシビリティの欠如に起因する。前項で説明した通り，フォード生産システムは，Ｔ型という高品質，低コストの車を大量生産する生産システムであった。ここで重要なのは，フォード社の生産システムが，Ｔ型という１つの製品を生産することに焦点が合わせられていたことである。Ｔ型には複数のタイプがあり，またデザインも少しずつ更新されてはいたが，フォード社がＴ型だけを集中的に生産していたことは事実である。そのバリエーションも生産性を保つために制限されていた。たとえば，Ｔ型フォードのボディーは１色，黒のみだった。ヘンリー・フォードは，「すべての顧客は好きな色の車を買うことができる，黒に限って。（Any customer can have a car painted any color that he wants so long as it's black.）」という言葉を残したといわれている。

Ｔ型フォードが低コストで生産できたのは，先述した革新的な生産システムによるものであるが，単一製品を大量生産することで，経験曲線効果が働いたことにもよる。経験曲線効果とは，製品の累積生産量が増加すれば，次の１単位を生産するためのコストが一定の比率で減少することを意味する。Ｔ型フォードの累積生産量が多くなればなるほど，その生産コストが低下していくのである。図 **0-2** は，アバナシーとウェインが提示したフォードの販売価格の推移を表したものである（Abernarthy and Wayne, 1974）。横軸は累積生産量を，縦軸は販売価格を対数目盛で表している。累積生産量とともに販売価格が下がっていったことは，その背後で生産コストが同時に減少していったことを意味する。

しかし，先ほども述べたように，フォード生産システムには，フレキシビリティの欠如という大きな問題点があった。単一製品大量生産は，自動車の大衆化という新たな新規需要を満たしていくためには適していたが，ある程度市場

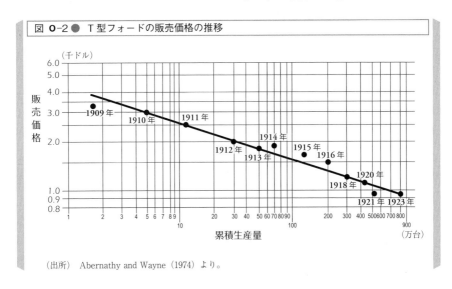

図 0-2 ● T型フォードの販売価格の推移

(出所) Abernathy and Wayne (1974) より。

で自動車という製品が広まってからは，買い替え需要にはうまく対応できなかったのである。買い替えとなれば，前のものとは別のものを買いたくなるのが一般的な消費者の心理である。T型だけを生産してきたフォード社は，その需要を満たすのが難しかった。そこで，台頭したのがGM社である。多くの車会社の合併で成立したGM社は，傘下に多くのブランドを持ち，それらを活用したフルライン戦略をとった。多様な消費者のニーズを満たせる製品ラインナップを展開したのである。また，定期的なモデルチェンジを通じて，消費者の買い替えを促した。GM社は，フルライン戦略のために，フレキシブル大量生産システムを構築した。これは，フォードシステムを受け継ぎながらも，モデル間の部品の共通化を図ることで，より柔軟な生産を可能にしたのである。

　フォード社もこのような時代の流れに対応するために，新モデルA型を開発して生産することを決めた。しかし，T型の生産に特化している生産プロセスを別モデルの生産のために修正するには，長い時間を要することとなった[1]。フォードシステムは，T型という単一の製品を生産するために特化され，その生産性は非常に優れたものであったが，行き過ぎた効率性の追求のため，環境変化に対応する柔軟性をなくしてしまったのである。このように生産性と柔軟性の両立が難しくなることを「生産性のジレンマ」と呼ぶ。

3 ケースを解く

3.1 生産管理とは何か

本書のメインテーマである「生産管理」の源流は，フォードと同時期にアメリカでフレデリック・テイラーによって提唱された「科学的管理法（scientific management）」だといわれている。テイラーは，生産現場を体系的に管理するために，2つの方法を提示した。1つめは時間研究・動作研究などを利用して生産作業に標準を導入すること，2つめは労働者が決められた以上の仕事をしたら，通常の賃金よりも高い賃金を支払う差別出来高給制度である。その後，生産管理は生産活動全般の管理だけではなく，さまざまな方面から企業の競争力までも強化できるツールに発展していく。

生産管理は企業の経営管理の一部であり，企業の経営活動の一部である生産活動を管理することを意味する。では，生産活動とは何か。多くの企業はモノをつくり販売することを通じて利益を得ており，モノをつくることこそが生産活動である。より厳密に定義すると，生産（production）とは，生産要素（もしくは投入要素）を有用な財に変換する過程（transformation process）であるということができる。言い換えれば，生産要素というインプットを有用な財というアウトプットに変換する過程であるともいえる。

次に，生産管理とは，変換過程としての一連の生産活動を管理しながら，顧客に価値ある製品を効率的に生産するための仕組みである。製品の生産は，主に工場で行われるため，工場の管理ともいえるが，工場に限定されるものではなく，関連するほかの活動の管理も含む。

では，生産管理の対象となる生産活動における投入要素とは何か。本書では，人（Man），機械（Machine），部材（Material）を取り上げることとする。3つの要素の頭文字を取って3Mとも呼ばれる。図 **0-3** は，この変換過程を表したものである。この図を見ると，企業が，労働力，機械設備，原材料といった3つの生産要素を変換プロセスに投入すると，それらが変換過程を経て，製品として出力されていくことがわかる。ここでいう製品とは，有形・無形両方の財を含むが，本書では，主に有形の財を生み出す活動について扱うことにする。

人もしくは労働力は，労働現場における生産活動を遂行する重要な要素である。形あるものをつくり上げるために人が必要なのはいうまでもない。企業は，自らが行う生産活動を遂行するのに十分な量の労働力を投入していく必要があ

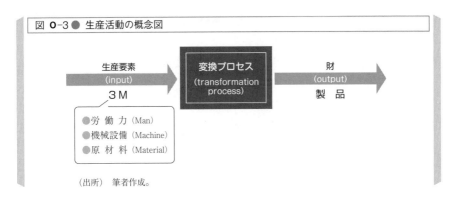

図 0-3 ● 生産活動の概念図

（出所）筆者作成。

る。労働力の量だけではなく，質の高い労働力を投入することも重要である。単純に雇用して投入するだけではなく，持続的な教育訓練を通じて，質を高めていかなければならないのも人・労働力の大きな特徴である。

　機械設備は，人の生産活動を助ける存在であり，自動化された機械はそれ自体で生産活動を行うこともできる。とくに現代の生産現場において，機械設備は生産の効率化に大きな役割を果たしている。しかし機械設備を製造現場に導入するためには，多くの資本が必要となる。そのため，機械設備を導入する際には，その費用対効果を考えなければならない。どの設備をどのくらい投入するのか，現場ではどのように配置するのか，投入した後もそれをどのように管理していくのかが重要である。

　材料もしくは部品（原材料）は，生産活動を行うために，企業が外部から調達する要素である。企業が一社単独で，生産活動を行うために必要なモノをすべて生産することはほとんどない。どこかで原材料と部品を購入し，それを加工して完成品にすることが一般的である。すべてを自社でつくることになると，管理コストが膨大になり，非効率性が増大するからである。そのため，良い部材を，安く，適切なタイミングかつ適量で供給してもらうことは，生産活動においてきわめて重要な要素である。

　前節のフォード社のケースでは，自動車を生産する生産システムについて見たが，フォード社は，生産システムに投入される3Mについてさまざまな工夫をしていたことがわかるだろう。たとえば，現場に投入する労働力を管理するために，作業標準を決めたり，労働時間・日給などを変更したりしていた。機械設備に関しては，専用工作機械を導入し，移動式組立方式のための設備も導

入し，さらに治工具を統一化していた。材料・部品に関しては，垂直統合を行うことで，効率化を図っていた。

しかし，生産管理には，この3つの投入要素以外にも重要な要素がある。先述した3Mに方法（Method）を入れて4Mとも，さらに資金（Money）を加えて5Mともいう。方法とは，どのように生産するかに関するもので，生産技術，生産マニュアル，生産要素の投入方法などがあげられる。資金は，生産活動を遂行していくために資金を確保し，投入することを意味する。これらは，効率的な生産活動を行うためには欠かせない重要な要素である。とくに4Mは，生産現場でよく使われる言葉である。たとえば，ある企業では，生産活動の変化を把握するときに「4Mの変化について報告せよ」という指示を出す。これは，現場において，労働力の変化，機械設備の変化，部材の変化，それらを製品に変換する方法の変化を見ると生産活動の大体の様子が把握できるということである。ただし，本章では，より直接的に投入される3Mをインプットとして捉え，方法に関しては，それらを変換する過程の一部であると解釈する。

3.2　競争力と生産管理

生産管理の目的は，企業が生産活動を通じて競争力のある製品を生産し，顧客に提供することである。では，ここでいう**競争力**とは何か。藤本（2003）は，競争力を「ある企業が提供する個別製品もしくは製品群が既存の顧客を満足させ，かつ潜在的な顧客を購買へと誘引する力」だと説明する。言い換えると，製品を通じて，顧客を説得し，納得させる力だともいえる。つまり企業は，競争力のある製品を通じて，顧客がその製品を購買するように説得し，さらにその消費者を納得させることができるのである。このように，企業が競争力のある製品を生産・提供することができるようにすることが生産管理の目的であり，企業はそれを通じて利益を獲得することができる。

しかし，競争力とは多面的な概念である。顧客を説得し，満足させる要素は数多くあり，そのすべてを把握することは容易ではない。そこで，競争力という概念を表と裏に分けて説明しよう。藤本（2003）は，企業の競争力を表の競争力と裏の競争力に分けて説明している。表の競争力とは，消費者を直接説得することができる要因であり，マーケティングの4Pに相当するものだといえる。4Pとは製品（Product），価格（Price），流通（Place），販促（Promotion）の頭文字をとった略語であり，マーケティングにおいて，ターゲットにする顧

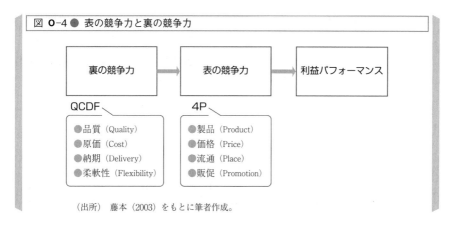

図 0-4 ● 表の競争力と裏の競争力

（出所）藤本（2003）をもとに筆者作成。

客層に自社の製品・サービスを販売するための要素である（図 0-4）。企業は，良い製品・サービスを顧客に提供し，逆に良くない製品・サービスは顧客に選ばれにくい。同時に，適切な値段を設定しないと顧客はその製品・サービスを購入しないだろう。適切な販売網を構築し，顧客の手に届ける必要もあるし，販促活動を通じて顧客に製品・サービスについて知ってもらうことも大事である。このように 4P に代表される表の競争力は顧客を直接説得する役割を果たす。われわれが消費者として普段接しているのは，企業の表の競争力だといえる。

しかし，表の競争力は，裏の競争力に支えられてこそ，その真価を発揮する。裏の競争力がしっかりしていなければ，表の競争力を確保することはできない。裏の競争力は，QCD で代表され，Q は品質（Quality），C はコスト（Cost），D は納期（Delivery）を意味する。Q の品質は，その製品の良し悪しと直接関連している。そのため，製品の質をいかにつくり上げることができるかは，顧客にどれだけ良い製品（Product）を提供することができるかということに直結する。C のコストは，原価のことを指し，製品をつくる際にどれくらいのお金をかけたかを意味する。コストは，製品の価格（Price）と深い関連を持つ。しかし製品の価格はその原価と必ずしも直接連動しているとはいえない。製品の価格を決める際には，もう 1 つ，企業の利益という重要な要素を考慮しなければならないからである。しかし，低コストで製品を生産することができる企業は，価格設定における自由度が上がるだろう。最後は D の納期で，これは顧客が消費者に必要な製品を届けるまでの時間・時点のことを指し，必要なもの

を，必要なタイミングで，必要な量だけ届けることである。企業が生産活動を通じて，消費者と約束した納期を守っていくことは，製品を消費者の手に届くようにする流通（Place）と関連が深い。生産活動を通じて達成されたQCDのレベルは，販促（Promotion）活動のための材料になる。このように，QCDは，表の競争力の4Pを裏から支え，企業の全体的な競争力を強化していくのである。フォード社のケースでも効率的な生産システムを通じて，T型フォードという良品質・低コストの製品を需要に合わせて大量に生産することができたがゆえに同社がアメリカの自動車市場を席巻したのである。悪路を問題なく走ることのできる品質，庶民でも手に入る手頃な価格，成長する消費者の需要に合わせた安定的な大量生産のすべてが揃ったからこそ，フォード社のT型は競争力を持っていたといえる。

QCDとともに，裏の競争力の重要な要因であるといわれているのが，フレキシビリティ（Flexibility）を意味するFである。企業が生産活動を行う際には，さまざまな変化に対応しなければならない。たとえば，製品の需要が変化したときは生産量を増減させなければならない。また，複数の製品を生産する場合，その品種の生産比率にも変更が発生しうる。ほかにも新製品が発売されたり，新たな生産技術が導入されたりするなど生産現場は多様な変化に対応しながら活動を続けている。しかし，変化に対応するからといって，生産活動全体のレベルを下げてはいけない。このように生産現場が全体的なQCDのレベルを低下させずに変化に対応する能力のことをフレキシビリティと呼び，あわせて**QCDF**という。ケースで見たように，フォード社は，フレキシビリティの欠如により競争力を失ったのである。

本節の冒頭でも述べたように，生産管理とは，企業が生産活動を通じて競争力のある製品を生産し，顧客に提供することである。生産管理を通じて，表の競争力を強化することは難しい。しかし，それを支える裏の競争力を強化することは可能である。したがって，生産管理活動を通じて企業が目指すべき姿は，3Mで代表されるインプットを製品というアウトプットに効率よく変換していくことであり，出力された製品のQCDレベルを高い水準で維持することである。そうすることで，企業の全体的な競争力を向上させることができる。生産管理活動を通じて，裏の競争力を強化し，それがさらに表の競争力として現れ，結果として消費者を満足させることができるのである。そこから，なぜ生産管理という学問を学ばなければならないかがわかるだろう。生産管理とは，単に

序　章　生産管理とは何か（フォード）　15

工場と関わっている人だけのための知識ではなく，企業の経営活動に関わっているすべての人が自社の競争力を向上させるために理解すべき必須の知識だといえる。

3.3　本書の構成

本書は，第Ⅰ部「生産管理の基礎」と第Ⅱ部「変化する生産管理」の2部から構成されている。第1〜6章は，「生産管理の基礎」篇である。ここでは，生産管理の基本的な要素について学ぶ。具体的には，生産管理のインプット要素としての3Mを第1〜3章で学び，アウトプットとしての製品のQCDについて第4〜6章で説明する。次に，第Ⅱ部「変化する生産管理」篇では，4つのパーツに分けて，さまざまな外部環境で応用される生産管理について説明する。図0-5は，この本の全体的な構成を表している。この図を見ると，まず企業の中に生産要素をインプットし，製品としてアウトプットする変換プロセスがあり，それを管理して効率的な生産活動を行うのが生産管理であることが描かれている。企業の外を覆っているのは，外部環境である。企業はさまざまな外部環境と相互作用しながら活動をしている。生産活動も外部環境の変化に影響を受ける。それらの変化に企業がどのように対応しており，その行動はどのように解釈できるかについて説明したのが，後半の第Ⅱ部の内容である。

それでは，各章ではどのような内容を扱うことになるのか，簡単に説明しよう。

第1章では，パナソニックグループの事例から，生産活動における労働力の管理と人材育成ついて説明する。第2章では，韓国の製鉄会社である現代製鉄の事例をもとに，生産現場における設備の導入・管理について説明する。第3章では，日産自動車とそのサプライヤーであるジヤトコの事例を使って，工場に部品をどのように供給するのかについて解説する。これら3つの章を通じて，生産管理のインプットである3Mについて学ぶ。

次に，第4章では，アサヒビールのケースにより，品質の概念とは何か，そして良い品質の製品を安定的につくり続けるためにはどうすればよいのかについて学ぶ。第5章では，NECパーソナルコンピュータのケースを通じて，原価とは何か，より安いコストで生産するために企業はどうすればよいのかについて説明する。第6章では，アパレルメーカーであるザラ（ZARA）とユニクロの事例を使い，納期とは何か，市場需要を取り込んで納期に合わせて生産す

```
図 0-5 ● 本書の構成
```

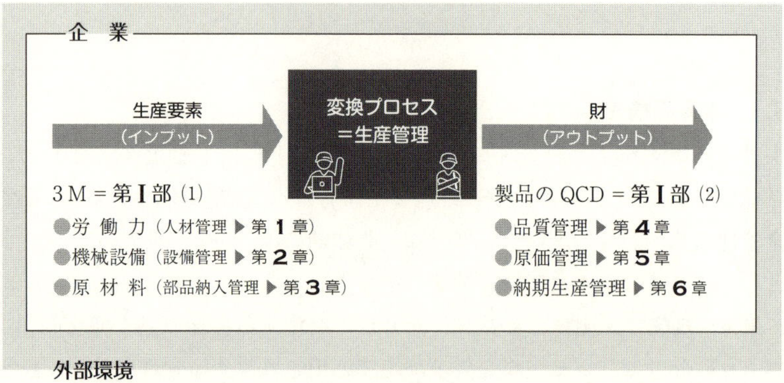

企 業

生産要素
（インプット）

変換プロセス
＝生産管理

財
（アウトプット）

３Ｍ ＝ 第Ⅰ部 (1)
● 労 働 力（人材管理 ▶ 第 **1** 章）
● 機械設備（設備管理 ▶ 第 **2** 章）
● 原 材 料（部品納入管理 ▶ 第 **3** 章）

製品の QCD ＝ 第Ⅰ部 (2)
● 品質管理 ▶ 第 **4** 章
● 原価管理 ▶ 第 **5** 章
● 納期生産管理 ▶ 第 **6** 章

外部環境

……外部環境とその変化への対応 ＝ 第Ⅱ部

(1) 企業間関係
　● 生産委託 ▶ 第 **7** 章
　● プラットフォーム・エコシステムと生産計画 ▶ 第 **8** 章

(2) 環境変化
　● 災害マネジメント ▶ 第 **9** 章
　● 生産技術変革 ▶ 第 **10** 章

(3) グローバル化
　● 海外生産と生産システム移転 ▶ 第 **11** 章
　● グローバル納期生産管理 ▶ 第 **12** 章

(4) デジタル化
　● ファクトリーオートメーション ▶ 第 **13** 章
　● デジタルトランスフォーメーション ▶ 第 **14** 章

るためにはどうすればよいのかについて学ぶ。以上の3つの章を通じて，生産管理のアウトプットである製品の QCD レベルをどのように高めることができるのかについて学んでいく。また，先にも述べたようにフレキシビリティは QCD とともに生産活動のレベルを示す重要な要素であるが，本書では別の章を設けず，第Ⅱ部で関連した内容を説明していくことにする。

　第Ⅱ部では，外部環境の変化に対して，生産管理がどのように対応しているのかについて学ぶ。それぞれ，企業間関係への対応，環境変化への対応，グローバル化への対応，デジタル化への対応という4つのテーマに分かれている。

　第 **7** 章では，ユニクロのケースから生産委託について学ぶ。ユニクロは，自ら工場を持たず，他企業に委託する形で生産を行っている。生産委託にはどの

ような合理性があり，その管理はどのようにすればよいのかについて説明する。第**8**章では，台湾のPCメーカーであるASUSの事例を用いて，エコシステムの中における生産管理について学ぶ。IntelとWindowsが構築したPCエコシステム内で生産活動をするとはどういうことなのかについて解説する。この2つの章が扱うのは，企業が別の企業と協業しながら行う生産活動についてである。

第**9**章では，自動車部品メーカーであるアイシンとリケンのケースにより，災害に対する企業の対応について学ぶ。災害を予測することはできないが，災害が起きてから迅速に復旧して生産活動を行うためには，さまざまな企業努力が必要となる。第**10**章では，造船産業のケースから生産技術の変化について学ぶ。生産活動において，企業は常に効率性を追求しており，新たな生産技術の登場は，大きな影響力を持つ。この2つの章は，それぞれ，災難，生産技術の変化という比較的大きな環境変動が起きた際に企業がどのように対処すべきかを説明している。

第**11**章では，韓国の自動車メーカーである現代自動車のケースを通じて，海外生産について学ぶ。海外生産をする際に企業は，自社の持つ効率的な生産システムを海外に移転しなければならない。しかしそれは簡単ではなく，どのように生産システムに関連する知識を移転するかが重要になる。第**12**章では，トヨタ自動車のケースを通じてグローバル納期生産管理について学ぶ。納期生産管理は，すでに第**6**章で扱っているが，それがグローバルにまで拡大すると国内とは違う管理課題が生じてくる。第**11**章と第**12**章は，グローバル化する生産活動に企業がどう対処すべきかという問題を扱っている。

第**13**章では，富士電機の自動販売機製造におけるファクトリーオートメーションについて学ぶ。機械の発展により，多くの生産過程が自動化されている中で，それに対する企業の対処について説明する。第**14**章では，製造業企業にITを提供するラティス・テクノロジーのケースを通じて，生産現場のデジタルトランスフォーメーション（DX）について学ぶ。この2つの章は，企業がデジタル技術に対応して，生産現場をどのように変革していくことができるかを解説している。

このように本書は，前半で生産現場をマネジメントする基本的な原理を理解し，後半では，さまざまな局面・変化において，企業がどのようにそれに適応し，効率的な生産活動を行うことができるのかを理解することができるように

構成されている。

最後に，本書で使われる生産管理の専門用語についてであるが，それらの中で別途説明が必要なものに関しては，序章の後に「用語解説」を設けている。本文中のそれらの用語には★を付けているので，読みながら随時参考にしていただきたい。

補足：フォード生産システムからトヨタ生産システムへ

本章では，大量生産方式としてのフォード生産システム，それを受け継ぎ柔軟性を補完したGM社のフレキシブル大量生産システムについて説明した。生産管理の歴史においてその次に登場するのは，日本のトヨタ生産システムである。トヨタ生産システムに代表される日本の生産システムは，その後，欧米の学者によって研究され，リーン生産システム（Womack et al., 1990）という概念で，全世界に広まった。その効率性と柔軟性が広く認められ，多くの企業でベンチマークとされているのである。

トヨタ生産システムについて説明している本は多いが，その中で最も有名なのは，トヨタ生産システムの生みの親といわれる大野耐一の『トヨタ生産方式』（1978年）である。大野は，トヨタ生産方式の基本思想は徹底したムダの排除にあり，トヨタ生産方式の二本柱は「ジャスト・イン・タイム（以下，JIT）」と「自働化」であるといっている。

JITとは，たとえば，1台の自動車を流れ作業で組み上げていく過程で，組み付けに必要な部品は必要なときにそのつど，必要なだけ生産ラインの脇に届くということである。在庫をゼロに近づけるためである。

もう1つの柱である自働化は「ニンベンのついた自働化」と読む。これはトヨタ自動車創業者の豊田喜一郎の父である豊田佐吉による自動織機の発明を源にしている概念で，異常があったときに機械が自動的に止まることを意味する。これによって正常に機械が動いているときには人は必要なく，異常で機械が止まったときに初めてそこに行けばよくなるのである。

またこの2つの概念は相乗効果を持っている。JITをチームプレイにたとえるなら自働化は個人の技を高めることにたとえることができる。JITのためには生産現場の各工程が連携プレイをする必要がある。つまり全工程がシステマティックにチームプレイを展開するのである。一方，自働化は生産現場の各工程における作りすぎを排除し不良品の生産を防止する。このようにJITと自

働化の両立した生産現場こそトヨタ生産システムが目指している姿だといえる。

　では，トヨタ生産システムはどこにその起源を持っているのか。多くの研究者は，トヨタ生産システムをフォード生産システムからの進化として解釈している。大野（1978）は，「トヨタ生産方式もフォード・システムと同様，流れ作業を基本にしている。その違いは，ソレンセン氏が部品の置き場の倉庫にあれこれ腐心していたのに比べ，トヨタ式では倉庫が不要なのである」(174頁)と述べている。和田（2009）も，フォード・システムの「流れ作業」という要素が日本に導入される過程の中に，トヨタ生産システムを位置づけている。

　戦後日本では，急速な経済発展とともに自動車に対する需要も大きく増大した。その際に問題になったのは，深刻な資源不足である。人的資源が足りず，大規模な設備投資をする余力もあまりなかった。トヨタは，フォードのような大量生産を志向しつつも，現場の労働者が足りず，単純に決められた仕事を反復する単能工ではなく，1人が多くの仕事をこなすことができる多能工が必要とされた。また，フォードのように専用設備に多くのお金を投資することができないので，汎用設備を使わざるを得なかった。そのうえ，多様なニーズが存在していた日本市場では，少品種大量生産は難しく，多品種少量生産を余儀なくされたのである。そのような環境の制約に対応するために，小ロット生産，混流生産，段取替時間短縮などの手法が工夫された。トヨタ生産システムは，当時の厳しい経営環境下で操業を続けるために編み出された手法であり，最初から意図してつくられたものではない。藤本（1995）は，これを「怪我の功名」だと評価している。

4　課　題

(1)　良い3Mを適量投入し，QCDレベルの高い製品を変換する過程を統制するのが生産管理である。これから本書で，その過程を詳しく見ていくために，好きな製品（有形のもの）を1つ選び，その製品がつくられるプロセスについて調べてみよう。

(2)　良い製品をつくるためには，良い製品を設計しなければならない。製品設計自体が良くなければ，設計図通りに生産をしても，良い製品をつくることはできない。このように製品設計活動と製品生産活動は密接に関係している。両者の関係について考えてみよう。

(3) 生産管理は，モノをつくって，製品として販売する業態である製造企業に必要な管理手法である。では，製造企業は，日本の経済全体にどのような影響を与えているのだろうか。たとえば，日本全体のGDPにおいてどれくらいの割合を占めていて，日本から海外への輸出にはどのように貢献しているのか，またどれほどの人員を雇用しているのだろうか。各種経済データを調べながら，製造業について考えてみよう。

読んでみよう BOOK GUIDE

藤本隆宏 (2001)『生産マネジメント入門I 生産システム編』日本経済新聞出版。

藤本隆宏 (2001)『生産マネジメント入門II 生産資源・技術管理編』日本経済新聞出版。
　生産管理を集大成した教科書。本書を読んだ後，生産管理および生産マネジメントをより深く学びたかったら，挑戦すべき本である。

大野耐一 (1978)『トヨタ生産方式：脱規模の経営をめざして』ダイヤモンド社。
　トヨタ生産方式とは何かを語ったバイブル的な書。日本企業の競争力の源泉を理解するためにぜひ読んでほしい。

注 NOTE

1) ただし，高橋 (2011) は，フォード社のT型からA型へのモデルチェンジに長い年月を要したのは，生産システムの問題にあったというよりも，十分に新モデルの生産準備をせずにT型の生産を打ち切ってしまったためと指摘する。A型の設計が完了する前にT型の生産を打ち切ってしまい，工場は閉鎖せざるを得ず，その間もA型の設計は変更が相次いだという。

参考文献 REFERENCES

Abernathy, W. J., and K. Wayne (1974) "Limits of the Learning Curve," *Harvard Business Review*, 52 (5), 109-119.
藤本隆宏 (1995)「いわゆるトヨタ的自動車開発・生産システムの競争能力とその進化 (2)：『怪我の功名』と事後的合理性」『経済学論集』61 (3), 87-123頁。
藤本隆宏 (2003)『能力構築競争：日本の自動車産業はなぜ強いのか』中央公論新社（中公新書）。
Hounshell, D. A. (1984) *From the American System to Mass Production, 1800-1932: The Development of Manufacturing Techonology in the United States*, Johns Hopkins

University Press.（和田一夫・金井光太郎・藤原道夫訳（1998）『アメリカン・システムから大量生産へ：1800-1932』名古屋大学出版会。）

大野耐一（1978）『トヨタ生産方式：脱規模の経営をめざして』ダイヤモンド社。

高橋伸夫（2011）「殻：『殻』にしがみつく」『赤門マネジメントレビュー』10(6)，419-440頁。

和田一夫（2009）『ものづくりの寓話：フォードからトヨタへ』名古屋大学出版会。

Womack, J. P., D. T. Jones, and D. Roos（1990）*The Machines That Changed the World*, Macmillan Publishing Company.（沢田博訳『リーン生産方式が，世界の自動車産業をこう変える。：最強の日本車メーカーを欧米が追い越す日』経済界，1990年。）

用語解説　　　　　　　　　　　　　　　　　　　　　　　　　　GLOSSARY

アルファベット

SKD と CKD（第 11 章）

　SKD はセミ・ノックダウン，CKD はコンプリート・ノックダウンを意味する。SKD の方がより部品を大きな塊にして輸出することで，CKD はより細かい部品を輸出して組み立てることを意味する。

か　行

改善（活動）(kaizen activities)（第 1 章，第 5 章，第 9 章，第 11 章，第 13 章，第 14 章）

　生産過程において，品質，コスト，生産性等をよりよくするために作業や業務のやり方を変える活動。生産活動の現在の標準を基準にして，さらなる効率化を目指す持続的かつ全員参加型の活動のこと。

金型 (die)（第 3 章，第 9 章，第 11 章，第 13 章）

　プラスチック（合成樹脂）や金属材料を部品・製品の形にするための金属製の型。

コーポレート・アイデンティティ（CI）（第 4 章）

　企業文化や独自性を，統一されたイメージやデザイン，メッセージなどで社会に発信・共有すること。

さ　行

サイクルタイム（第 10 章）

　稼働時間を実際の生産台数で割ったもの。1 つの生産工程で実際にかかった時間を意味する。タクトタイムとは似て非なるもの。

サプライチェーン（第 5 章，第 6 章，第 7 章，第 9 章，第 12 章）

　原材料の調達から生産，物流などさまざまな工程と企業を経て，製品が最終ユーザーまたは消費者の手元に届くまでの連続した供給プロセスのこと。それらを総合的に管理する経営手法をサプライチェーンマネジメント（SCM）と呼ぶ。

仕掛（品）在庫（第 3 章，第 5 章，第 10 章，第 13 章）

　仕掛在庫とは，製造途中で，組立や加工を行っている過程にある加工対象物を指す。生産工程間で発生する。仕掛品ともいう。仕掛在庫は，すべての生産工程を経たのち，

用語解説　　23

完成品在庫（製品在庫）になる。

🔍 実際原価（actual costs; historical costs）（第5章）

製品が生産された後で，実際に費消された各費用を集計することにより計算される原価。

🔍 熟練（序章，第1章，第13章）

物事に慣れて，それを上手にできること。熟練労働者とは，自身の作業を十分に習熟しており，生産作業を効率よく遂行することができる労働者を指す。

🔍 正味作業（時間）（第5章，第10章）

人あるいは機械の作業（時間）のうち，付加価値を生んでいる作業（時間）のこと（たとえば穴開け，切断，ネジ締めといった，ワークを変化させている時間のこと）。逆に，付加価値を生んでいない作業（時間）としては，現在の作業条件下では必要だが付加価値を生んでいない付随作業（治工具の取り替え，ワーク〔加工対象物〕の治具へのセット作業など）と，ムダ（無意味な工具の持ち替え，手待ちなど）がある。一般的に，まずはムダ，ついで付随作業をいかに減らすかが，生産性向上のポイントとなる。

🔍 上流工程と下流工程（第3章）

生産システムは，多くの生産工程の連鎖として生産を行う。この際に，より消費者に近いほど下流工程，消費者から遠いほど上流工程と呼ぶ。下流工程を後工程，上流工程を前工程ともいう。

🔍 小ロット化（第4章）

生産ロットサイズ（一度に生産する数量）を小さくする方法。

🔍 生産ライン（序章，第1章，第2章，第3章，第4章，第5章，第9章，第11章，第13章）

大量生産を行うために，生産工程を流れ作業方式で並べられたもの。前工程から後工程へものが流れながら加工される。

🔍 設備計画（第2章）

キャパシティがどれくらい必要で，いつの時点で必要になるか，これらを満たす設備はどのようなものかに関する長期計画である。設備計画は，設備のレイアウト計画も含む。

🔍 全部原価計算（absorption costing; full costing）（第5章）

総原価を製造原価と販売費および一般管理費に大別したうえで，当該製品のために費消されたすべての費用を製造原価として集計する。

操業 (第**2**章, 第**5**章)

機械などを動かして作業をすること。一方, 操業度は, 一定期間における生産設備の利用の度合いのことを意味する。

組織能力 (organizational capability) (第**5**章, 第**9**章)

人の集合体である組織が目標を達成するため, ヒト・モノ・カネ・技術などの資源を効率的に蓄積・活用し, 環境変化に対応しながら持続的な成果をあげる力のこと。

た 行

タクトタイム (第**1**章, 第**3**章)

稼働時間を生産計画台数で割ったもの。生産計画上の１つの工程にかかる作業時間を意味する。タクトタイムが計画値であるのに対し, サイクルタイムは, 実現値である。

段取り替え (第**3**章)

生産ラインにおいて, 特定品種を生産するために, 加工機や治具, 装置の設定などを変更すること。多品種生産ではより多くの段取り替えをする必要があり, この時間を短縮することが重要となる。

直接原価計算 (direct costing; variable costing) (第**5**章)

総原価 (製造原価, 販売費および一般管理費) を変動費と固定費に分解したうえで, 売上高から変動費を引いて限界利益を算出し, 次に限界利益から固定費を引いて営業利益を計算する。

ディカップリング・ポイント (第**4**章)

見込み生産から受注生産に切り替わる生産工程のこと。見込み生産の場合, 実際の需要量が予測した需要量を下回ると製品在庫が増える。製品在庫の増加は, 出荷遅れによる品質劣化や売れ残り, 管理費用増加などさまざまなリスクをともなう。そこで, 生産の上流工程においては見込み生産により, 原料や部品, 中間製品を共通化・つくり置きし, 下流工程においては需要動向を踏まえた受注生産に切り替え, 完成品の仕上げや, 必要に応じたカスタマイズ化, バリエーション化などを行えれば, 製品在庫を減らすことができる。

は 行

標準原価 (standard costs) (第**5**章)

予定原価の中で, 科学的・合理的根拠をもって計算される原価を標準原価という。単位当たりの標準原価を原価標準という。標準原価によって製造原価を計算し, 事後的に, 実際原価との差異分析を行う方法を標準原価計算という。

用語解説　25

Ｑ プロセス産業（第**2**章）

　混合，成型，熱処理，化学反応などで製品をつくる産業で，鉄鋼，化学，ガラス，石油精製，醸造産業が典型例である。

や 行

Ｑ ユニット（第**1**章）

　部品をいくつかまとめて，組み立て，機能を持たせたもの。そうすることで，機能が正常作動するか確認することができ，メンテナンスも容易になる。

Ｑ 予定原価（Predetermined costs）（第**5**章）

　製品生産を行う前，あるいは，製品生産にかかった費用が確定する前に，何らかの根拠を用いて計算される原価。標準原価は予定原価の一種である。

ら 行

Ｑ リードタイム（第**1**章，第**3**章，第**4**章，第**9**章，第**10**章，第**12**章）

　ある活動の開始時点から終了時点までの時間。とくに「生産リードタイム」とは原材料を投入してから製品として完成するまでの所要時間であり，加工・組立・検査時間，加工待ち時間，在庫滞留時間，運搬輸送時間が含まれる。

第 I 部

生産管理の基礎

第 1 章　人材管理

パナソニックグループのケース ● 閔承基・徐寧教

第 2 章　設備管理

現代製鉄のケース ● 辺成祐

第 3 章　部品納入管理

日産自動車のケース ● 呉在烜・富野貴弘・徐寧教

第 4 章　品質管理

アサヒビールのケース ● 富田純一

第 5 章　原価管理

NEC パーソナルコンピュータのケース ● 柊紫乃

第 6 章　納期生産管理

ZARA とユニクロのケース ● 富野貴弘

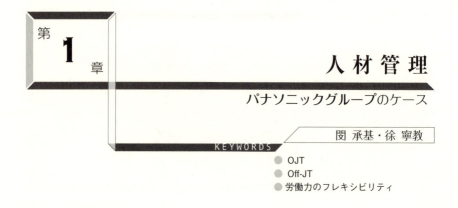

人材管理

パナソニックグループのケース

閔 承基・徐 寧教

KEYWORDS
- OJT
- Off-JT
- 労働力のフレキシビリティ

1 本章のねらい

　本章では，生産システムに投入する3M（Man, Machine, Material）の中で，Man を意味する労働力に関して学ぶ。労働力は企業が価値を創造するために，きわめて重要な要素である。企業は良質かつ十分な量の労働力を投入することで，効率的な生産活動を行うことができる。生産管理を通じて競争力のある製品をつくって消費者に提供するために，労働力はなくてはならないものである。

　本章は，パナソニックグループのモノづくり人材育成のケースを通じて，ものづくりを支える人材育成と生産現場における労働力の管理について説明する。[1] 生産現場における労働人材の育成と管理は，競争力を確保するための重要なマネジメントである。本章では，①労働力の量と質，②労働人材の教育訓練，③労働力のフレキシビリティ（flexibility）という3つの観点を中心に解説していく。

2 ケース：パナソニックグループ

2.1 パナソニックグループと人材育成

(1)　「物をつくる前に，人をつくる」

　物をつくる前に，人をつくる。これは「経営の神様」と呼ばれた松下電器産業株式会社（現・パナソニックグループ，以下・松下電器）の創業者・松下幸之助の言葉である。彼は創業当初から従業員に次のように話していた。

第 1 章　人材管理（パナソニックグループ）　29

パナソニックグループの創業者・松下幸之助
（出所）　パナソニックグループ提供。

　「松下電器は何をつくるところかと尋ねられたら，松下電器は人をつくるところでございます。併せて電気製品もつくっております。こうお答えしなさい。」（松下, 1978）
　松下幸之助は「良い製品をつくるためには，まずそれにふさわしい人をつくる必要がある」と考えていた。彼のいう人材育成とは，単に技術力のある社員を育成するというものではなかった。自分が携わっている仕事の意義，また社会に貢献するという会社の使命をよく自覚し，自主性と責任感旺盛な人材，いわば産業人・社会人の育成こそが，松下幸之助が目指した真の意味での人材育成だった。
　それでは，どのように人を磨き，つくっていくのか。松下幸之助は人材育成において，現場で行う職場内教育（**OJT**：on the job training；オージェーティー）を重視していたが，現場の知識だけでは限界があることも十分に理解していた。そこで，技術研修所や経営研修所などの人材育成・研修施設を設けて，学校方式の職場外教育（**Off-JT**：off the job training；オフジェーティー）にも早い段階から意を注いでいった。1936 年には，日本で初めての企業内学校となる「工員養成所」を開所する。この養成所は太平洋戦争中に閉鎖されたが，戦後「松下電器工学院」として再発足した。その後も，「松下電器高等職業訓練校」，「松下ものづくり大学校（現・ものづくり大学校）」，「生産・技能研修所（現・モノづくり研修所）」などの学校教育施設を時代の変化に合わせて設立・運営した。こ

アタッチメントプラグ（1918年発売）
（出所）　パナソニックグループ提供。

れらの研修所において，ものの考え方やモノづくりの基本と原則を習熟することが，現場での真の応用力に結びつくことになるとされている。

　こうした考え方は，創業100年を超えた現在のパナソニックグループにも受け継がれ，同社における人材育成の根幹をなしている。同社は創業以来，「事業は人なり」「経営の根幹は人」という明確な人材育成方針に基づいて，各事業会社がモノだけでなく，人を磨き，育て上げることで，「人々のくらしの向上と社会発展に貢献する」という経営理念を実現している。

(2)　パナソニックグループのものづくりの歴史と体制

　パナソニックグループの歴史は，1918年に創業者・松下幸之助が「松下電器具製作所」を創設したことに始まる。松下幸之助（当時23歳），妻・むめの（当時22歳），義弟・井植歳男（当時15歳，後の三洋電機株式会社・創業者）という若い3人だけの小さな門出だった。配線器具（アタッチメントプラグ）をつくる事業からスタートした同社は，その後，電池式ランプ，電気アイロン，ラジオなどの商品をヒットさせ，戦後にも高度経済成長とともに数々の革新的な製品を生み出して発展を遂げていく。同時に，1959年からはアメリカでの海外販売会社の設立を皮切りに，積極的なグローバル展開も進めていった。製品と市場の両面で多様化を図った結果，同社は世界有数の総合エレクトロニクスメーカーへと変貌していく。1973年には売上高1兆円を達成し，80年には3兆円，90年には6兆円規模の企業へと飛躍的な成長を実現した。

　パナソニックグループは現在（2024年3月期，連結ベース），売上高は8.5兆円を超え，511社の連結対象会社（親会社および連結子会社）と約23万人の従業員を抱える日本有数の巨大企業となっている。同社の事業は5つのセグメントから構成されている。そのセグメントの内訳は，冷蔵庫，洗濯機，エアコンなど

第 1 章　人材管理 (パナソニックグループ)　　31

表 1-1 ● パナソニックグループの持株会社と事業会社の名称 (2024 年)	
略　称	**正式名称** (英語表記)
PHD	パナソニック ホールディングス株式会社 (Panasonic Holdings Corporation)
PC	パナソニック株式会社 (Panasonic Corporation)
PAS	パナソニック オートモーティブシステムズ株式会社 (Panasonic Automotive Systems Co., Ltd.)
PEAC	パナソニック エンターテインメント＆コミュニケーション株式会社 (Panasonic Entertainment & Communication Co., Ltd.)
PHS	パナソニック ハウジングソリューションズ株式会社 (Panasonic Housing Solutions Co., Ltd.)
PCO	パナソニック コネクト株式会社 (Panasonic Connect Co., Ltd.)
PID	パナソニック インダストリー株式会社 (Panasonic Industry Co., Ltd.)
PEC	パナソニック エナジー株式会社 (Panasonic Energy Co., Ltd.)
PEX	パナソニック オペレーショナルエクセレンス株式会社 (Panasonic Operational Excellence Co., Ltd.)

(出所)　パナソニックの内部資料から筆者作成。

　の「くらし事業」(3 兆 4944 億円)，車載エレクトロニクス，車載インフォテイメントシステムなどの「オートモーティブ」(1 兆 4919 億円)，B2B (企業間取引) 製品やサービス，航空機内エンターテイメントシステムなどの「コネクト」(1 兆 2028 億円)，電子デバイス，電子材料などの「インダストリー」(1 兆 426 億円)，リチウムイオン電池，蓄電システムなどの「エナジー」(9159 億円) である。

　パナソニックグループは創業以来，事業競争力の強化に向けた組織体制の改革を行ってきた。1933 年には事業部制を導入し，35 年には「松下電器産業株式会社」に改組した。それ以降は長年の間「ナショナル」「パナソニック」の複数ブランド名を用いて事業を運営してきたが，創業 90 周年を迎えた 2008 年に大きな改革を進めた。社名を「松下電器産業株式会社」から「パナソニック株式会社」に変更し，複数のブランド名を「パナソニック」に一本化したのである。

　さらに，2022 年には持株会社制へと移行し，パナソニック ホールディング

ス株式会社（以下，PHD）と7つの事業会社で事業を運営している（そのほかに，国内外の関係会社も存在する）。各事業会社が自立して迅速に意思決定を行えるようにし，「強い事業の集合体」としての新しいグループ体制を確立させた。同社ではこの組織体制を「事業会社制」と呼んでいる。7つの事業会社は，①パナソニック株式会社（以下，PC），②パナソニック オートモーティブシステムズ株式会社（以下，PAS），③パナソニック エンターテインメント＆コミュニケーション株式会社（以下，PEAC），④パナソニック ハウジングソリューションズ株式会社（以下，PHS），⑤パナソニック コネクト株式会社（以下，PCO），⑥パナソニック インダストリー株式会社（以下，PID），⑦パナソニック エナジー株式会社（以下，PEC）で構成されている（表1-1）。また，これら7つの事業会社に加え，PHDと2社一体となって，グループ全体の経営を支えているのが，パナソニック オペレーショナルエクセレンス株式会社（以下，PEX）である。

　以上のように，パナソニックグループのものづくりの特徴を一言で表すと「多様性」だといえる。100年以上にわたって，「粉」（電子材料）から，電子部品，家電，産業機器，住宅設備，社会インフラに至るまでのさまざまなものを多様な事業会社・部門で，かつグローバルでつくってきた。しかし，各事業会社・部門ごとに独立的にものづくりを推進すると，教育実務やリソースの重複などの非効率の問題が発生しうる。こうしたパナソニックグループ全体のオペレーションを効率化・高度化させる目的で設立したのがPEXである。このPEXはグループ全社共通の人材育成・学校教育を担当し，各事業会社に対して専門知見を提供するプラットフォームを有する。

　以下では，パナソニックグループがいかにモノづくり人材の育成と管理をしているかについて，PEXに加えて，事業会社のPCOの事例を通じて見ていこう。

2.2　パナソニックグループの人材育成

(1)　パナソニックグループのものづくりを支える：PEX

　PEXは，幅広い分野の高度専門職集団が集う会社として設立された。PEXは機械設備や販売チャネルを持っておらず，人事，経理，品質・環境，調達，物流，知的財産，ディシジョンサポート，ビジネスソリューションなどの専門知見を有する人材がすべての会社である。これらの専門機能や知見をパナソニ

ックグループの各事業会社・部門に提供することにより，現場のオペレーショナルエクセレンス（オペレーション革新）の実現を支援し，グループ全体の経営基盤・競争力の強化に貢献している。あわせて PEX はグループ内の会社のみならず，グループ外の会社の現場を支えるサービスやソリューションも提供している。

　上記の関係を木でたとえると，①木の幹となるのが PHD と PEX，②木の枝となるのは各事業会社，③木の葉や実は各事業会社で生み出される「製品・サービス」といえるだろう。つまり，PEX はパナソニックグループにおけるものづくりの多様性の根幹を支える存在となっている。

(2)　モノづくり人材育成の土台を支える：モノづくり研修所

　PEX の中で，モノづくり人材を育成・教育し，グループ全体のモノづくり基盤を支えているのが「モノづくり研修所」である。モノづくり研修所は，前項で説明した松下幸之助が人材育成においてとくに力を入れた学校方式の教育施設に該当する。同所は 2022 年 3 月までパナソニック株式会社・イノベーション推進部門に属していたが，22 年 4 月の組織再編（事業会社制の導入）を踏まえて，現在の PEX 人事部門に統合されている。良い製品をつくるためには，まずそれにふさわしい人を育て上げる必要がある――この松下幸之助の考え方に基づき，モノづくり研修所は同社の「組織・人材開発センター」と一体となって，また PHD の技術部門，オペレーション戦略部とも連携しながら，グループ全社のモノづくり人材の基礎教育から専門教育に至るまでの研修を主導している。つまり，モノづくり研修所は各事業会社のものづくりの基盤と土台づくりに貢献している組織といえる（図 1-1）。

　モノづくり研修所の役割はそれだけではない。同所は「全社人的ネットワークの構築」というもう 1 つの重要な役割を担っている。パナソニックグループに限らず，事業会社ごとの独立経営を行っている大企業の場合，どうしても隣の工場や会社の実態について互いに知らないという縦割り組織特有の問題が発生しやすくなる。全社横断的な人材育成・開発を行うモノづくり研修所は，各事業会社の人材間で交流・連携する場としての役割，そして相互の知見を共有・流動させる場としての機能を果たしている。たとえば，モノづくり研修所では，異なった会社に配属されているが，類似した仕事をしている社員同士が交流する機会を設けている。そうすると，ある会社の社員にとっては当たり前のことが，他の会社の社員にとっては新しい考え方・アプローチとなることも

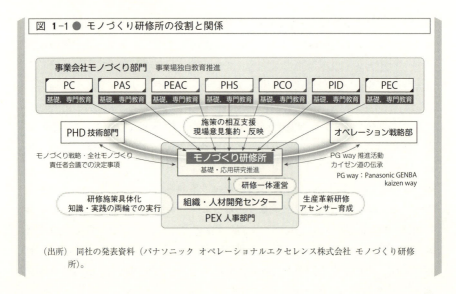

図 1-1 ● モノづくり研修所の役割と関係

(出所) 同社の発表資料（パナソニック オペレーショナルエクセレンス株式会社 モノづくり研修所）。

あり，社内で抱えている問題解決につながる大きなヒントや気づきを得ることも多い。

同所は大阪府枚方市（枚方地区）に宿泊型の研修施設を設置し，全社横断的な人材の開発・育成を実施している。全社共通の教育内容については，各事業会社のものづくり部門から現場の課題や意見を聴取・集約し，モノづくり人材の共通教育に反映している。各事業会社の特有の部分は各々の会社で独自教育を実施するが，ものづくりに関する全社共通の人材育成・教育（ものづくりの基本・原則や専門スキルなど）はモノづくり研修所が主導している。

(3) モノづくり研修所の人材育成

それでは，モノづくり研修所の人材育成はどのように進められているのだろうか。同所は中長期的な視点に立って，新入社員向けの導入教育から管理者や経営者向けの専門教育まで幅広いカリキュラムを展開している。以下ではモノづくり研修所の主な取り組みについて紹介しよう（図1-2）。

1つめの取り組みは，学校教育（図1-2の①）である。そこでは製造技術・技能の知識・実践力を身につけ，現場改革をリードできる人材の育成を目指した教育となる。テクニカル・スキル（製造技術・技能力），プロセス・スキル（問題解決力・改革実践力），ヒューマン・スキル（リーダーシップ・チャレンジ意欲・コミュニケーション力），マネジメント・スキル（経営・管理力）という「4要素」

第 1 章　人材管理（パナソニックグループ）　35

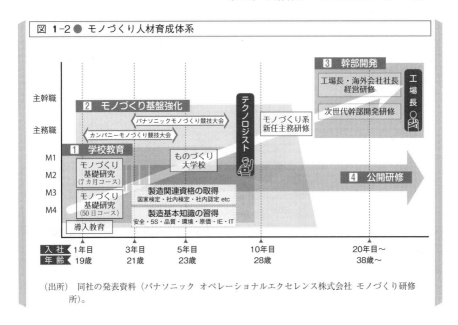

図 1-2 ● モノづくり人材育成体系

（出所）　同社の発表資料（パナソニック オペレーショナルエクセレンス株式会社 モノづくり研修所）。

の強化に焦点を当てている。これらの4要素を備えることが，モノづくりリーダーの要件となってくる。

　学校教育においては，対象・内容に応じていくつかの研修プログラムに分類・実施している。第一に，入社1年目の高校卒業の新入社員を対象とした「モノづくり基盤研修」がある。ここでは，創業者の考え・思いとパナソニックグループの経営理念の教育に加え，社会人・産業人としてのマインドと行動を身につけ，ものづくりに必要な基礎スキルを実習・演習を通じて習得していく。50日間（管理系・エンジニアリング系）または7カ月間（機械加工系）の全寮制の研修プログラムとなっている。第二に，実務経験5年程度の高校卒業の社員（高専卒業の場合は実務経験3年程度の社員）を対象とした「ものづくり大学校」がある。ここでは次世代のモノづくりリーダー人材育成に向けた教育を行っている。第三に，海外製造会社のものづくり部門課長候補者を対象とした「工科短期大学校」である。日本製造拠点との橋渡し役となるモノづくりリーダーの育成を目的としている。「ものづくり大学校」と「工科短期大学校」はともに，1年間の全寮制の研修を通じて，上記の4要素の強化を目標に教育・研修が行われる。最後に，2009年に中国に設置した「中国製造技術学院」では，

36　第Ⅰ部　生産管理の基礎

中国製造拠点のリーダー人材育成に向けた教育を実施している。

　以上の学校教育は単に技術・技能教育に限らず，社員の自主性・自立性・自律性を育て上げるプログラムにもなっている。たとえば，全寮制の研修では，夏期合宿訓練の企画，計画，準備，運営のすべてを参加学生（社員）が主体的に担う。また，技術・技能の習得に加えて，自律して考え行動できる「自律考動」の研修を実施している。このような教育の実践は，「自主性と責任感旺盛な人材の育成」という創業者・松下幸之助が目指した真の人材育成につながっているといえる。

　もう1つの取り組みとして，経営者と管理者を対象とした「幹部開発」があげられる（図1-2の③）。幹部教育に関しても，対象・内容に応じて2つの研修プログラムに分けて実施されている。第一に，経営者（工場長・海外製造会社社長）を対象とした「工場長・海外会社社長経営研修」である。こちらでは，未来（5～10年後）のありたい姿を決めて，その実現に向けた戦略や革新的な取り組みの企画と推進を行う。第二に，次世代幹部候補の管理者（課長職）を対象とした「次世代幹部開発研修」がある。こちらでは，「事業責任者」，「工場長」の目線へ視座を上げて，ものづくりの流れの全体を俯瞰し，ボトルネックの発見・解決，バリューチェーンの最適化を行うといった研修を実施している。両方の研修ともに，参加者は約11カ月間，日頃の現業と並行して，それぞれの研修に参加することになる。事業・拠点の戦略の構築，幹部講話や事例を通じた学習，グループ・ディスカッションなどを通じて，ものづくり現場での問題発見能力と解決能力を養う機会を提供している。

　そのほかにも，モノづくり基盤強化（図1-2の②）の一環として，「パナソニックグループ　モノづくり競技大会」と「社内検定・社内認定」も実施している。モノづくり競技大会は，モノづくり人材の技能向上・開発を目的に1962年にスタートしたものである。毎年10月に国内外の技術・技能者（事業会社や各国で行われる予選の成績上位入賞者）が枚方地区に集まって，約50種目でパナソニックグループの技術・技能ナンバー1を競う大会である。また，社内検定・社内認定は，担当職種に必要な知識・スキルなどを客観的に評価するための取り組みである。社内検定は1985年に労働省（当時）の認可を受けた制度（現在はパナソニックグループ内独自取り組み）として，社内認定は92年に松下電器（当時）独自の制度として開始した。こうした取り組みにより，パナソニックグループにおけるモノづくり人材育成と基盤強化に貢献し続けている。

第 1 章 人材管理（パナソニックグループ）　37

2.3 **PCO（パナソニック コネクト株式会社）**

⑴ PCO（甲府工場）について

　本項では，生産現場での人材育成の実例として PCO（パナソニック コネクト株式会社）甲府工場を紹介しよう。PCO は，先述のようにパナソニックグループの事業会社の1つで，グループにおいては B2B ソリューション事業の中核を担っている。B2B ソリューション事業とは，顧客（企業）の「現場」に必要なハードウェア，ソフトウェア，ソリューションを提供する事業のことで，PCO がつくるものはすべて，顧客の現場で活用される。そのため，PCO の事業を一言でいえば「ものづくりを支えるものづくり」と表現できる。

　PCO では，回路形成プロセス，メディアエンターテインメント，モバイルソリューションズ，現場ソリューションなどの事業を抱えており，国内の主要拠点としては，東京，甲府，豊中，加賀，神戸，佐賀，門真などに事業所が存在する。海外にはアメリカ，中国，インド，シンガポールに製造拠点を持ち，そのほかにも多数のグローバル・サービス販売拠点を有する。

　ここでは，PCO の甲府工場（山梨県昭和町）を紹介したい。1985 年に設立した本工場は，PCO の回路形成プロセス事業の中核を担っており，顧客の現場で使われる「実装機（電子部品実装機）」，「半導体・FPD 関連システム」といった回路形成プロセス事業部のハードウェアを主に生産している。

⑵ 甲府工場の生産品目と実際の生産作業

　この工場で主力生産している商品の1つが実装機（電子部品実装機）である。パナソニックは 1968 年に国産初の実装機「パナサート1号機」を生産・発売して以来，実装機の業界トップレベルを維持している。実装機とは，電子回路基盤の表面に電子部品を実装（マウント）するもので，スマートフォン，パソコン，テレビなどの電子機器の製造に欠かせない機械である。PCO で生産する実装機はすべて，顧客の現場での製造に活用される。

　実装機の生産プロセスは，部品加工，ユニット[★]組立，本体組立，出荷検査という流れで行われる。ユニット組立工程では，制御装置やヘッドなどの製造を行い，本体組立では，各ユニットを組み合わせて1つの機械としてまとめ上げていく。製品品質の検証については，デジタル・ツールを用いて異常を見極めて，高精度の製品品質を保持している。

　実装機は高価な機械で，製造途中で品質問題が生じると多大なコスト増加になりかねない。また，実装機の中には，米の粒より小さな電子部品（たとえば，

電子部品実装機
(出所) パナソニックグループ提供。

電子部品実装機（拡大）
(出所) パナソニック コネクト提供。

積層セラミックコンデンサ）を実装するモデルも存在する。約0.1秒という一瞬のうちに，小さな部品を実装機のノズルに正確に吸着し，電子回路基盤に高速に実装する必要がある。このように高価で高精度を要する機械の生産を円滑に行うためには，そのものをつくる人材の育成と技能伝承がとくに重要になってくる。そこで甲府工場では1990年代から事業所独自の人材育成に力を入れている。

(3) **事業会社での人材育成**

甲府工場では，1997年に松甲学院という人材育成機関を設立し，事業会社で必要な技能の教育・伝承を行っている。先述のように，実装機の生産には高度の技能が必要であり，そのスキルを職場内教育だけで習得させるには無理がある。そこで，回路形成プロセス事業部の高校卒業の新入社員に対し入社後1年間，松甲学院で集中教育を行い，一人前の仕事ができる技能者へと育てる。

| 生産機種 ▷ | 機種1 | | 機種2 | | |
工程 ▷ ▽作業者	工程1	工程2	工程3	工程4	工程5
Aさん	★	☆	★	★	
Bさん		★	☆	◎	★
Cさん			○	★	☆
Dさん	◎		★		☆
Eさん			○	△	

表1-2 ● PCO組立工程のスキルマップ（星取表）の仮想事例

（出所）　筆者作成。

1年間にわたって，理念，理論の勉強に加えて，実際に手を動かしながら体験させることで，自ら考え，行動できるモノづくり人材，製造現場で即戦力となる人材を早期育成している。経験を積んだ先輩社員が講師として指導にあたるために，現場で活かせる知識と技能を身につけることができる。電子基板，マイコン制御，溶接，旋盤，マシニングセンターなどの基礎教育に加えて，ITスキル，リーダーシップスキル，英語の教育も実施している。英語教育は，海外工場の担当者と直接やりとりするために必要である。さらに，国家検定資格の受験を推奨したり，競技大会を実施したりすることで，社員1人ひとりのスキルアップ，キャリア形成をサポートしている。

　また，甲府工場では，さまざまな工程を経験し，技能を習得させるために，部品加工，ユニット組立，本体組立といった各職場内だけでなく，職場間でもジョブローテーション（job rotation）を実施している。ジョブローテーションとは，作業者の業務経験とスキルアップを目的に，一定期間ごとに作業者の職種や職場を異動（配置転換）させることを意味する。その際に活用されるのが「スキルマップ（星取表）」である。表1-2は，PCO甲府工場の本体組立工程で使っているスキルマップを簡略化した仮想事例である。この表には，縦軸に作業者の名前，横軸に生産する機種とその機種を組み立てるために必要な工程が記載されている。表の中の記号は，工程ごとに各作業者がどの程度の技能を持っているかを示している。「★」は作業者がその工程の作業を速いタクトタイムでできることを，「☆」は普通のタクトタイムでできることを，「◎」は1人で仕事ができることを，「○」は時間を要するが確実にできることを，「△」

40　第Ⅰ部　生産管理の基礎

は実習中であることを，空欄はその工程に関する技能を持っていないことを意味する。たとえば，Aさんは，工程1，3，4に関しては，速いタクトタイムで作業をすることができ，工程2は普通のタクトタイムで仕事ができるベテラン作業者である。一方，Eさんは，工程3は時間を要するが確実にできる能力を持ち，工程4に関してはまだ実習中の新人であることがわかる。この表を見ると，その現場でどのような作業が必要であり，現在誰がどれくらいの技能を持っているかという全体像を一目で把握できる。PCOでは，スキルマップと訓練計画を合わせて，作業者の能力開発および多能工化を実施している。

3　ケースを解く

3.1　投入する労働力の量と質

　労働力は価値創造の源泉であり，長期的な観点で人材育成を行うことは，生産現場の競争力を左右するといえる。昨今は労働者の離職率が高くなり，また派遣や請負会社などを活用しながら生産を行うことも増えている。そのような環境下で生産現場のノウハウを持つ人材を長期的な視点で育てていくことは，企業の競争力に直結する重要な問題である。日本の強い工場を支えてきたのは，このようなモノづくり人材であり，パナソニックグループの人材育成のケースはまさにその重要性を示しているものであるといえる。

　本節では，労働力の量的・質的管理について詳しく見ていくことにする。もし適切な量の労働力を確保できなければ，計画通りに生産活動を行うことは難しくなるだろう。また，労働力の質が低下した場合は，品質不良問題や生産停止などの問題が起きる恐れがある。

(1)　労働力の量的管理

　労働力の量を考える際には，フロー（flow）とストック（stock）両方の側面を考える必要がある。図1-3は，フローとストックの概念を表したものである。ここには大きな容器に水が注がれており，同時に排水口からは水が出ている。このとき，フローとは，水の流れのことを指し，ストックとは，容器に水がどれほど残っているかを指す。この図で，現在のストックは，5リットルである。そして，1分間，2リットルの水が注がれ，1リットルの水が出ていくので，フローとしては，1分に1リットルずつ水が増えていくことになる。このようにフローとストックは，現在の状態と変化量を表す概念である。

第1章　人材管理（パナソニックグループ）　41

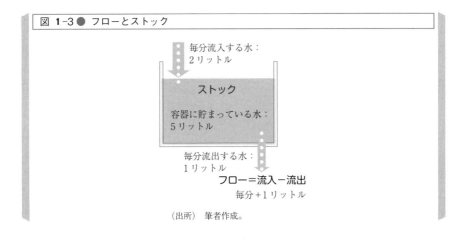

図 1-3 ● フローとストック

（出所）筆者作成。

　それでは，生産管理における労働力のフローとストックとは何か。先ほどの容器を企業に，水を労働力に置き換えて考えればよい。企業は必要に応じて採用という形で労働力の補充を行う。また，退職や解雇などで企業から出ていく労働力もあるだろう。その増減の変化量が労働力のフローになる。そして，ある特定の時点において，会社に残っている労働力がストックになる。
　企業としては，生産システムに十分な量の労働力を投入するために，ストックとして企業に残っている労働力を確保する必要がある。そのためには，必要な労働力がどれくらいなのかに照らし合わせて，現在ストックとして残っている労働力，そして今後フローによって増減する労働力を管理していく必要がある。

(2)　労働力の質的管理

　ストックとしての労働力を必要量に合わせることも重要であるが，その中身もやはり重要である。企業は労働力の質も管理していかなければならない。労働力の質とは，さまざまな観点で評価が可能であるが，一般的には，個人の持つ技能，教育水準，語学力，仕事に対する意欲，コミュニケーション能力などの要素が評価に入ることが多い。労働力の質は，高いことも大事であるが，労働力全体としての質の均質性も重要である。同じ作業組織の中で，質にバラツキのある労働力を投入すると，作業設計が難しくなるだけではなく，生産能力や完成品の品質に影響が出る恐れがある。作業者の技能水準の差によって，熟★練度が低い作業者が担当する工程がボトルネック（第10章参照）になってし

42　第Ⅰ部　生産管理の基礎

まうこともありうる。均質な労働力を投入することで，一貫性のある管理ができる。

　また，労働力の質は，採用の段階ですべてが決まるのではなく，その後，教育訓練を通じて高めていくことができる。採用管理を通じて，良質の労働力を十分に確保しつつもその後，必要に応じて，労働力の質を高めていくのである。

　採用された作業者に対して労働力の質を高めるために教育訓練が実施される際に必要となるのが，教育訓練を通じて作業者が到達すべき目標の設定である。高い目標を設定すれば，教育訓練過程が難しくなり，時間も長くかかるが，作業者がより高い生産性を発揮できる。反面，低い目標を設定すると，育成の難易度が下がり，教育訓練は短くなるが，労働者が発揮できる能力も制限される可能性がある。それでは，労働力の質を高めるための人材育成方法にはどのようなものがあるのだろうか。

3.2　人材育成における教育・訓練

　生産現場における労働者の知識・技能習得のための教育訓練は，Off-JT とOJT に大別される。Off-JT とは，職場もしくは作業現場から離れた場所で行われる講義，討論形式の教育である。OJT は，実際に業務に従事しながら学ぶことである。

(1)　Off-JT

　Off-JT は，2つの軸に分けることができる。1つめは，組織の階層別に行われる教育である。新入社員，課長，部長，役員など，組織内における階層を軸に従業員を割り振り，各階層に必要な内容を教育する。2つめは，組織の機能別に行われる教育である。生産，営業，経理，開発などの各機能に必要な専門的な内容を教育することである。そして，その教育コンテンツは，社内で用意されるものもあれば，別の機関に教育を委託する場合もある。外部機関としては，人材育成会社，大学などが活用される。

　Off-JT のメリットは，特定の階層，職種，部門に所属する従業員を同時に教育することができることである。また，職務に必要な知識・スキルを共通して体系的に教えることができる。OJT では，それぞれの部署に配属され，そこで必要な特定の能力を育成していくため，共通の教育を行うことは容易ではない。次に日常業務からは習得できない専門的な知識や情報を得ることができることもメリットとしてあげられる。

反面，Off-JTは，教育が行われる分だけ，従業員が職務に従事する時間を失ってしまうデメリットがある。また，社内でも社外でも教育訓練担当者の費用がかかってしまうことにもなる。さらに，座学で学ぶ教育であるため，実際の職務と関連性が薄い知識を教えてしまう恐れもある。

本章のケースで扱ったパナソニックグループの人材育成の中で，PEXのモノづくり研修所での取り組みはOff-JT教育にあたる。同所は新入社員向けの導入教育から管理者や経営者向けの専門教育まで幅広いカリキュラムを展開している。PEXは，直接生産機能を持っておらず，直接的に生産現場で職務に従事しながら教育を行うことはできない。しかし，パナソニックグループ全体の人材育成を総括し，全社横断的にOff-JT教育を行っている。また，PCOが運営している松甲学院は，事業会社独自のOff-JTを行い，修了後，従業員が自身のキャリアに合わせた必要な教育を受けることになっている。

(2) OJT

次に，OJTを説明しよう。OJTでは，どのような能力が業務上必要か，そして従業員はどのような特性と関心を持っているかなどを考慮して実施する必要がある。それらの情報に基づいて教育目標を設定し，現状の能力とのギャップから育成が必要な能力を設定する。そこで，どのような業務に従事することで必要な能力を育成できるかを考え，労働者を特定業務に配置する。小池（1987）は，OJTを個別的で具体的な教育方法だという。OJTで習うことは，①まず先輩がその仕事をやってみせ，②ついで習う人が先輩の後見のもとで作業し，③先輩は自分の仕事へもどり，習う人が自分で仕事し，わからないときに先輩に尋ねまた仕事の出来栄えを見てもらったりする。こうした過程を仕事ごとに繰り返す。基本的に1対1の方式であり，習う人の個性に応じ，必要な時間も大いに変わりうる。

では，OJTのメリットは何か。職務を通じて訓練を行うので，時間とコストの面で有利なことである。Off-JTは，職場を離れて行われるため，その時間は労働者が仕事をすることができなくなり，さらに別途教育課程を用意するコストもかかる。反面OJTは，慣れない作業をしながら学ぶために，作業自体の生産性は下がるかもしれないが，時間と費用のロスが少ない。また，言葉では表現が難しい知識を現場で習得することができるのもメリットである。生産現場においては，言葉では表現できない暗黙知が多く（第11章参照），それを習得するためにもOJTは非常に重要である。

44　第I部　生産管理の基礎

　次に，OJT のデメリットは，OJT に関わる上司や生産現場の状況などによって，訓練効果が左右されるという点である。上司が日常の業務に追われている，もしくは生産現場に余裕がない場合，目の前の課題を解決するための人員配置になる恐れがあり，最適な訓練のための人員配置が行われにくい。部下についても，業務を通じて学ぶ態度と意欲を持たないと訓練効果が下がってしまう恐れがある。

　PCO の OJT では，新人に対して，まず松甲学院で本人の適性とスキルを判断する。それに加え，本人の希望，現場の要望などを考慮して，配置する仕事場を決める。そこで仕事をしながら生産作業に必要なスキルを習熟してもらい，必要に応じて，さまざまな仕事を経験させている。

　以上見てきたように，Off-JT と OJT は，それぞれ異なる効果を持っており，両方を適切に活用することが必要である。ただし，産業，製品などの特徴により Off-JT と OJT のどちらを相対的に重視するかは異なってくる。日本企業の生産現場では伝統的に，現場のノウハウを重視し，それを教えるための OJT を重視してきた。

　教育訓練は，単発的に行われるのではなく，従業員のキャリアのさまざまな段階で行われる。新卒者の導入教育（オリエンテーション）からスキルアップ，昇進，監督者業務，管理者業務，トップマネジメント業務など全体的なキャリアパスを考慮して設計されるべきである。

3.3　労働力のフレキシビリティ

　企業が変化に対応する能力をフレキシビリティという。生産現場で作業をする労働力についてもフレキシビリティが求められる。**労働力のフレキシビリティにおいても労働力の量で変化に対応する量的フレキシビリティと労働力の質で変化に対応する質的フレキシビリティとに分けることができる。**

(1)　労働力の量的フレキシビリティ

　まずは，労働力の量的フレキシビリティについて説明する。量的フレキシビリティが重要になるのは，生産量が大きく変化するときである。需要の変化などにより生産量が大きく増大，もしくは減少した際には，それに応じて労働力を調整する必要がある。この問題は，とくに季節変動が激しい製品の生産に直結する問題である。たとえば，アイスクリームの需要は気温が上昇する夏に急増し，気温が低下する冬には減少する特徴を持つ。急変する需要に対応するた

めには，生産の平準化，生産リードタイム*の短縮などさまざまな方法があるが，
労働力の投入量を変化させるのは，最も容易で効果的な方法である。

　労働力の投入量を増やすためには，残業，雇用，派遣会社や請負会社の利用
などの選択肢がある。まず残業は，現在確保している従業員を正規時間以外の
生産作業に従事させることである。法律では，1日8時間，1週間40時間を超
えた労働を指し，割増賃金を支払う必要がある。労働者に対する追加的な教育
が必要ないことはメリットだが，賃金の高さや法律で定めた上限時間があるた
め大幅な労働力の増強ができないことがデメリットである。

　次に新たに従業員を雇い入れる方法がある。この方法は，採用プロセスに時
間が長くかかるうえ，新入社員の教育にも時間と費用がかかってしまう。さら
に生産量が減った際には，従業員を容易に減らせない。アメリカでは，労働力
を減らすために一時解雇を行う「レイオフ」という制度があるが，日本では一
般的ではない。従業員の人件費は，企業にとって固定的な費用になるため，新
規採用には慎重にならざるを得ない。

　最後に，派遣会社，請負会社などを通じて外部労働力を活用する方法もある。
派遣労働とは，派遣先の労働サービス需要を満たしうる人的資源を探し，雇用
し，派遣先に派遣する仕組みである（今野・佐藤，2009）。工場で労働需要が発
生し，派遣元（派遣会社）に要請することで，派遣先である工場に派遣社員が
労働力として送られる。この場合，派遣社員は派遣元と雇用関係にあるが，指
揮・命令に関しては，派遣先に従うことになる。派遣社員については，採用に
関する費用がかからないだけではなく，業務に必要な職務能力を有した労働力
が派遣される利点がある。

　請負労働者の場合は，請負契約の形で生産作業の一部を担うことになる。こ
の場合は，仕事を請負会社に依頼する形をとるので，請負会社の社員は，派遣
社員と違って指揮・命令についても請負会社に従うことになる。一般的には，
特定の部品の加工や組立などを請負会社に任せることが多いが，最近は工場内
請負という形で，工場内の一区画を請負会社に貸し，そこで作業してもらうこ
とも増えている。この場合は，一般的なサプライヤーというよりは，工場の労
働力の一部を代替していると見てよいだろう。

　このように外部労働力を活用する方法は，生産システムに投入する労働力の
量を最も柔軟に調整することができることにメリットがある。とくに生産量減
少の際に，労働力投入を減らすことが容易である。ただし，外部労働力の活用

46　第I部　生産管理の基礎

により，品質の低下，仕事の連携やチームワークが困難になるなど生産現場の
パフォーマンスが下がると指摘する研究もある（木村，2006）。また，作業を通
じて習得できるノウハウが社内に残りにくいことはデメリットである。生産の
ノウハウは，労働力の質と直結し，長期的には生産システム全体の競争力を左
右する要因であるために注意が必要である。

(2)　労働力の質的フレキシビリティ

　次に，労働力の質的フレキシビリティについて見てみよう。変化に対応する
生産現場の柔軟な能力を担っているのが多能工である。藤本（2001）によると，
多能工とは，①個々には標準化された比較的シンプルな繰り返し課業を複数組
み合わせた職務を一定サイクル内に正確・迅速にこなす能力，②そうした複合
的職務そのものを複数こなす潜在能力，③標準作業にともない発生する異常や
改善に対応する作業を遂行する能力などをあわせ持った作業者のことである。
言い換えると，複数の作業で構成された職務を遂行でき，班・組内における別
の人の作業が行える能力を持つ労働者を指す言葉である。さらに生産現場にお
けるトラブル対応・改善能力もあわせ持っていることを意味する。

　それでは，多能工の具体的な事例を見てみよう。ある自動車工場で，労働者
Aは，1分以内に生産ラインで流れる車にある電子部品を部品箱から取り出し，
それを定位置にはめてから，ネジ4つと電動ドライバーを取り出し，4つのネ
ジを締めて電子部品を固定するとしよう。労働者Aは，部品の取り出し，は
め込み，ネジ締めなどの複数の作業で構成された工程を担当している。それに
Aは，隣の作業者が担当している電子部品に電線をつなぐ工程，そして電子
部品にボタンを取り付ける工程も担当することができる。さらに，Aは，生
産現場で発生するトラブルに対応したり，生産性改善のための提案を行う能力
も持っている。この場合，Aは多能工であるといえる。

　多能工は，生産現場で柔軟に配置され，多様な仕事を担うことが可能で，生
産現場の柔軟な変化への対応を可能にする。多能工を育成するためには，現場
におけるジョブローテーションをどう行うかが重要である。ジョブローテテー
ションとは，職務を移動させて作業を行うことであり，多様な作業を経験させ
ながら，OJTを通じて多能工を育成する方法である。一般的には，主に班内
でのローテーションが行われているが，組や工場を超えたローテーションが行
われることもある。ただし，ジョブローテーションの前に適切なOff-JTが行
われるべきであることはいうまでもない。

多能工を育成・管理するツールとして，前述したスキルマップまたは，星取表と呼ばれるものがある。これは，班，もしくは組内での多能工化を管理できる表である。PCO のケースで見たスキルマップの事例では，機種別，工程別に各労働者の技能水準が一目でわかるようにまとめられていた。また，これに今後どの工程を学んでいくかを書き入れることもできる。このようにスキルマップは，作業者の技能の現状管理だけではなく，将来的な多能工の育成にも使用できるツールである。

以上，見てきたように，企業は外部環境と常に相互作用しながら活動を行っており，外部環境または組織の内部環境の変化に柔軟に対応していく必要がある。労働力の量と質の両面で柔軟に対応し，かつ長期的な視点で人材育成を続けることで，顧客が満足する製品を提供することができるのである。

4 課　題

(1)　本章では，環境変化に対応するための人材管理として，労働力の量的・質的フレキシビリティの重要性を強調した。実際の企業事例の中で，大きな環境変化に直面し，大幅に従業員の数を増減させたり，従業員の配置を転換させたりすることで対応した事例について調べてみよう。
(2)　最近，人材マネジメント分野で注目を集めているのが職業に必要な能力を再教育する「リスキリング」という言葉である。本章で紹介した OJT や Off-JT などの社内教育とリスキリングは，どう違うのかについて調べてみよう。
(3)　現在の日本は慢性的な人手不足に陥っており，海外からの労働者の受け入れを拡大している。近年の外国人労働者の推移と生産現場におけるその活用について調べてみよう。

読んでみよう　　　　　　　　　　　　　　　　　　BOOK GUIDE

今野浩一郎・佐藤博樹（2020）『人事管理入門　第 3 版』日本経済新聞出版。
　　生産管理における労働力・人材管理だけではなく，幅広い分野における一般的な人事管理に関する知識が学べる。

米倉誠一郎（2018）『松下幸之助：きみならできる，必ずできる』ミネルヴァ書房。

📖 人から学び，人を信頼し，人を育てた経営者・松下幸之助が創業から日本を代表する企業を一代で築くまでの足跡を丹念にたどっている。

福澤光啓・稲水伸行・鈴木信貴・佐藤佑樹・村田香織・新宅純二郎・藤本隆宏（2012）「奔走するリーダー：環境変動に対する自動車組立職場の適応プロセス」『組織科学』46 (2), 75-94。
📖 現場で人材を育てるうえで，最も重要な課題の1つはリーダーを育てることである。この論文は，生産現場のコア人材であるリーダーの役割について詳しく分析している。

注

1) 本章で「もの」と「モノ」の表記が混在するのは，「モノづくり」がパナソニックの用語だからである。パナソニックでは，カタカナの「モノ」で表現することで，いわゆる「物」だけでなく，「コト」(体験・経験) も含めた顧客に届けるもの全体を表そうとしている。

参考文献

藤本隆宏（2001）『生産マネジメント入門 II 生産資源・技術管理編』日本経済新聞出版。
今野浩一郎・佐藤博樹（2009）『人事管理入門 第2版』日本経済新聞出版。
木村琢磨（2006）「電機産業における派遣・請負労働者の活用と課題：人的資源構造の変化と能力開発型人材管理の課題」『大原社会問題研究所雑誌』567, 40-57 頁。
小池和男（1987）「知的熟練とその一般性」『組織科学』21 (2), 2-11 頁。
松下幸之助（1978）『実践経営哲学』PHP 研究所。

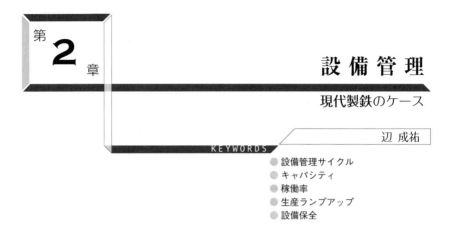

第2章 設備管理
現代製鉄のケース

辺 成祐

KEYWORDS
- 設備管理サイクル
- キャパシティ
- 稼働率
- 生産ランプアップ
- 設備保全

1 本章のねらい

　鉄を生産する広大な製鉄所には，たくさんの工場が立地しており，これらの工場ではたくさんの設備が動いている。資本集約的な装置産業として知られる鉄鋼産業は，まさに装置（生産設備）がものをいう産業であり，設備管理は鉄鋼メーカーの競争力を左右するきわめて重要なマネジメント領域である。

　製鉄所でつくられた鉄は，自動車産業，家電産業，造船産業，建設産業などに供給される。そのため，鉄は「産業の米」とも呼ばれる。鉄鋼産業は，一国の経済活動において基盤をなす基幹産業である同時に，多額の設備投資が必要であるため，日本を含めて世界各国は，早い段階から鉄鋼産業の育成に力を入れてきた。そのため，ほとんどの鉄鋼メーカーは国営企業としてスタートした。韓国を代表する鉄鋼メーカー，ポスコもその1つである。

　一方，韓国のもう1つの大手鉄鋼メーカーである現代製鉄は，現代自動車グループ傘下の企業である。同社は，製鉄所の立ち上げから顧客確保に至るまで，ポスコとは異なる，民間企業としてのマネジメントと工夫が必要だった。その代表例が，製鉄所のシンボルであり，かつ製鉄の中核設備である溶鉱炉（高炉ともいう，以下「高炉」）である。

　本章では，2006年から始まった現代製鉄の高炉事業への取り組みを通じて，生産管理における設備管理の重要性について考えていく。具体的には，設備の調達，導入，試運転，稼働，メンテナンスまでの流れについて理解したうえで，

50　第Ⅰ部　生産管理の基礎

設備の最大生産能力を意味するキャパシティ，設備の稼働率，メンテナンスの
種類とそれを担当する組織，そして設備単体ではなく，設備間をつなげる技術
について説明する。

2　ケース：現代製鉄の設備導入と管理

2.1　現代自動車グループ傘下の鉄鋼メーカー

　1台の自動車（乗用車）は，ボルト，ナットといった小さいものも含めて約3
万点の部品でつくられる。そして，自動車をつくる材料のうち，鉄は重量の約
72％を占める（日本自動車工業会）。したがって，自動車メーカーにとって，鉄
の安定調達は非常に重要な仕事となる。韓国の現代自動車グループは，自動車
をつくるための鉄（自動車用鋼板）を，主に韓国のポスコと日本の JFE スチー
ルから調達してきた。現代自動車の世界市場での販売好調にともなって鉄の必
要量も急拡大したものの，鉄鋼メーカーとの交渉，とりわけ価格交渉は難航す
ることが多かった。とくに，ポスコは自社の供給可能な量に限りがあることを
理由に，現代自動車が求める量と価格になかなか応じてくれなかった。そのた
びに，現代自動車の創業者の鄭周永は，いつか，自分の手で鉄鋼メーカーを立
ち上げる決意を強くした。鉄鋼メーカーと，その顧客企業（鉄鋼産業では，需要
家という）である自動車メーカー間の溝が生じていたのである。現代自動車グ
ループとポスコとの関係は取引関係でありながら，その裏には競争意識が常に
あった。

　現代製鉄は，2023年12月期現在，売上高27兆円3406億ウォン（営業利益1
兆6164億ウォン），従業員数約1万1700人の大手鉄鋼メーカーである。

　鉄鋼メーカーは，大きく，2つに分けられる。高炉メーカーと電気炉メーカ
ーである。前者は，高炉を用いて，鉄鉱石を1500℃以上の高温で溶かして鉄
をつくるメーカーであり，一貫製鉄メーカーとも呼ばれる。一方，後者は，鉄
鉱石は使わず，廃車，廃船，建物から回収された鉄くず（鉄スクラップ）を電
気炉と呼ばれる設備に入れて，高圧の電力で溶かして鉄をつくるメーカーであ
る。電気炉は，高炉に比べ，規模も小さく，設備投資も大きくない。しかし，
高炉はその周辺設備まで含めて5000億円から1兆円近い費用がかかる高額な
生産設備である。電気炉は，数百億円から1000億円程度で高炉に比べて安価
であり，かつ建設期間も短い。

第**2**章　設備管理（現代製鉄）　51

　1978年，現代自動車に鉄鋼産業への進出のチャンスが到来した。当時の韓国政府が，国営電気炉メーカーである仁川製鉄を，民間企業に売却する方針を固めたのである。現代自動車は仁川製鉄を買収した後も，次々と他の電気炉メーカーを吸収合併しながら成長してきた。しかし，鉄鉱石から純度の高い鉄が生産できる高炉がない限り，ポスコへの依存度は大きく変わらなかった。2代目の鄭夢九は，高炉事業進出こそが，現代自動車グループのあるべき姿だと認識していた。かつてアメリカのフォード社は，製鉄所はもちろん，ガラス工場，タイヤ工場も傘下に収める垂直統合戦略を展開した。現代自動車グループは自動車関係のさまざまな事業に多角化していたものの，高炉を使う鉄づくりだけは，外部に依存していたのである。

2.2 **新たな挑戦**

　韓国は，日本を含めて海外から年間400万トンを超える鉄スクラップを輸入している（韓国鉄鋼協会，2021年現在）。鉄スクラップを利用する電気炉は，高炉に比べてフレキシブルな操業ができるため，スクラップの調達さえ問題なければ，高炉より優位性があるように見えた。しかし，同技術を長年用いて鉄を生産してきた現代製鉄を含め，いわゆる電気炉メーカーに，課題が見え始めたのである。

　第1の課題は，原燃料コストの変動，とりわけ，鉄スクラップ価格の高騰である。現代製鉄は，鉄スクラップを国内と日本から調達してきたが，良質の日本産鉄スクラップを求める鉄鋼メーカーが増え，鉄スクラップ市況は予想が難しくなった。また，電気炉は，その名の通り，電気を大量に消費する大型設備であるため，電気代が上がると，その分，コスト圧迫につながる原因となった。

　第2の課題は，電気炉で生産される製品の品質課題である。鉄スクラップは，廃車など，使用済みの製品から回収されるため，不純物が多く含まれるといった問題があった。

　したがって，自動車の外板材として使われる高品質の自動車用鋼板をつくるためには，高炉から生産される純度の高い鉄（バージン・スチール）が必要とされた。現代製鉄が，現代自動車向けの自動車用鋼板を生産するためには，どうしても高炉が必要だったのである。同社は，2006年10月，一貫製鉄メーカーを目指して，高炉設備を含む，新しい生産ライン[*]をつくり始めた。

　高炉設備を導入するためには，高炉だけでなく，転炉，連続鋳造機まで導入

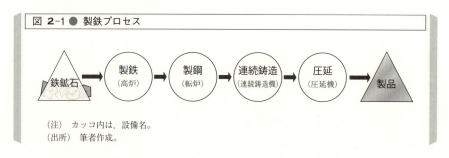

図 2-1 ● 製鉄プロセス

（注）カッコ内は，設備名。
（出所）筆者作成。

しなければならない。これらの設備も大型設備である。とくに高炉は，建設に3年以上を要する超大型設備である。鉄鉱石を高炉に装入し，1500℃を超える高温で，約7時間かけて溶かす。高炉からつくられた液体状態の鉄を銑鉄（pig iron）といい，高炉工場を製銑工程とも呼ぶ。銑鉄には，まだ不純物が残っているため，もう一度，成分調整を行う必要がある。

銑鉄を，転炉設備に入れ，純度の高い鋼（steel）をつくる[2]。この工程を，製鋼工程という。まだ液状の鋼を，連続鋳造機に入れて，徐々に板の形に固めていく。液体状態の鉄が固体に変身する工程である。最後に，板を薄く，長く伸ばす圧延工程を通して製品に仕上げる。このように，鉄鋼製品は，たくさんの大型設備を通りながらつくられており，オペレーターと呼ばれる作業員がハンドルを操作しながら，成分調整などを行う。

図 2-1 を見れば，鉄が1本の連鎖でつくられているように見えるが，実際には，製鉄プロセスは原料から製品までの流れの途中から複数の経路に分かれていく分解型加工経路になっている。具体的には，2番目の工程の製鋼工程から製品の成分が決まり，さまざまな製品に分かれていく。自動車用鋼板にも，内板材，外板材，モーターに使用されるモーター・コア，補強材，シャシー，マフラーなど，さまざま種類があり，種類ごとにそれぞれ鉄に含まれる炭素，シリコン，マンガンなどの成分が異なる。転炉では，最終製品（たとえば外板材）の目標成分に合わせて成分調整を行い，次の工程に流す。それに合わせて，圧延工程でも，最終製品に求められる物理特性（たとえば強度）を実現するために，圧延速度，圧延温度などのパラメーターを操作する。

現代製鉄は，高炉，転炉，連続鋳造機をルクセンブルクとドイツの設備メーカーから調達することにした。ただ，高炉稼働の経験が皆無であった。作業者の経験とノウハウも重要なため，競合他社のポスコから多くの人材を受け入れ

第**2**章 設備管理（現代製鉄） 53

た。

　同社の第1高炉は，2006年10月に建設が始まり，わずか30カ月で完成した。その後，第2高炉は，2010年11月に，第3高炉は13年9月に完成した。

2.3　高炉と電気炉の「二刀流」操業開始

　現代製鉄の主力工場である唐津製鉄所が，韓国の首都ソウルから車で西南方向に100 kmほど離れているところに立地している。東京ドーム136個分に相当する巨大な製鉄所には最新鋭の設備が集まっている。2013年9月から3基の高炉が順に稼働に入ることで，現代製鉄は高炉と電気炉をあわせ持つ「二刀流」鉄鋼メーカーとなった。同社の電気炉設備は世界で最大級の規模を誇る。それに加えて高炉の規模も世界トップクラスになったのである。

　このハイブリッド方式には，いくつかのメリットがある。まず，原燃料の市況にあわせて操業調整が可能であることである。具体的には，鉄鉱石を使う高炉，鉄スクラップを使う電気炉を両方稼働させることで，鉄鉱石の調達価格が高騰すれば電気炉の生産量を増やし，逆に，鉄スクラップの価格が高騰すれば，高炉の生産量を増やせば，原燃料の価格変動をうまく吸収できる。

　2つめは，高炉でつくられた鉄（溶銑）と，電気炉で生産された鉄（溶鋼）を混ぜて，転炉に流し込む「複合プロセス」を活用できるようになった。これにより，低炭素製品を生産することが容易になる（図**2-2**）。

　現代製鉄は，2030年までに，2018年対比で，炭素排出量を12%減らすことに取り組んでいる。一般的に，鉄鋼製品1トンを生産するためには，高炉では2.3トン，電気炉では0.5トンの炭素が発生する。電気炉で生産された溶鋼を混ぜて転炉に投入すれば，発生する炭素の量も減少する効果が得られるため，カーボンニュートラル対策にもなる。

　これらのメリットを最大限活用するために，現代製鉄は，高炉建設が始まる2006年から高炉3基の生産能力を考えた。年間生産能力1200万トンの電気炉に加えて，年間400万トンの生産能力を持つ高炉3基を追加することによって，高炉生産能力と電気炉生産能力はちょうど半分ずつになり，両方を合わせた最大生産能力は，2400万トンとなった。

　鉄スクラップが取り合いになるなど，スクラップ市場の変動が激しいため，現代製鉄は，現代自動車グループの枠を越えて，現代重工業，現代建設といった現代グループの企業に出向き，鉄スクラップを直接買い取ることにした。現

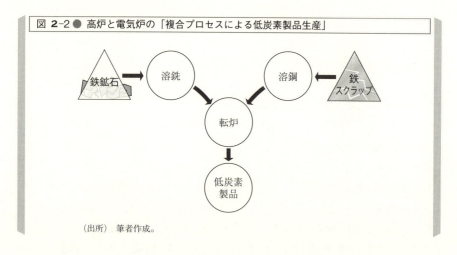

図 2-2 ● 高炉と電気炉の「複合プロセスによる低炭素製品生産」

(出所) 筆者作成。

代重工業から造船用厚板，現代建設から建築材を優先的に回収することで，スクラップを安定調達することが目的だった。

2.4　迅速な量産立ち上げ

　高炉事業の後発企業だった現代製鉄は，設備導入と稼働において，先行企業とは異なる戦略を立案しなければならなかった。差別化された設備導入戦略は，競争上の武器になりうる。現代製鉄の目標は唐津製鉄所を，自動車用鋼板を専門とする製鉄所にすることであった。それを実現するうえで重要な競争力が「スピード」だった。

　現代製鉄の高炉3基は，ルクセンブルク企業ポールワース社によって設計されたものであった。1870年に設立されたポールワース社は，世界1位の高炉専門メーカーである。現代製鉄は，ポールワース社からの協力を得て，容積5250m³，年産400万トンの能力を持つ大型高炉と周辺設備を，同じスペックで3基連続でつくることにした。高炉建設と操業の経験を，第1高炉から第3高炉まで横展開しながら迅速に立ち上げる戦略だった。第1高炉で蓄積した経験とノウハウを，第2高炉に横展開した後，さらに第3高炉に展開することで，同じスペックの高炉3基の生産量を速やかに増やしていくことができたのである。

　図2-3の稼働日は，建設が終わり，高炉内部に火を入れることで，操業を始める日を意味する（この日を「火入れ日」と呼ぶ）。また，初期操業度達成日は，

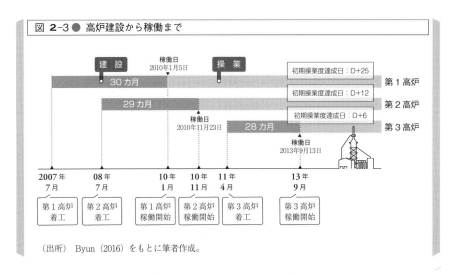

図 2-3 ● 高炉建設から稼働まで

（出所）Byun（2016）をもとに筆者作成。

火入れから目標とする生産量に至った期間を示す指標で，量産立ち上げを実現したことを示す。たとえば，第1高炉のD+25は，火入れ日（D）から25日後に，目標生産量に到達したことを意味する。目標生産量は，高炉の内容積を基準に設定されるが，現代製鉄は，内容積5250 m³をベースに，日産1万500トンの生産を基準とした。

第1高炉が2010年1月に火入れされ，第2高炉も，同年11月に稼働に入った。世界鉄鋼産業の歴史の中でそれまで，1つの鉄鋼メーカーが1年の間に複数の高炉を稼働させることはなかった。現代製鉄は，2013年9月に第3高炉の操業に入り，高炉操業から5年も経たずに，世界で14番目の生産規模となった。

2.5 高級鋼生産への課題：工程インテグレーション

現代製鉄の最大顧客は，現代自動車グループである。同グループは，乗用車，商用車の幅広い製品ラインを持っており，現代製鉄が生産した自動車用鋼板は，さまざまな車種に供給された。現代自動車グループは，現代製鉄だけではなく，ポスコ，JFEスチールからも自動車用鋼板を調達して自動車を生産してきた。そこで，同グループは，各社の自動車用鋼板の品質を比較することができた。これは自動車用鋼板の生産経験の浅い現代製鉄にとって，他社へのキャッチアップを速める重要な要因となったのである。

56　第Ⅰ部　生産管理の基礎

　現代製鉄技術研究所は，自動車軽量化のための高強度・高張力の自動車用鋼板を開発するために，現代自動車グループと共同研究開発を進めた。なかでも高級車であるジェネシスに自社製品を供給することが大きな目標となった。現代自動車グループとしても，現代製鉄からの早期供給を実現することで，自動車用鋼板の安定調達を目指していた。現代製鉄は，唐津製鉄所の建設を始める前に製鉄技術研究所を建設し，2007年に完成した。先行して研究を進めることで，今後起こりうる品質問題などに対処するためだった。

　しかし，高級車用の自動車用鋼板は，鉄鋼メーカーが生産する製品の中でも高級鋼であり，さまざまな課題が浮き彫りになった。

　現在，世界には200社を超える高炉メーカーがあるが，その中で，自動車用鋼板が生産できるメーカーはわずか10％程度に過ぎない。自動車用鋼板の中でも，表面品質に対する顧客企業の要求が最も厳しい高級外板材が生産できるメーカーはさらに少ない。現代製鉄のように，最新鋭の高炉・転炉設備を持っていたとしても，高級鋼の生産が難しい理由は，高級鋼の品質が，特定の設備で決まるのではなく，複数工程が連携しながら製品をつくる必要があるからである。

　図2-1を見ると，製銑工程，製鋼工程，連続鋳造工程，圧延工程において，順番に製品を処理・加工すれば問題なくつくれるように思える。実際に，高級鋼ではない，いわゆる普通鋼（建築材など）は，設備を並べて決まった手順でつくることができる。しかし，高級鋼の世界ではそうはいかない。決め手となるのは，複数の工程が1つの組織となって，前後工程の作業状況を見ながら調整する「工程インテグレーション」である。

　一般的に，鉄鋼メーカーは高炉を建設して，転炉，連続鋳造まで完成すれば，建築材など普通鋼の製品が生産できるようになる。その後，熱延工程を追加接続して，熱延コイルを生産する。さらに，より付加価値の高い冷延コイルを生産するためには，冷延工程，焼鈍工程を追加で接続しなければならない。ところが，新しい生産工程の追加は，その新工程だけを追加でマネジメントするだけではない。自動車用鋼板のような高級鋼生産のノウハウは，追加接続された工程と既存工程，全体の調整作業にあるからである。このように，工程と工程とのつながりを管理する技術が工程間調整技術である。

　現代製鉄でもジェネシス向けの自動車用鋼板生産には，工程間調整技術が不可欠であることが認識された。そのために，製鉄所の各工程の技術メンバーだ

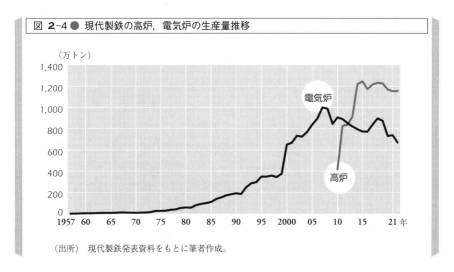

図 2-4 ● 現代製鉄の高炉，電気炉の生産量推移

（出所）　現代製鉄発表資料をもとに筆者作成。

けではなく，製鉄技術研究所，さらには現代自動車グループの技術メンバーも加えて，自動車用鋼板のもととなる冷延鋼板生産と品質向上に取り組んだ。

　このような取り組みによって，現代製鉄は，2014年から冷延製品の生産を本格的に始めた。製鉄所稼働初期には，ライバルのポスコから受け入れた人材も重要な役割を果たした。これは，鉄鋼産業で設備が生産性を決める重要な要因ではあるものの，高級鋼の世界では，人の経験とノウハウも欠かすことができないことを意味している。同社の高炉生産量と電気炉生産量が逆転したのは2013年からであった（図2-4）。

2.6　高炉設備の改修と保全

　高炉設備には，他の設備にはない特徴がある。いったん高炉に火を入れると，止めることができない。火を止めたら，高炉内部に残っている鉄が固まってしまい，二度と使えなくなる。したがって，24時間365日，連続で生産し続けなければならない。鉄鋼メーカーでは，4チームを編成して，3チームが8時間ずつ勤務し，残りの1チームが休憩するシフトで動いている。高炉の寿命は，15年以上だといわれる。2010年1月から稼働に入った現代製鉄の第1高炉も13年以上，鉄を生産し続けた。高炉設備の生産能力は，生産を止めて改修しない限り変わらない。

　現代製鉄は，高炉改修を機に，生産能力の拡張を目指すことにした。同社は，

58　第 I 部　生産管理の基礎

2019 年 8 月，高炉改修チームを立ち上げ，24 年に第 1 高炉から順に高炉改修に入ることにした。これを機に，高炉の内容積を既存の 5250m³ から 5500m³ に拡大させることも計画した。設備能力を拡大させるためには，約 5000 億ウォンの投資が見込まれる。高炉の能力拡大には高炉改修をともなうのである。

　高炉のような大型設備を持つ鉄鋼メーカーには，操業を担当する組織と保全（メンテナンス）を担当する組織が別々に存在する。高炉，転炉，電気炉，連続鋳造機など，それぞれの設備には異なる保全知識が必要となるからである。現代製鉄の操業分野では，人工知能（AI）を活用した自動化が進んでいる。現代製鉄は，2017 年から，現場作業者の肉眼に依存してきた鉄スクラップの分類作業を，AI プラットフォームで行うことに成功した。しかし，保全分野では，なかなか自動化が進まない。設備のトラブルを探知し，現場に出向いて直すことは，定型化された仕事ではないからである。同社は，ディープラーニングを基盤とする AI モデル開発に取り組んでいる。

　高炉事業とともに成長してきた現代製鉄だが，競合他社とは異なる課題もある。現代自動車グループを顧客企業として持っているので，安定需要が見込める反面，現代自動車グループに過度に依存してしまうロックオン問題もある。この課題は，同社が持つカーボンニュートラルへの対応といった課題と並んで，重要課題となっている。

3　ケースを解く

3.1　設備と設備管理サイクル

　設備は，生産要素（生産システムへのインプット）である 3 つの M（Man, Machine, Material）の 1 つであり，生産設備，資本設備ともいう。設備管理は，工場に配備される設備，治工具，金型などを，どのように採択し，設計・調達し，維持・改善するかに関する意思決定のことである（藤本，2000）。

　すべての設備が現代製鉄の高炉のような大型設備とはいえないが，**設備管理サイクル**は類似している。設備管理のための経営意思決定は，設備の導入（購入）から始まる。企業にとっては大きな買い物になるので，導入目的と投資資金の回収期間をしっかりと評価する必要がある。企業では投資金額規模によって，審議・承認の責任者を分けていることが一般的である。大型投資になるほど，長期的に影響するからである。

第2章 設備管理（現代製鉄） 59

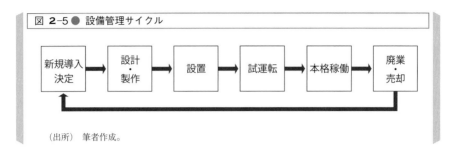

図 2-5 ● 設備管理サイクル

（出所） 筆者作成。

　設備導入が決まると，設備の設計・製作に入る。現代製鉄の高炉は，ポールワース社が設計し，製作は中国メーカーが担当した。次に，製作した設備を生産現場に建設・設置する。

　導入した設備は，試運転を通じて性能を確かめる。試運転には，一部の製品を試しでつくってみる「コールド・ラン」と，すべての製品をつくってみる「ホット・ラン」がある。前者で問題なければ，後者に進むことで，大量生産につなげる。

　その後，老朽化が進んだ設備は取り替え投資の対象となる。企業は，設備の寿命を延ばすために，日々，保全を行う（図2-5）。

3.2　設備の最大生産能力キャパシティと拡張

(1)　設備のキャパシティ

　現代製鉄の高炉は，年間400万トンの鉄を生産できる能力を持っている。生産システム（工場）の最大生産能力のことを**キャパシティ**という。同社は，高炉キャパシティを3基合わせて年間1200万トンの設備計画であった。たとえば，ある自動車工場の最大生産量が年間10万台とすると，その工場のキャパシティは年間10万台になる。設備も工場も，導入時に規模を決めて導入する。一般的に，キャパシティが大きいほど，規模の経済性を活かせる可能性が大きくなるが，初期投資の負担も重くなる。

　ただし，ここで注意しなければならないのは，キャパシティはあくまでも最大生産能力を意味することであり，実際にどれぐらいの能力を使うかは，企業の判断による。その参考となる指標に**稼働率**[3]がある。たとえば，現代製鉄の第1高炉の「生産実績」が，年間320万トンにとどまったとすれば，稼働率は，以下のように計算できる。

60　第Ⅰ部　生産管理の基礎

$$稼働率（％）＝（生産実績 / キャパシティ）× 100$$
$$＝（320 万トン/400 万トン）× 100$$
$$＝ 80$$

　稼働率が 80％ということは，まだ 20％の余裕があることを意味する。もし年間 400 万トンの実績であれば，高炉の稼働率は 100％となる。これをフル稼働，フルキャパ操業というが，実際にはフルキャパでの操業はあまり行われない。なぜならば，稼働率 100％は，あまりにも余裕のない状況であるので，長期的にはキャパシティを調整する必要があるからである。

　このように，需要変動にうまく対応するためには，余裕のあるキャパシティが重要であり，これをキャパシティ・クッションという。先ほどの例では，20％がキャパシティ・クッションになる。このように，キャパシティ・クッションは，予想需要に必要な能力とは別に設ける生産システムの緩衝能力である。ただし，キャパシティ・クッションが大きすぎると，未利用の生産能力が大きくなるため，コストが増えてしまう傾向があるので注意が必要である。

(2)　キャパシティ拡張

　現代製鉄は，高炉改修を通じて高炉のキャパシティを大きくすることを検討していた。これが実現されれば，2010 年の稼働開始以来，14 年ぶりのキャパシティの拡張となる。小規模な設備なら，需要変動に合わせて設備の数と稼働率をきめ細かく調整できるが，高炉の場合，いったん稼働に入ったらキャパシティの調整は容易ではない。

　企業がキャパシティを拡張しようとするとき，どのタイミングでどれぐらい増やすかは，重要な生産戦略である。投資が必要になると同時に，いったん決まって進んだら，元に戻すのが難しいからである。需要予測に基づいて設備のキャパシティを決めた後，需要量とキャパシティ間のズレが発生した際に，その対応に追われることになる。

　図2-6 は，設備および工場のキャパシティ拡張の種類を表したものである。需要量が右肩上がりで増えていく場合，企業としては，需要拡大を見込んで先にキャパシティを拡張しておくか，あるいは，需要が増えることを見極めながらフォローする形で設備のキャパシティを拡張していくといった方法がある。

　ただし，高炉の場合，設備拡張に大規模な投資が必要であるため，設備が完成されるまで時間がかかることはもちろん，その間に需要が減ってしまうリスクもある。半導体工場も，製鉄所と同様に先行投資を行うことが一般的である。

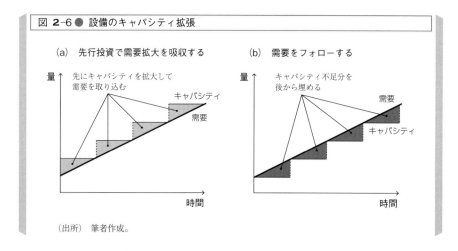

(出所) 筆者作成。

なぜなら，競合他社よりも先行して大量生産を実現することで，マーケットシェアのリーダー企業になれるからである。

3.3 加工経路と工程レイアウト，生産ランプアップ，設備保全

(1) 加工経路と工程レイアウト

　加工経路とは，原材料から完成品までのモノの流れを意味する。加工経路には，単線型，分解型，ヒエラルキー型がある。たとえば，ボルト，ナットのような単体部品の生産工程は，単線型加工経路で1つの連鎖になっている場合が多い。そのほかに，原料から製品までの流れの途中から複数の経路に分かれていく場合と，複数の経路から加工が進み，後で合流する形で完成品になる場合もある。前者を分解型加工経路と呼び，後者をヒエラルキー型加工経路という。

　第2節で紹介した鉄鋼製品も分解型加工経路になっているが，石油精製製品，化学製品，ガラス製品など，いわゆるプロセス産業の製品では，分解型加工経路がよく観察される。一方，部品を順番に組み立てて完成品を仕上げる加工組立産業の場合には，ヒエラルキー型の加工経路が採用される場合が多い。たとえば，自動車，スマートフォン，スマートウォッチ，パソコン，ゲーム機などが，ヒエラルキー型の加工経路でつくられている。

　一方，工程レイアウトとは，生産プロセスの物理的構造，つまり，生産設備の空間的配置のことを意味する。設備配置の基本形には，機能別レイアウトと製品別レイアウトがある。工程レイアウトは，生産量と密接に関連する。生産

量が少ない場合には，工場内に機械を並べて，作業者が加工物を持って複数の機械を巡回しながら作業すれば問題ないが，需要が増えれば生産量を増やすために，同機能の機械を複数配置することになる。その際，同機能の機械をグルーピングして配置するレイアウトが機能別レイアウトである。これをジョブショップともいう。製品ごとに大量生産するためには，製品別に機械を配置する製品別レイアウトが必要となる。

(2) 生産ランプアップ

現代製鉄の高炉設備は，稼働に入ってすぐに目標とした生産量に至ったわけではない。試運転の後，生産量を徐々に増やしながら目標とする生産量に近づけていったのである。

高炉に火入れをすればすぐに鉄ができるわけではなく，高炉管理の経験とノウハウをもって出銑するのである。たとえば，原材料の質と水分量，高炉内部の温度，吹き込む空気の温度などを総合的に判断してコントロールしなければならない。つまり，設備だけではなく，経験が欠かせないのである。

企業が導入した設備を利用して生産をスタートし，目標とする生産量，品質，コストに到達する「期間」を，「ランプアップ期間」という（Wheelwright and Clark, 1992)。開発にかかる時間が短縮されたとしても，ランプアップ期間が長引いた結果，大量生産まで時間がかかってしまうと競争上不利になる。より迅速な，より効率の良いランプアップができれば，市場に浸透する時間も早くなる。それによって早い段階から大量生産を実現し，生産コストを下げていくことが可能となる。革新的な製品デザインをいち早く市場に出しても，ランプアップがうまくいかず，品質不良とともに量産の立ち上げに遅れをとった結果，競合他社に負けてしまうこともある。

商業生産をより早く立ち上げることで，早期に売上が発生し，開発などに投入した資金も回収され，財務指標が改善される。生産量を徐々に増やしながら目標とする生産量に至るまで，事前に想定できなかった品質問題，コスト問題などの問題も解決していく。

(3) 設 備 保 全

故障とは，設備が設計で意図した機能を失うことである。保全は，設備の故障や能力の低下を事前に防ぎ，またそれが起こったときに復旧させる活動のことを意味する（藤本，2000)。前者を予防保全，後者を事後保全という。たとえば，自動車の車検は予防保全にあたる。

第**2**章　設備管理（現代製鉄）　　63

　より具体的には，設備保全は，設備性能を維持するために行われる，設備の老朽防止，劣化測定および劣化回復といった諸機能を担う，日常的または定期的な計画，点検，検査，調整，整備，修理，取り替えなどの諸活動の総称である（日本経営工学会，2014）。

　製鉄所では，操業を担当する組織と保全を担当する組織が分かれていることを紹介したが，操業する側が設備のことを理解して操業することは非常に重要である。日々，設備を使う側が，基本的な点検を行いながら仕事をすれば，設備故障を未然に防ぐことができるからである。これを自主保全ともいう。保全活動には，保全のプロである保全部門要員が行う専門保全と，こうした現場の作業員が行う自主保全とがある。

　これに関連して，TPM（Total Productive Maintenance）とは，全員が主役として参加する現場主体の保全活動である（日本プラントメンテナンス協会，2018）。日本では，日本プラントメンテナンス協会が推進母体となって全国レベルで普及した。

3.4　プロセス産業の工程インテグレーション

　鉄鋼産業，石油精製産業，ガラス産業，製紙産業，ビール産業のような産業をプロセス産業と呼ぶ。プロセス産業では，設備の生産性が全体の生産性を決める重要な要因になる。一方，自動車産業，家電産業，造船産業，工作機械産業は，加工組立産業と呼ばれる。

　現代製鉄のケースでは，自動車用鋼板を生産するために，工程間の連携に基づいた製品づくりが重要であることを紹介した。工程間のつながりを管理する技術，つまり，工程間調整能力が必要になる。一方，建築材のような普通鋼は，高級鋼のような工程間連携・調整はそれほど必要ではない。

　高級自動車鋼板を製造するためには，複数工程にわたって，制御のズレやバラツキがないように合わせこむ必要がある。複数工程間でパラメータの緊密な相互調整を要する製品は，工程インテグレーションが必要になる（藤本ほか，2008）。

　現代製鉄と現代自動車グループが目指した高級鋼の外板材は，成分調整はもちろん，圧延工程でも，温度など，ちょっとしたパラメータのズレやバラツキが品質に影響した。そのため，複数工程間での厳しい管理が重要であった。

4 課　題

(1) 鉄鋼産業と同様に，半導体産業も先行投資が必要な産業である。半導体製造大手である台湾積体電路製造（TSMC）の熊本工場の設備投資額と建設について調べてみよう。

(2) 2023年12月，日本製鉄が，アメリカ鉄鋼大手のUSスチールを2024年にも約2兆円で買収する計画を発表して話題となった。かつてUSスチールは，世界をリードする鉄鋼メーカーだった。日本の鉄鋼メーカーが，アメリカの鉄鋼メーカーより競争優位を持つことになった要因は，1950年代後半，LD転炉と呼ばれる設備を，アメリカより早く導入したためだといわれている。LD転炉の設備導入について調べてみよう。

(3) 2020年2月頃から，新型コロナウイルス感染症が世界的に広がり，マスクの品薄状態が大きな問題となった。マスクを生産しているメーカー1社を選び，現在のマスク生産能力ついて調べてみよう。

読んでみよう　　　　　　　　　　　　　BOOK GUIDE

辺成祐・朴英元（2015）「急速に立ち上がった現代製鐵の韓国高炉事業」『赤門マネジメント・レビュー』14(4)，243-256頁。
　☑現代製鉄の製鉄所建設の経緯をより詳しく説明している。冷延工程を専門とする現代ハイスコとの経営統合についても描かれている。

上阪欣史（2024）『日本製鉄の転生：巨艦はいかに甦ったか』日経BP社。
　☑高炉設備を使うこれまでの鉄づくりを抜本的に改革している日本製鉄の取り組みについて紹介している。また，自動車用鋼板など高級鋼づくりの難しさについても説明している。

日本プラントメンテナンス協会（2018）『わかる！使える！TPM入門』日刊工業新聞社。
　☑TPMの推進母体だった日本プラントメンテナンス協会が，設備の保全目的と手段をわかりやすく説明している。TPM展開の12ステップも紹介されている。

注　　　　　　　　　　　　　　　　　　　　　　　　NOTE

1) 浦項総合製鉄株式会社（POSCO：Pohang Iron and Steel Company）は，1968年に設立された韓国初の一貫製鉄メーカーである。当初は国営企業だったが，2000年10月に完

2) 英語名称が示しているように，アイアンとスチールは異なる中間製品である。
3) 一方，可動率の概念もあり，稼働率と区別するために，「べきどうりつ」とも読む。稼働率の分母が設備の稼働可能なキャパシティーであれば，可動率の分母は，「つくる必要のある生産量」を意味する点で異なる。また，可動率は，設備の故障とも関係する。設備が故障・停止している時間をダウンタイムと呼び，故障・停止していない時間をアップタイムと呼ぶが，トヨタ自動車では，アップタイムの比率を可動率という。

参考文献 REFERENCES

辺成祐・朴英元 (2015)「急速に立ち上がった現代製鐵の韓国高炉事業」『赤門マネジメント・レビュー』14 (4), 243-256 頁。
藤本隆宏 (2000)『生産マネジメント入門Ⅱ 生産資源・技術管理編』日本経済新聞出版。
藤本隆宏・葛東昇・呉在烜 (2008)「東アジアの産業内貿易と工程アーキテクチャー：自動車用鋼板の事例」『アジア経営研究』14, 19-36 頁。
藤本隆宏・桑嶋健一編 (2009)『日本型プロセス産業：ものづくり経営学による競争力分析』有斐閣。
日本経営工学会編 (2014)『ものづくりに役立つ経営工学の辞典：180 の知識』朝倉書店。
日本プラントメンテナンス協会 (2018)『わかる！使える！TPM 入門』日刊工業新聞社。
新日本製鉄 (2004)『カラー図解 鉄と鉄鋼がわかる本』日本実業出版社。
Lynn, L. (1982) *How Japan Innovates: A Comparison with the US in the Case of Oxygen Steelmaking*, London：Routledge.（遠田雄志訳『イノベーションの本質：鉄鋼技術導入プロセスの日米比較』東洋経済新報社，1986 年。）
Byun, S. (2016) "Hyundai Steel's Ramp-up Strategy and the Learning Effect," *Annals of Business Administrative Science*, 15 (4), 163-174.
Wheelwright, S. and K. Clark (1992) *Revolutionizing Product Development: Quantum Leaps in Speed, Efficiency and Quality*, New York: The Free Press.

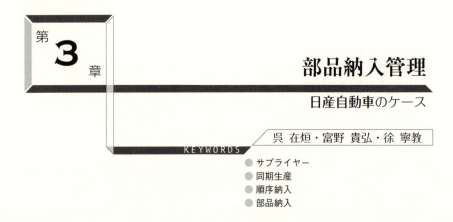

第3章 部品納入管理

日産自動車のケース

呉 在烜・富野 貴弘・徐 寧教

KEYWORDS
- サプライヤー
- 同期生産
- 順序納入
- 部品納入

1 本章のねらい

　部品や材料（部材）は，企業の生産システムに投入される要素の1つであり，完成財へと直接変換される重要な役割を担うものである。したがって企業が競争力のある製品を生産するためには，よい部材を供給してもらうことが必要となる。生産現場に部品を納入してもらうにはさまざまな方式があり，さらにその部品を生産ラインに投入する際にもいくつかの方法がある。部品をどれだけまとめて納入してもらうのか，完成品の生産順序に合わせて納入してもらうのか，部品をまとめて1つのパッケージにするのかといった点などを考慮しなければならない。このように，企業は競争力のある生産システムを構築するために，部品・材料などを供給してもらう方法を工夫する必要がある。各方式には，それぞれメリットとデメリットがあり，状況に合わせて選択する必要がある。

　そこで本章では，日本の自動車メーカーの日産自動車（以下，日産）とトランスミッション（変速機）のメーカーであるジヤトコのケースを通じて，ものづくりにおける部品納入管理の実際について学ぶ。日産は，NPW（Nissan Production Way：日産生産方式）と呼ばれる独自の生産方式を持っており，顧客の需要と同期して生産することを追求している。ジヤトコも日産の生産計画と同期し，車両の生産順序通りに部品を生産し納入している。

2 ケース：日産とジヤトコ

2.1 日産とNPW

本章では日産とジヤトコのケースを扱うが，日産は完成品メーカー，ジヤトコは日産に部品を納入する**サプライヤー**という関係になる。まずは実際のケースの前に，日産がNPWという名で用いている生産方式について紹介しよう。

今日，自動車メーカーが顧客に提供する車種とその仕様の数は限りなく多い。車種によっては，消費者が選択できるグレードと装備を掛け合わせていけば，最終的な仕様が数万通りにまで達するものもある。その結果，どういった仕様の車を消費者が求めるのかを事前に予想することは非常に難しい。したがって，純粋な見込み生産という形をとれば，顧客の要望との不一致という問題が生じ，結果的に在庫の積み上げ，もしくは消費者の取り逃しという事態につながる可能性が高まる。それを避けるために自動車メーカーがとりうる選択肢の1つが，受注生産である。受注生産であれば，顧客の注文を受けてから製品をつくり始めればよい。しかし，受注生産には長い時間（リードタイム）を要することが多い（第6章 参照）。そこで自動車メーカーに求められるのが，消費者の要望に沿った仕様の車を迅速に提供できる仕組みの構築である。つまり，在庫は最小限に抑えつつも短納期で消費者が望む製品を生産できる能力の構築が，今日の企業の競争力を大きく左右するのである。

このような時代の要請を受け，日産がNPWの根本思想（ありたい姿）として掲げているのが「限りないお客様への同期」であり，「顧客情報を全ての起点にして各種ものづくりを開始し短納期で届ける」というものである。こうした考え方を日産では**「同期生産」**と呼んでいる。以下，同社が実際に完成車をつくり上げるまでのプロセスを紹介する。

(1) 年間生産計画

最初に車両の生産計画の策定がなされるのが年初1月頃，その年の4月から翌年3月までが対象期間となる。これは，前年度の販売実績，さまざまなマクロ環境データ，日産の設備投資計画，人員計画，販売計画等をベースに策定された車種別生産台数の月別年間計画である。この計画に車種別の過去の仕様構成比率を加味し，主要な必要部品量を算出したうえで，当該部品サプライヤーにも大まかな部品発注計画が伝えられる。これは部品サプライヤーにとっても，来期の各種生産準備のための基礎データとなる。

68　第Ⅰ部　生産管理の基礎

　この段階での生産計画は，日産自体の期待計画という色合いが強い。したがって，以降の実績に応じて適宜修正されていく性格を持つものであり，計画が生産段階と具体的・有機的に同期していくのは，次の月間生産計画の策定段階からとなる。

(2)　月間生産計画

　生産計画の策定単位は3カ月が基本となる。したがって，N月の生産計画策定の最初のステップは$N-3$月に開始される。毎月初めに，営業部門から生産管理部門に国内・海外（輸出分）を合わせた向こう3カ月分の販売予測と生産要望値が提示される。それに対して各組立工場の生産能力，在庫水準（日産と販売会社それぞれの保有分），部品供給状況等を勘案し，月の中頃に開く生販会議において車種別の向こう3カ月の生産台数枠を仮決定する。このようにして，毎月$N-1$月に，N月，$N+1$月，$N+2$月の生産計画が立てられる。

　直近N月分の計画については生産の平準化を考慮しながら，最終仕様別（色・グレード・オプション等の組み合わせ）まで詳細展開した日別生産計画へと分割する。最終仕様の計画は最新の売れ筋実績と販売促進イベントの動向を加味しながら予測で算出する。したがって，この時点での計画は，需要予測に基づいた見込み生産計画である。

　こうして，N月の車種別月間生産計画が暫定（仮確定）されるのは，稼働日の初日から数えて約10日前ということになる。この計画は部品サプライヤーへの事前発注情報（内示と呼ばれる）の基盤となる。

(3)　週間生産計画

　N月分の月間生産計画を策定した後，$N-1$月の終盤に，最新の需要動向に応じて向こう2週間分の車種別生産台数の計画見直しを行う。ただし，この週次調整作業はあくまでも微調整であり，工場の残業対応と部品供給状況が計画の修正可能範囲（目安は±20％）を規定する。この台数枠調整作業は，毎週行われる。

(4)　生産日程計画

　最終的な各工場ライン別の生産日程計画は，基本的には販売会社からの実際の注文に応じて策定されていく。各販売会社のディーラーは，N月内に顧客からの車両注文内容が確定した時点で日産側に発注をかけることが可能となっている。もちろん，販売会社が戦略的に顧客の注文を見越して事前発注をかけることは可能だが，その場合には販売会社側が在庫保有リスクを負うことになる。

第**3**章　部品納入管理（日産自動車）　69

こうして，*N*月中にわたって全国の各販売会社から完成車両の受注を行い，注文内容と見込み生産計画との擦り合わせ作業へと移っていく。日産は販売会社からの注文を，暫定的に策定した仕様別生産計画の枠の中に日程の頭から前詰めで組み込んでいき，その都度，生産・出荷日の回答を行う。つまり，この時点から日産のものづくりは，市場と同期した受注生産的な色合いを帯びていくことになる。

　もちろん，事前に日産が策定した見込み生産計画とディーラーからの注文内容が一致しているという保証はない。したがって，生産計画に可能な限りの修正作業を施していくのである。この場合の修正とは，車種別生産台数計画そのものの増減と，車種内の仕様変更の２つの意味を含んでいる。車種別生産台数の修正（増減）は，組立工場の生産能力を勘案しながら毎週行う。どの程度まで計画を修正できるのかは，生産現場の残業対応と部品サプライヤーの供給能力によって左右される。

　車種内の仕様に関する計画変更に関しても制限があり，これも主として部品の購買計画の変更可能範囲（つまり部品の調達可能状況）に依存している。見込みの日産計画を策定する際に，たとえば「車種Aのフォグランプ付き」は１日に何台までというように，仕様のアイテムごとに制約条件を設定している。

　このようにして，あらかじめ設定した日別生産計画枠の中に，計画修正を施しながら販売会社からの注文を引き当てていくのだが，計画修正が不可能な場合，あるいは注文自体が引き当たらなかった見込み生産計画車両は未受注車としてそのまま生産し日産自身の在庫車となる。

　こうした調整作業の後，生産日の４〜６日前に最終的な生産日程計画を確定する。言い換えれば，販売会社からの注文車両は最短で注文から４日後に生産されるということである。なお，あくまでもこの４日という数字は最短の場合であり，４日前までに見込み生産計画に注文が引き当たらない場合，つまり生産制約に触れる場合には，その注文車両は生産待ちとなり生産日が確定するまで納車リードタイムが伸びていくことになる（図**3**-1）。

(5)　**順序時間確定計画**

　当該生産日の数日前日程計画を策定した時点で，多種多様な車両ごとの工場生産ライン別の組立順序も決定されており，これは順序時間確定計画と呼ばれる。この順序計画はその日の夕刻にサプライヤーにも配信され，その情報をもとにサプライヤーは生産準備もしくは生産そのものに着手する。エンジンなど

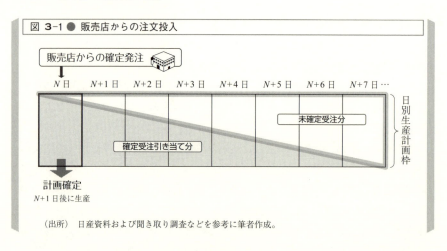

（出所）日産資料および聞き取り調査などを参考に筆者作成。

の内製部品の先行生産もこの順序計画通りに進行していく。ただし生産当日（N日）には、$N-4$日から$N-1$日の間に先行するボディ溶接とその後の塗装工程で溶接不良や塗装不良の手直しが入るため、実際の組立順序は事前の計画から数％程度変更される。したがって厳密には、日産で最終的な組立順序が確定されるのは、ボディが塗装完了ボディストレージ（PBS）と呼ばれる場所を出て最終組立工程にラインオンする直前である。

　以上のような多段階のステップを経て、顧客の注文が生産計画へと置き換わり最終的な生産計画が策定されていく。このように、日産（NPW）が市場（顧客）との同期生産を志向しているとはいえ、顧客の注文を起点にまったくのゼロから車づくりが行われるわけではない。そもそも、完成車メーカーを頂点に数多くの部品サプライヤーとの複雑な協働作業を通じ、2～3万点という膨大な数の部品を生産し組み上げていく自動車という製品の場合、顧客の注文通りの生産を行うことは容易な作業ではない。その実態は、計画を重視した見込み生産と顧客の注文を起点にした受注生産との重層的な組み合わせを行いながら、生産効率と顧客満足向上の両立を図っているという理解が正しい。

　次に、生産計画の策定プロセスと部品の調達プロセスとがどのようにつながっているのかについて見ていこう。日産とサプライヤーとの生産連携の側面である。

2.2 NPW における順序納入

　多くの品種の製品を生産する工場では，それに応じて部品の数も多くなるため，精緻な納入管理が必要になる。部品・材料の特性，重量，大きさなどによって，また生産方式の特徴によって，サプライヤーからの部品の納入方法が異なってくる。

　納入方式には，大きく分けてロット納入と順序納入がある。ロット納入とは，同一品番の部品をまとめて1つの箱に入れて納入する方式であり，**順序納入**とは多種多様な車両の生産順序に同期して，その順序通りに部品を納入する方式である。

　NPW では，順序納入をさらに分けて，シンクロ生産（実際の組立順序に対応）とアクチュアル順序生産（車体着工順序計画に対応）に分類している。どの方式も車両の組立順序に合わせて，1台ずつ必要な部品を生産し，納入するという点では同様である。両者の違いは，許容リードタイム*の長さにある（図3-2）。

(1) シンクロ生産

　シンクロ生産では，車両工場の組立ラインにおける実際の組立順序が部品サプライヤーに配信され，その順序に合わせて部品が生産・納入される。車両の実際の組立順序が最終的に確定するのは，ボディが塗装工程と最終組立ラインの間にある PBS を出庫したときである。この時点から順序納入部品が組み付けられる工程までの時間が，シンクロ生産の許容リードタイムとなる。

　仮に，シンクロ生産で納入される部品が組み付けられる工程を X 工程とすれば，PBS 出庫から X 工程までの時間は（PBS 出庫から組立ラインまでのボディ搬送時間，組立ラインにおける X 工程の順番，組立ラインのボディバッファー量，組立ラインのタクトタイム*によって異なるが）せいぜい2～3時間以内というのが一般的である。このため，シンクロ生産は，組立順序の情報を受けて，部品を生産し，輸送するまでに，2～3時間という許容リードタイム内で生産し，納入しなければならないため，車両組立工場の近くに部品サプライヤーが立地していることが条件となる。もし許容リードタイムに間に合わなかった場合，部品を組み立てることができず，生産ラインはストップしてしまうだろう。

　日産の場合も，シンクロ生産の部品サプライヤーはオンサイト（組立ライン隣接）か，インサイト（組立工場敷地内），あるいは組立工場周辺など，車両工場に近い場所に拠点を構えている。

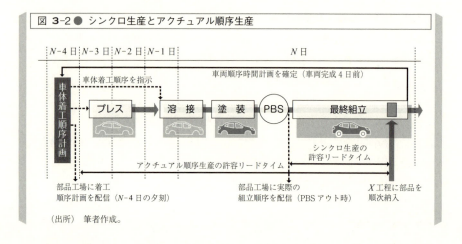

図 3-2 ● シンクロ生産とアクチュアル順序生産

(出所) 筆者作成。

(2) アクチュアル順序生産

　それに対して，アクチュアル順序生産方式は，サプライヤーが車両の生産順序通りに部品を生産するという点ではシンクロ生産と同様であるが，許容リードタイムが2〜3日程度と，シンクロ生産に比べて長い。その差は，部品サプライヤーが生産順序情報の配信を受け，生産に着手する時期の差にある。シンクロ生産では，サプライヤーがPBS出庫時での情報から生産に着手しているのに対し，アクチュアル順序生産では，サプライヤーが車両完成4日前までに確定される車体着工順序計画を受け取った時期を起点にして生産に着手できるからである。生産から納入までのリードタイムに余裕があるので，サプライヤーと納入先の組立工場の距離が数十kmから数百kmは離れていてもアクチュアル順序生産は成立する。したがって，先に述べたシンクロ生産ほどは，立地の制約は厳しくない。

　ただし，アクチュアル順序生産が成立するためには，その前提として，車両工場がサプライヤーに配信した車体着工順序・時間計画を守って車両を生産できる能力が必要となる。具体的には，車両完了4日前の車体着工順序・時間計画とボディが塗装を終えたPBS出庫時の実際の組立順序・時間との乖離が小さいことが求められる。この乖離が大きければ，4日前の順序時間計画に合わせて納入される部品が，実際に生産されている車両と合わなくなってしまう。その場合，必要のない部品在庫が増えるか，逆に，特定の部品納入が間に合わないという事態が起こりうる。

第3章 部品納入管理 （日産自動車）   73

　以上のような順序納入のねらいは，ものの流れを一個流しで整流化して，リードタイムの短縮を図ることである。車両の生産順序に合わせて部品の納入を行うことができれば，ロット納入で大量に同じ部品が運ばれ，実際に車両に組み付けられるまで在庫となることを防ぐことができる。ただし，サプライヤーとしては，車両順序に合わせて多様な部品を生産しなければならず，段取り替え回数の増加にともなうコスト上昇にも直面する。したがって，順序納入を行うためには，サプライヤーの生産能力も考慮に入れなければならない。

2.3 ジヤトコにおける順序納入への取り組み

　次に，日産の順序納入について，トランスミッション（変速機）のメーカーであるジヤトコのケースを用いて説明する。ジヤトコは，日産が株式の75％を所有する系列のサプライヤーで，日産以外にも三菱自動車，スズキ自動車などに自動車用変速機などの製品を開発・製造して納入している。変速機とは，車をエンジンの動力で走らせる際に，歯車の組み合わせを変えることで出力変換を行う装置のことで，ギアボックスとも呼ばれる。

　ジヤトコは1998年に「同期生産」を導入し，それを「ジヤトコ生産方式（JEPS）」として体系化して，生産プロセスの整流化に取り組んできた。日産が1994年にNPW方式の実験を始め，それを「同期生産」として定式化して，関係会社を含むグローバルな生産拠点に導入すると宣言したのは1997年である。したがって，ジヤトコは日産系サプライヤーの中では同期生産の先発組に当たる。

　JEPSの目指す姿は「受注確定生産」であり，これを徹底して追求し，スピード，柔軟性，高付加価値，全体最適を達成することである。同期生産を意味する「受注確定生産」については，「お客様から頂いた注文どおりに，上流工程から下流工程までが一貫して，時間どおり，順番どおり，短い納期で，高品質な製品を納入するという状態」と定義している（海老原，2006）。すなわち，JEPSは，車両工場の着工順序・時間に合わせた同期生産と，それによるリードタイムの短縮，そしてそこから顕在化する問題の改善を通じた生産性の向上を目指すという生産方式であり，この意味でNPW方式（同期生産）と同様の目的を持っている。

　JEPSの特徴としては，①車両の着工順序に合わせたアクチュアル順序生産を目指していること，②1本のラインで複数のモデルを混流生産するフレキシ

74 第Ⅰ部 生産管理の基礎

ブルラインの構築，③節目のない一貫ラインの構築，④簡単な設備等の活用によるローコスト自動化，⑤ストライクゾーン，キット供給，多工程持ち，多能工化などの推進，などがあげられる。これらのうち，ここでは①順序生産を中心に考察し，②から⑤の取り組みについては順序生産との関連で簡単に触れることにする。

ジヤトコのいくつかの国内生産拠点のうち，ここで対象とする工場は富士地区（静岡県）にある CVT（Continuously Variable Transmission：無段変速機）生産工場である。この工場は中型乗用車用の CVT を生産して，多くの国内や海外の自動車メーカーに供給している。

富士地区の CVT 生産ライン*は大別して，機械加工と組立ラインの2つに分かれている。機械加工の前工程に当たる成型（鋳造・鍛造）ラインは，近くにあるジヤトコの別工場にある。機械加工ラインは成型（鋳造・鍛造）されたプーリー（動力伝達部品の1つ）やギア，ケースといった粗材を機械で粗加工（旋削・穴あけ，みぞ入れ）して，熱処理を施した後，仕上げ加工（研削）を行うというプロセスである。組立ラインは5つのサブ組立ラインが1本のメイン組立ラインにつながったラインで，サブラインではプーリーやバルブなどのサブ組立が行われる。メインラインで組み立てが終わった CVT は最終テスト（全数検査）と最終組立の後，出荷待ちのエリアに搬送される（図3-3）。

この CVT 工場で生産している CVT の品種は，2モデル（2.0リットル，2.5リットル），36種類（メーカー別，二輪駆動／四輪駆動別など）である。このような多品種の CVT は基本的に同じ生産ラインで混流生産されている。組立ラインは，日産の工場の車体着工順序計画に連動してアクチュアル順序生産を行っているので，ほぼ一個流し順序生産を実現しているが，機械加工ラインと成型ラインは同一仕様をまとめて流すロット生産の形態をとっている。より細かくいえば，組立ラインは完全一個流しではなく，同一仕様の CVT を4個ずつまとめて流しており，機械加工ラインと成型ラインはやや多めのロット（4時間分）で生産している。仕掛在庫*は成型と機械加工，機械加工と組立との間に存在する（約4時間分）。完成品在庫レベル（国内向け）は，組立ラインオフ後の出荷待機エリアに4時間分，日産の車両組立に4時間分の完成品在庫がある。

機械加工ラインや成型ラインにおいても，一個流し順序生産への取り組みも行われている。鍛造工場における全自動一貫ラインの構築はこの例である。切断・成型・完成のプロセスを一貫ライン化し，節目（在庫による工程間の切れ目）

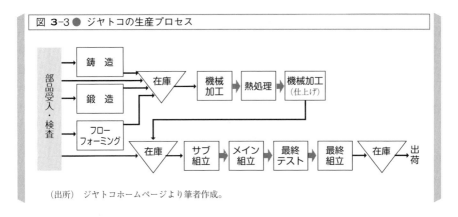

図 3-3 ● ジヤトコの生産プロセス

(出所) ジヤトコホームページより筆者作成。

をなくし，すべて一個流し化することで，リードタイムを従来の3日から1日に短縮した。また，この一貫ラインを1つのユニットとして多能工化を進めると同時に，投入作業をなくすなどのムダの削減活動も行っている。

生産リードタイムについては，組立時間が約3時間，機械加工（粗加工から熱処理，仕上げ）は部品によって異なるが，熱処理が必要なプーリーやギアなどの部品は約12時間かかる。ケースなど蓋ものは熱処理を必要としないので，その分リードタイムは短い（1.5時間）。熱処理に多くの時間を要する1つの理由は，この工程が粗加工および仕上げと連続しておらず，離れた別の場所（同じ敷地内にある）にあることも影響している。成型ラインでのリードタイムは不明だが，仕掛在庫と運搬時間等を入れたリードタイムは少なくても1日はかかると推測される。

3 ケースを解く

3.1 部品納入方式のタイプ

部品の納入方式は，部品の大きさ，価格，梱包方法，生産技術およびリードタイム，品種数，完成品種間の共通化の度合い，サプライヤーの立地などにより分類される。

図3-4は，自動車工場におけるサプライヤーからの**部品納入**方式，そして工場内の部品受入場から組立ラインへの部品供給（投入）方式（3.3項で説明）を表したものである。サプライヤーから工場の部品受入場に部品を納入する方

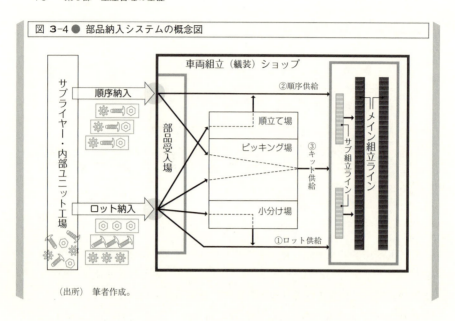

図 3-4 ● 部品納入システムの概念図

（出所）筆者作成。

法は，先述したように大きく分けてロット納入と順序納入がある。ロット納入とは同一品番の部品を1つの箱にまとめて入れて納入する方式である。部品箱に同じ形をした部品が規則正しく並んでいる光景を想像すればよい。この場合，納入するために一定個数が必要であるため，生産計画の順序とは対応しない。自動車部品の多くは，このロット納入であると考えてよい。ロット納入の代表的な方式が，3.2項で説明するトヨタのかんばん方式である。

ロット納入では，一定数の部品が工場に納入されることになるため，その部品をすべて生産工程で消費するまでは，部品在庫が発生することになる。そのため，1回の発注で，どれほどの量を注文するのか，つまりロットサイズをどう設定するのかを考えなければならない。ロットサイズが大きくなれば，部品在庫が多くなる一方で，発注の回数は減る。反対にロットサイズを小さくすると，部品在庫は少なくなるが，発注の回数が多くなる。しかし，部品在庫は，万が一，部品が納入できなくなった際，生産ラインを止めないようにバッファーとしても機能する。

次に順序納入とは，製品をつくる順序に同期して納入する方式である。たとえば，計画上の完成品の生産が「A→B→C」の順番になっていたら，順序通りにAに必要な部品，Bに必要な部品，Cに必要な部品を納入する方法で

ある。第2節でも触れたが，順序納入を行うためには，どのタイミングで完成品の生産順序情報をサプライヤーに配信するかが重要となる。順序納入では，納入された部品をそのまま製品ラインで組み付けるため，部品在庫は発生しない。したがって，部品納入が止まってしまうと生産ラインも同時に停止することになる。

　スムーズに生産ラインが流れる理想的な工場の姿とは，全生産ラインから一切のロット生産およびロット運搬を排除し，一個流しの順序納入を実現することである。そうすることで，仕掛在庫，部品の在庫をともにゼロにすることができる。しかし，既存の設備やラインによる制約，工場の立地によるリードタイムの問題，受注量の変動，取引先の納入方式の違いなどの要因により，全生産ラインにおける完全同期順序納入の実現は容易ではない。

　それでは，以上の説明をもとに，日産とジヤトコのケースを振り返ってみよう。このケースの特徴は，順序生産への取り組みが「一貫ラインの構築」や「作業のムダの削減」と一体化して行われていることである。これは，ものの良い流れをつくって，リードタイムの短縮と生産性の向上につなげようという考え方を示している。

　リードタイムの側面から見れば，部品工場と近い距離にある車両工場なら，機械加工工程の先頭から一個流し順序生産でも間に合う。たとえば，日産自動車の追浜工場からジヤトコの工場はトラックで2〜3時間の距離にあり，機械加工先頭から工場出荷までのリードタイムは現状の在庫水準を前提しても1.5日程度（3シフト）なので，車体着工順序計画の受け取りから3日程度の許容リードタイムに十分対応できる。

　ただ，順序生産かロット生産かという生産方式の選択はリードタイムだけで決められるものではない。一個流しのために既存設備やライン改造に追加費用がかかる場合，コスト面での考慮が必要である。ジヤトコの工場では，熱処理工程の問題がこの例に当たる。また，機械加工ラインにおける段取り替え回数の増加の要因も考慮する必要がある。組立ラインにおいても，完全一個流し順序生産のためには，一部の分枝ラインを一本化することが必要である。これにもコストの問題が絡む。

　在庫水準については，仕上げ加工と組立ラインの間の仕掛在庫，出荷待ちエリアの完成品在庫はそれぞれ4時間分とやや多い。組立ライン前の仕掛在庫は前工程がロット生産なので，ロット待ちの在庫は必然的に発生するが，それを

78　第Ⅰ部　生産管理の基礎

上回る在庫水準を維持している理由の１つは，取引先からの受注量の変動が大きいことである。すなわち，ここの中間在庫が受注変動に対するバッファーとしての機能を持っている。

また，この問題はサプライヤー側の努力だけでは解決できない。トヨタなど一部のメーカーは内示（事前の部品発注計画）と確定発注の間の発注量の乖離を一定の範囲内（たとえば，トヨタは±10％以内）にするルールを設けているが，最終ユーザーの仕様選択を優先する日産の場合，日々の発注量の振れ幅が大きくなることもある。短期間で受注量の振れ幅が大きいと，サプライヤーはどこかにその変動を吸収するためのバッファー（在庫）を持たざるを得なくなる。

また，１本のラインで複数の取引先に対応することも，サプライヤー側が順序同期生産を導入する際の難点の１つである。納入方式，納入リードタイムといった違いに対応して，一個流し化による順序納入を行うには，複雑な工程管理が必要となる。

このように，順序納入（アクチュアル順序生産）のためには乗り越えるべき制約が多い。順序生産への取り組みには，自動車メーカーとサプライヤー双方の実力が問われる。

日産はなぜこのような納入方式を採用するのだろうか。まず生産計画と部品納入の関係を理解する必要がある。日産は，2.1項で説明した通り，生産計画を立てる際に，同期生産を目指し，顧客の実需要に合わせて生産することを重視している。市場の変化を機敏に捉えるために，生産計画をできるだけ市場で発生する実需要と同期化させているのである。その生産計画をさらにサプライヤーの部品納入にも同期させている。

紹介したジヤトコの工場で，一個流しの順序納入に最も近い状態にあるのは組立ラインである。車体着工順序計画に合わせて同期順序生産が進んだことにより，納入リードタイムが短縮され，受注変動に対して即時に対応できるようになっている。

3.2　トヨタのかんばん方式

日産の取り組みに対して，トヨタは生産・購買計画を立てる際に，生産の平準化を重視している。平準化とは，生産における変動を抑え，生産量と品種の山を一定にならすことである。平準化には，常に一定の量を生産する総量の平準化と，生産負担の異なる複数の製品をできるだけバラツキが生じないような

組み合わせで生産する品種別数量の平準化がある。この平準化による安定した生産のために、トヨタは「かんばん方式」と呼ばれる独特の納入方式を採用している。かんばん方式は、部品納入方式の中では、ロット納入に当たる方式である。ただし、納入の指示がほかの納入方式と少し異なっており、生産計画に合わせて納入指示が行われるのではなく、実際の生産状況に合わせて、「かんばん」という紙（現在はネット回線）を通じて納入指示が行われるのが特徴である。

かんばん方式は当初、工場内の工程間での仕掛品在庫量を適切に管理するために利用されたものである。連続する前後の工程でそれぞれの進捗を合わせる手段として「かんばん」と呼ばれる紙（縦10cm×横20cm程度）が使われたことから、かんばん方式と名づけられた。かんばんには、引き取りかんばんと生産指示かんばんがある。引き取りかんばんとは、後工程が前工程から引き取るべき部品とその数量を指定するものであり、生産指示かんばんは、生産すべき部品とその数量を指定するものである。それらを使った基本的な仕組みは次のように説明することができる（図3-5）。

① 後工程（第2工程）の組立作業員が、ライン横にある部品箱から部品を取り出して使う。部品箱には一定数の部品が入っており、箱の側面には「引き取りかんばん」が張り付いている。

② 第2工程で、部品が使用されて部品箱が空になると、工場内を巡回している運搬担当者がその空き箱をもって、前工程である第1工程近くの部品箱置場に行き、持参した空き箱から「引き取りかんばん」を剝がす。

③ 運搬担当者は、持ってきた空き箱の代わりに、部品が詰まった新しい箱を持って、第2工程へと運ぶ。その際、新しい部品箱には「生産指示かんばん」が張り付けてあるので、それを剝がして、②で空き箱から剝がした「引き取りかんばん」を代わりに貼り付ける。剝がされた「生産指示かんばん」は、かんばんポストといわれるかんばん収納箱（第1工程の近く）に入れられる。

④ 第1工程の作業員は、かんばんポストから「生産指示かんばん」を取り出して、かんばん枚数分（かんばん1枚＝部品箱1箱収容分）だけ部品を生産する。出来上がった部品は、第2工程から持ってこられた空き箱の中に入れられ、部品箱には、「生産指示かんばん」が再び貼り付けられる。

⑤ 以降、①から④までが繰り返される。

図 3-5 ● かんばん方式の概念図

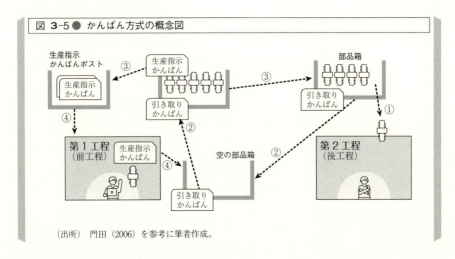

(出所) 門田 (2006) を参考に筆者作成。

　上記のように，かんばんは部品箱とともに工程間を循環しながら生産と納入のシグナルを出す役割を果たす。同時に，かんばん方式の根本的な原理は，「後工程引き取り」である。後工程で使用する部品がなくなると，後工程で部品に対する需要が発生し，新たな部品箱が後工程に運ばれる。そして，後工程に運ばれた部品の分だけを前工程が生産することになる。つまり，後工程で使用した部品箱の数だけ前工程で生産することになるので，部品を余分につくり過ぎることがなくなるのである。

　このように後工程で減った量だけを生産するので，かんばん方式は，必要なときに，必要なものを，必要な量だけつくるという意味のジャスト・イン・タイム（JIT）生産方式を構成する重要な要素となっている。後工程をトヨタ自動車，前工程をサプライヤーに置き換えれば，本章で扱っている部品納入管理にも使える。この場合，サプライヤーは，かんばんを納入・生産のシグナルとして活用する。かんばんで受け取った情報を使って，自社の生産と部品出荷スピードをトヨタの工場に合わせている。そうすることで，トヨタが必要とする量だけ，必要なときに納品することができるのである。

　かんばん方式のポイントは，かんばんが部品発注書の代わりになることである。トヨタは，完成車の生産計画を事前に立てて，それを各部品の所要量に展開していく。たとえば，1カ月の生産計画として大型車を1000台，SUVを5000台，小型車を2000台生産するとしたら，それらの計画から各部品はどれくらい必要になるのかを計算する。その予想所要量を，内示という形で事前に

第3章　部品納入管理（日産自動車）　　81

サプライヤーに伝えている。しかし，車の生産は計画通りにいかないことも多い。そこで，かんばんによって実際の生産の進捗に合わせた納入と生産の指示が行われるため，かんばんが計画の修正情報を伝える手段として機能する。

　前述した通り部品の納入方式には，ロット納入と順序納入があり，自動車メーカーは，両方の方式を併用している。本章では日産の順序納入のケースを紹介したが，日産も多くの部品ではロット納入を用いている。また，トヨタでも，シートなどの大型部品では順序納入方式を採用している。ただし，両社の違いはどのように生産計画を立案・修正し，また情報をどのようにサプライヤーに配信するかにある。日産はできる限り顧客の注文に同期する形で生産計画と納入管理を連動させ，トヨタは生産の安定化のために平準化した生産計画と納入管理を採用しているのである。

3.3　生産ラインへの部品供給方式

　サプライヤー，もしくは部品ユニット工場から納入される部品は，直接生産ラインに供給されるのではなく，部品受入場で整理された後に，生産ラインへと供給されることが多い。製品を生産するためには多くの部品が必要であり，その組み付けの順番もその都度異なる。また自動車の車種によっては，さまざまなオプションが選択可能なため，その分だけ部品の組み付け作業が複雑になるからである。

　生産ラインへの供給方式は，①ロット供給，②順序供給，③キット供給に分けることができる（表3-1）。

① 　ロット供給：ロット供給とは同一品番の部品を1つの箱にいくつかまとめて入れて納入する方式である。サプライヤーからロットで納入された部品箱をそのままラインサイドに運ぶこともあれば，それをさらに小分けにして運ぶこともある。部品のサイズが小さく，多くの生産品種の間で共通して使われる部品であることが多い。

② 　順序供給：順序供給の部品は，サプライヤーの工場あるいはデポ（部品倉庫）から順立てして，そのまま完成品工場のラインサイドへ供給される方式と，工場にいったんロット納入した後に，工場の中で順立てした後に供給される方式がある。その中で，サプライヤーが生産段階で納入先の組立ラインと同じ順序で生産してそのまま直接生産ラインに直供給するやり方が最も同期化の程度が深く，その分，順立てによる工数のムダも少なく

82　第Ⅰ部　生産管理の基礎

表3-1 ● 組立ラインへの部品供給方式の特徴

	ロット供給	順序供給	キット供給
部品選択作業	組立作業者の部品選択。負担が重くなる	順立て場，もしくはサプライヤーで部品選択	ピッキング（キット）場で部品選択
多能工化	部品選択をする高度な多能工化が必要	部品選択ミスが減るが，ピッキング作業は単純になる	部品選択ミスが減るが，ピッキング作業は単純になる
ライン上の作業	部品選択のために歩行時間が増える	作業姿勢がよくなり，歩行時間も減る	キット箱の手元化により歩行時間が減る
キット場の作業	なし	なし	キットづくり作業者の歩行時間と労働密度を考慮する必要
ラインの長さ	部品数だけ箱が必要：長い	1工程1部品：短い	キット箱だけ：最も短い

（出所）　筆者作成。

なる。シートやインパネなどの大物部品の場合によく使われる。

③　キット供給：従来，ロット納入された部品はラインサイドへ直接供給されていたが，2000年代に入り，トヨタではSPS（Set Parts Supply），他の自動車メーカーでは，キット（Kit）供給と呼ばれる方式が導入された。サプライヤーからロット納入された部品を工場内にあるピッキング（キット）場で，生産品種ごとに必要な部品群がキット化（箱詰め）される。以前は，作業者がラインサイドで生産品目に合わせて部品を選択して取り出して（ピッキング）から組み付けていた。この部品選択作業を，組立作業と分離して別の場所で行うのがキット供給方式である。品目別，車種別に多くのバリエーションがある部品に使われることが多い。

　さらに組立ラインにキットを供給する方法にも2つある。それは組立ラインと同期してキット箱を流す方法と，キット箱を車内に持ち込む方法である。組立ラインが流れる速度と同期してキット箱を流すことができれば，作業者は自分が担当する工程の中で，部品箱に移動する必要がなく，その都度部品を取り出すことができる。あるいはキット箱を，組み立てている車体の中に持ち込むことができれば，作業者は車体に乗った状態のまま，

部品を取り出して内部の部品を組み立てることができる。

次に，それぞれの部品供給方式のメリットとデメリットについて，藤本・呉（2011）に沿って説明していこう。ここでは，部品選択作業，多能工化，ライン上の作業，キット場の作業のそれぞれの項目で説明していく。

まずは，部品の選択作業について解説する。部品をラインサイドまでロット供給する場合は，組立ラインの作業者自らが必要な部品を選択しなければならない。この場合，ラインの作業者は組立作業だけではなく，部品選択作業も担当しなければならず，負担が重くなる。次に順序供給やキット供給の場合，組立ラインではなく，別のところであらかじめ選択された部品が納入されることになる。キットの場合は，ピッキング（キット）場で担当の作業者が，順序供給の場合は，工場の順立て場，もしくはサプライヤーの工場で担当の作業者が部品選択作業を行う。

第1章で説明した通り，多能工とは，複数の作業で構成された職務を遂行でき，班・組内における別の人の作業が行える能力を持つ労働者を指す。前述の通り，ラインサイドに部品をロットで供給する場合は，部品選択作業を組立作業者が行うため，職務を構成する作業が増え，より高度な多能工化が必要になる。同時に，製品が複雑化すれば選択ミスも出やすくなる。順序供給とキット供給では，部品選択作業が組立ライン外で選択作業専門の作業者によって行われるため，選択ミスの可能性が減る。しかし，ピッキング作業者の選択作業は反復的で単調なのでモチベーション低下の問題があり，さらに組立作業員の多能工化が疎かになる可能性もある。

次は，組立ラインに対する部品の供給がライン上の作業にどのような影響を与えるのかについて見てみよう。ここで注目すべきは，部品供給方式による組立作業者の歩行距離と作業の密度である。車の組立ラインには通常，コンベアベルトが敷かれており，作業者はその上を流れる車に対して必要な部品を組み付けていく。この場合，作業者はラインの流れに沿って移動して組付作業を行う必要がある。また，歩行時間の分も標準作業時間に入っているため，歩行時間が増える分，実際の組立作業時間が減ってしまうことになる。部品のロット供給の場合，作業者は部品を選択するために，部品箱まで歩く必要があるため，歩行時間が長くなる。順序供給の場合には，常に部品の取出し口が一定になり，歩行時間が減る。キット供給の場合は，キットがどのようにラインサイドに供給されるかによって，その影響が異なってくる。キット箱が車の流れと同期化

して動く方式では，歩行距離が短くなる。キット箱を車内に持ち込める場合は，作業者は車の中に入って作業することが可能になり，歩行の必要がなくなる。しかし歩行時間の短縮は，その分だけ標準作業時間内の作業時間が増加することを意味し，これが作業者にとって負担になる恐れがある。

キット供給を行う場合は，組立ラインだけではなく，キット場内における作業も考慮しなければならない。キット場の作業者がそれぞれの車種とオプションに合わせてキットづくりをするために，各種部品箱で部品選択作業をするための歩行距離と労働密度についても考えなければならない。また，キット場での作業の負担が重くなると部品選択作業でミスが発生する可能性も高くなりかねない。

このように，企業は競争力のある生産システムを構築するために，部品・材料などを供給してもらう方法を工夫する必要がある。それぞれの方式には，メリットとデメリットがあり，状況に合わせた選択が求められる。

4 課　題

(1) 順序納入，その中でもとくにシンクロ生産による順序納入を行うためには，生産工場とサプライヤーが隣接している必要がある。日産は，日本国内に栃木工場と追浜工場（神奈川）の2つの完成車工場を持っている。これらの工場の周辺には，どのような部品をつくるサプライヤーが集まっているのか調べてみよう。

(2) 自動車の部品は，車種にもよるが，約3万点にも上るといわれている。これらの部品は，自動車メーカーが内製しているものもあれば，部品サプライヤーから供給されているものも多い。どのような部品が内製されていて，どのような部品がサプライヤーによって供給されているのかを調べてみよう。

(3) 顧客が自動車を買うためには，単に車種だけを選ぶのではなく，さまざまなオプションから自分好みのものを選択する必要がある。これにより，同じ車種の中でも多くのバリエーションが発生し，自動車メーカーは，取り扱わなければならない部品の多様性も増える。好きなブランドの車種を1つ選び，選べるオプションには何があるのか調べてみよう。

第 3 章　部品納入管理（日産自動車）　85

読んでみよう　　　　　　　　　　　　　BOOK GUIDE

藤本隆宏・呉在烜（2011）「同期生産と部品納入方式」下川浩一・佐武弘章編『日産プロダクションウェイ：もう一つのものづくり革命』有斐閣, 113-128 頁。
　📖 日産の部品納入方式とジヤトコの部品納入のケースについて，より詳しく書いてある論文。本章で扱った内容をより具体的かつ詳細に知ることができる。

藤本隆宏・西口敏宏・伊藤秀史（1998）『リーディングス　サプライヤー・システム：新しい企業間関係を創る』有斐閣。
　📖 日本の自動車産業の競争力を支えている自動車サプライヤーについて包括的に扱った本。部品納入管理だけではなく，全体的なメーカー・サプライヤー関係を知ることができる。

注　　　　　　　　　　　　　　　　　　　　NOTE

＊　本章のケースは，藤本・呉（2011）と富野（2011）をもとにしている。したがって，最新のケースとは異なる側面がある。

参 考 文 献　　　　　　　　　　　　　　　REFERENCES

海老原靖弘（2006）「JEPS ジヤトコ生産方式の概要」『JATCO Technical Review』6, 11-17 頁。
藤本隆宏・呉在烜（2011）「同期生産と部品納入方式」下川浩一・佐武弘章編『日産プロダクションウェイ：もう一つのものづくり革命』有斐閣, 113-128 頁。
門田安弘（2006）『トヨタプロダクションシステム：その理論と体系』ダイヤモンド社。
富野貴弘（2011）「NPW と受注生産」下川浩一・佐武弘章編『日産プロダクションウェイ：もう一つのものづくり革命』有斐閣, 153-179 頁。
ジヤトコホームページ（https://www.jatco.co.jp）
日産ホームページ（https://www.nissan-global.com）

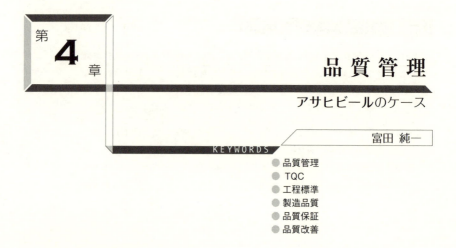

第4章 品質管理

アサヒビールのケース

富田 純一

KEYWORDS
- 品質管理
- TQC
- 工程標準
- 製造品質
- 品質保証
- 品質改善

1 本章のねらい

　序章では，生産管理において競争力の構成要素となる3つの指標であるQCDを取り上げた。これらのうち，本章ではQ（品質）の管理について見ていく。生産管理において品質は，重要なパフォーマンス指標の1つである。たとえ生産性が高くても，生産リードタイムが短くても，不良品が多ければ，顧客に売ることはできない。もし品質検査を怠り，不良品を見過ごして販売し，人体・人命にかかわるような問題が生じれば，企業の存続にかかわることもある。こうした事態を避けるためには，工場から必ず良品を出荷し，顧客のもとに届ける必要がある。このように，良品を安定的につくり続けることを，**品質管理**という。

　企業は品質管理をうまく実施できれば，高品質の製品やサービスを提供することができる。その結果，顧客の期待を満たし，顧客満足にもつながる。満足した顧客がリピーターになり，クチコミ等を通じて新規顧客を呼び寄せれば，さらなる顧客獲得につながる。こうして企業のブランド・イメージや評判を高めることができれば，企業の競争力向上につながり，ひいては存続・発展にも寄与する。

　これまで日本の製造業は，品質管理に注力し，著しい発展を遂げてきた。では，具体的に品質管理はどのように企業の競争力向上と存続・発展に貢献してきたのだろうか。本章では，アサヒビール株式会社（以下，アサヒビール）の

第**4**章 品質管理（アサヒビール） 87

「アサヒスーパードライ」（以下，スーパードライ）のケースを取り上げて解説する。

2 ケース：アサヒビール

2.1 アサヒビールとスーパードライ

アサヒビールは，日本を代表する5大ビールメーカーの1社である。スーパードライの発売以降，キリンとの首位争いを繰り広げてきた。

図**4-1**は，1986年から2003年にかけてのスーパードライと大手5社全体のビール・発泡酒の出荷数量の推移を示したものである。図より，スーパードライが発売された1987年以降，大手5社（アサヒビール，キリンビール，サッポロビール，サントリー，オリオンビール）のビール出荷数量は，発泡酒の登場と同時に下がり始めたにもかかわらず，2000年までスーパードライの出荷数量は伸びていたことがわかる。

市場シェアで見ても，1989年に20％を超えて第2位となり，その後，一時期停滞はあったものの，順調にシェアを伸ばし，98年にはビール市場でシェア第1位（32.5％）を獲得した。そして，2001年には発泡酒の「本生」を市場投入し，アサヒビール全体でビール・発泡酒を合わせた市場でシェア第1位（38.7％）を獲得した。

スーパードライの出荷数量の推移に着目すると，1987年から90年まで急成長を遂げるものの（第1成長期），1990年から93年くらいまではいったん停滞し（停滞期），1993年あたりから2000年くらいまで再度成長期（第2成長期）に入っているように見える。

第1成長期（1987〜90年）は，1987年にスーパードライを発売し，急速に売上を伸ばした時期である。この時期にアサヒビールは積極的な宣伝広告活動を展開し，需要の急増に応えるべく大規模な設備投資を行っている。翌年，競合他社もドライビールで追随したが，中身だけでなくパッケージまでスーパードライに酷似していたことから，知的所有権侵害の問題として新聞等で報じられた。これによってドライビールの認知度が高まり，市場が一気に拡大したのである。その後，キリンビールがラガーとのカニバリゼーション（共食い）を恐れてドライビールから撤退するなどしたため，スーパードライの需要拡大にいっそう拍車がかかった（浅羽，1995；沼上，2000；藤原，2004，2005）。

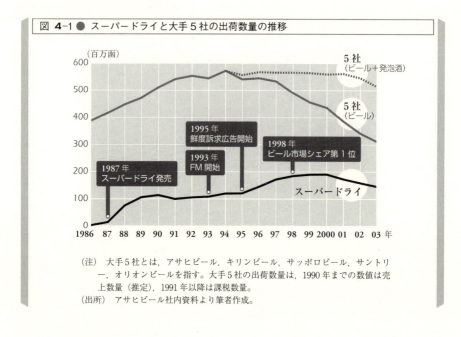

図 4-1 ● スーパードライと大手5社の出荷数量の推移

(注) 大手5社とは，アサヒビール，キリンビール，サッポロビール，サントリー，オリオンビールを指す。大手5社の出荷数量は，1990年までの数値は売上数量（推定），1991年以降は課税数量。
(出所) アサヒビール社内資料より筆者作成。

　停滞期（1990〜93年）は，キリンビールの「一番搾り」(1990年発売) など競合品に押され，スーパードライの需要が停滞した時期である。アサヒビールも対抗して「アサヒスーパーイースト」や「アサヒ生ビールZ」などの新製品を投入するが必ずしもヒットせず，売上を伸ばせなかった。1989年から設備投資した茨城工場がちょうど立ち上がったが，需要停滞で生産能力に過剰感が現れてきた時期でもある。営業のほうも押し込み販売になりがちで，その結果，流通在庫が膨らんでいった（藤原，2005）。

　第2成長期（1993〜2000年）は，スーパードライへの資源集中と鮮度訴求が当たり，キリンビールの戦略失敗が追い風となって再び需要を拡大していった時期である。1990年代後半は，大手5社全体で見るとビールの出荷数量が減少し，代わりに発泡酒を販売することでビール・発泡酒市場の出荷数量を維持していた中で，スーパードライだけが数量を伸ばした点は注目に値する。

　この時期，「キリンラガー」と「一番搾り」等のフルライン戦略を推進していたキリンビールが，1994年の社長交代を機にラガー回帰，「ラガー生化」を図った。これがラガー愛飲家に受け入れられず，顧客離れを招くこととなったのである。ラガー生化により，ビール市場における生ビール比率が100％近く

第**4**章　品質管理（アサヒビール）　89

にまで急上昇したとされる。

　一方，伸び悩んでいたアサヒビールは，1992年の瀬戸雄三社長への交代を機に，さらなるスーパードライの成長戦略として，鮮度訴求をキーワードにした「フレッシュマネジメント」等に取り組んだ。こうした取り組みは，しばらくの間，市場シェア拡大につながらなかったが，キリンビールの戦略失敗を契機として再び成長軌道に乗り，収益性向上にも結びついたのである。この背景には，缶ビール比率の高まりと，その普及の鍵となったコンビニエンス・ストアの急進があったことも見逃せない（藤原, 2005）。

　しかし，それだけでは，1987年の発売以降，スーパードライが一過性のヒット商品にとどまらず，長期間にわたり競争力を維持・向上させてきたことを説明できない。製品開発による成功以外のアサヒビール内部の取り組みがあったと推察される。

　では，アサヒビールはどのようにして競争力を向上させてきたのか。なぜスーパードライは2段階の成長を遂げることができたのか。本章では，この問題を解く鍵は，アサヒビール内部の取り組み，とりわけ品質管理や品質保証の取り組みにあったと考えている。以下では，まずビールの生産工程を概観したうえで，アサヒビールにおける品質管理・品質保証の取り組みについて詳しく見ていく。

2.2　ビールの生産工程

　ビールの生産工程は大きく，製麦，仕込，発酵・貯酒，濾過，装製の5工程に分かれる（**図4-2**参照）。以下，それぞれの工程について説明する。なお，以下の説明は，生ビールの生産工程に関するものである。

(1)　製麦工程

　ビールの主原料は，麦芽，ホップ，酵母，水の4つである。ビール用の麦芽には，二条大麦が適している。この大麦を水に浸し，空気を供給しながら水分を40％以上にしてから網目状の床に1mくらいの層にして広げる。網下から冷涼な空気を送って発芽を促す。4〜5日で，芽が穀粒から出ない程度で発芽を停止させ，乾燥に移す。最初は送風で，次いで熱風で乾燥し，最終温度83℃程度で水分4％くらいにまで乾燥させて根を除き，でき上がったものが麦芽である。なお，国内ビール各社では，麦芽のほとんどを海外の製麦業者から輸入している。

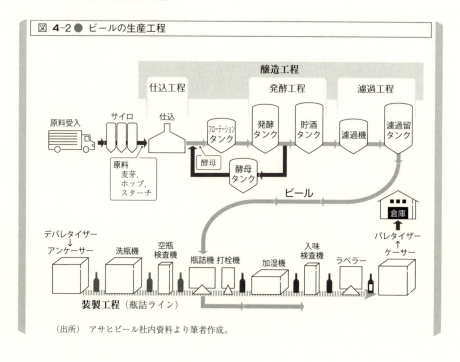

図 4-2 ● ビールの生産工程

（出所）アサヒビール社内資料より筆者作成。

(2) 仕込工程

　ビールの主原料となる麦芽を粉砕し，副原料・水と合わせて麦汁をつくり出す工程である。麦芽はまず粉砕機で粉状に砕かれる。これは麦芽をメール（胚乳部分・タンパク質の粉）とスペルツェン（濾材となる殻皮）に分離させ，メールを水に溶出しやすくするためである。

　次に，湯に麦芽（メール，スペルツェン）と副原料（米，コーン，スターチなど）を加えて仕込釜で煮た後，仕込槽で一定温度で攪拌すると，麦芽の酵素によって液中のデンプン質が麦芽糖に変わる。この液体をもろみという。もろみは濾過槽で濾過されて麦汁という液体になる。そして麦汁にホップを加えて煮沸釜で煮ることで，殺菌すると同時にビール特有の芳香と苦味を得る。

　さらに，この麦汁を沈殿槽に移して熱トルーブ（熱凝固したタンパク質）やホップ粕を分離し，最後にプレートクーラーで5℃まで冷却して，冷麦汁を得る。ここまでに要する期間は約1日である。

　ちなみに生ビールの場合，これ以降に殺菌工程はない。このため，後工程の発酵・貯酒，濾過，装製すべての工程において，雑菌を封じ込める微生物管理

が必要とされる。

(3) **発酵・貯酒工程**

麦汁に新鮮な空気と酵母を加えて発酵・熟成させ，ビールをつくり出す工程である。発酵タンクで1週間程度発酵させると，麦汁中の糖分がアルコールと炭酸ガスに分解されて「若ビール」となる。さらにこの若ビールを貯酒タンクで1週間ほど熟成させると，ダイアセチルなどの余分な香味が取り除かれる。そして温度を0℃以下に下げ，そのまま2週間置くと（これを安定化という），ポリフェノールやタンパク質などの混濁物質が沈殿する。

(4) **濾 過 工 程**

熟成したビールを濾過する工程である。熟成したビールを濾過機に通すことで酵母やホップ樹脂，余分なタンパク質等を取り除き，透明で光沢のあるビールに仕上げる。これに要する期間は約1日である。

(5) **装 製 工 程**

濾過したビールを容器に充填・包装する工程である。まず各容器（びん，缶，樽）を洗浄殺菌し，次に濾過されたビールを容器に充填した後，密封し，最後に入味検査・異物検査などを経たものが製品ビールとなり出荷される。

2.3 顧客志向のものづくりへの転換

アサヒビールは1949年の過度経済集中力排除法による分割以降，ドイツからの技術導入をベースにした「技術志向のものづくり」を展開してきた。具体的には，1957年の「アサヒゴールド」の発売に始まり，58年には日本初の缶ビール発売，65年に世界初の屋外型発酵貯酒タンクの開発，69年に業界初の日付入りびん生ビールの発売，77年に業界初のミニ樽の開発などを行っている。

しかし同社では当時，酵母臭味などビールの味の問題から売上が停滞していた。それにもかかわらず，「アサヒの品質は世界一」との過信から，「消費者はビールの味がわからない」といった誤った認識に基づいてビール事業を導いていった。その結果，1949年の分割時には37％前後あった市場シェアが，85年には10％を切るまでになってしまっていたのである。

こうした中，同社の風土改革のために，当時社長に就任した村井勉はトップダウンの組織改革を進めていった。具体的には，1982年に経営理念の策定，83年にドイツのレーベンブロイのライセンス生産，84年にTQC（総合品質管理）導入，85年にCI（コーポレート・アイデンティティ）導入を行った。これら

92　第Ⅰ部　生産管理の基礎

一連の改革により，従業員の意識は次第に「顧客志向のものづくり」へと転換していったのである（高井ほか，2005）。

　市場調査も，CI導入以前は調査会社に委託していたが，自らの手法で調査するようになった。消費者5000人に試飲調査を行った結果，アサヒビールのイメージは「味がまずい」という回答が得られ，「消費者は味がわかる」ことを痛感させられたのである。しかし同時に，消費者が期待するビールの味として「コクとキレ」という因子も抽出できた。

　こうした教訓と調査結果を活かし，新製品として具現化したものが，1986年に発売された「アサヒ生ビール」（通称コクキレビール）であり，翌87年に発売された「アサヒスーパードライ」である。スーパードライは，発酵度をギリギリまで高めてつくられた製品である。すなわち，原料においては発酵度が高く酵素力が強い麦芽を用い，副原料ではスターチを多用することで，高発酵麦汁をつくる。この麦汁に高級アロマホップを加えることで，苦味を抑えつつも，芳醇な味に仕込む。麦汁を発酵する際には，発酵力の強い酵母を選択して，高めの温度で発酵させる。これら一連の工程を通じて発酵度を高めることで，あっさりした味と高炭酸ガス含量のビール，つまり切れ味抜群のスーパードライをつくり上げたのである（薄葉ほか，1993）。スーパードライの発売により，アサヒビールの業績は飛躍的に向上した。

　このように，CIの導入は新製品という形で実を結んだのだが，顧客志向のものづくりは製造現場にも，TQCや，それを前提にした品質保証の仕組みである「太鼓判システム」，さらには「フレッシュマネジメント」の導入という形で浸透していった。

2.4　TQCと品質保証の要・太鼓判システムの導入

　本項では，まずTQCと品質保証を取り上げる。TQC導入以前のアサヒビールでは，ビール生産は一種の芸術であり，バラツキがあって当然と考えられていた。このため，技術の伝承についても一子相伝的であるとの観念が強く，全社的な技術標準・工程標準は存在しなかった。しかしTQCの導入を契機に，ビールを工業製品として扱い，科学的に管理するという考え方が同社に浸透していった。

　具体的には，「社内標準類管理規定」に始まり，「商品規格」「原材料受入検査標準」「製造技術標準」「製造作業標準」「工程製品検査標準」「消費者情報管理

規定」など10種類にも及ぶ標準類と規定類を整備し，以降の製品はこれらの標準類に準拠して開発・生産するようになったのである。こうした技術・工程の標準化によって，原料・工程のバラツキを抑制し，安定的に**製造品質**を実現する土台が築かれていったといえる。

しかし，それだけでは顧客に対して均質かつ高品質なビールを提供できることの保証にはならない。もちろん，スーパードライ以前にも，工程ごとに品質を管理するための化学分析，微生物検査，官能検査は行われていたが，それらは必ずしも顧客を意識したものではなく，情報も分散していた。

そこで，原料から製品に至る工程全体の製造品質情報の履歴を一元的に管理し，最終的にびん・缶・樽に充填されたビールがすべての品質検査に合格して，はじめて品質を保証するという仕組みがつくり上げられた。この**品質保証**の仕組みが「太鼓判システム」である。同システムでは，まず醸造・装製・品質管理といった部門ごとの品質保証書を，各部長がデータや作業日誌（品質情報）と突き合わせて点検し，工場長に対して当日のビールの製造品質を保証する。各部門から品質保証書を受け取った工場長は，その保証内容を確認してから太鼓判を押して，品質保証書を完成させる，という手順になっている。

品質保証の単位はロットごとで，醸造工程の最終工程である濾過溜タンクのロットで品質保証する。従来の品質事故は，醸造工程に原因があるものが多かったことから，醸造最終工程の濾過工程でタンクごとの一様性が品質保証されたビールを後工程に流せば，間違いなく品質を保証できると考えたのである。これは，生産完了後に品質管理部門が検査を行うのではなく，自工程の中で作業者が品質を保証することを意味する。このような考え方は，そもそも不良品を出さないことに注力する「品質のつくり込み」や，TQCの「後工程は顧客」という理念にも通じる。

品質保証の項目は，物理化学分析・官能検査・微生物検査に関わる諸項目であり，最終工程を終えてこれらが商品規格に合致していれば，品質が保証されていると見なす。これらの項目は，代用特性や官能特性，微生物管理に相当する項目であり，まさに原料から最終工程に至るまでの一貫品質管理・微生物管理が求められている部分である。

こうした品質保証の仕組みは，スーパードライが生み出された東京工場で1989年に導入され，そこでの試行錯誤を経て，91年に全国の工場へ展開されていった。スーパードライの発売以降，アサヒビールの生産量が急拡大し，ビ

ールが生産後即出荷されていたことに鑑みれば，各工場における品質保証システムの導入・整備は急務であったと推察される。

同社の品質保証システムの特徴として，次の2点があげられる。第一に，品質保証活動の範囲を工場内で完結させず，原材料から顧客の手元に届くまでの保証を試みたという点である。機械製品であれば，製造出荷後の流通過程で製造品質はまず変質しないが，生ビールの場合には，いわば生鮮食品であるため，品質劣化を避けられない。生ビールは，時間の経過，温度，振動，光といった流通起因の要因に，きわめて敏感である。したがって，流通過程も含めた一貫品質管理・品質保証活動が必要とされる。

第二に，上記の活動に付随した情報の管理があげられる。すなわち，原材料から顧客の手元に至る一連の品質情報を一元管理し，社内関連部門が共有しているという点である。このため，顧客からの苦情・問い合わせも即座に担当部門にフィードバックして顧客対応を実施する，品質改善に結びつけるといった取り組みを実践している。これは，いわばトレーサビリティ（生産履歴管理）の先駆けとも呼ぶべき取り組みでもあった。

以上に見たように，アサヒビールでは，TQC を前提にした品質保証の仕組みを，スーパードライの需要拡大とともに整備していった。ビールの醸造技術は成熟しているが，実際には原料・工程は不変ではなく変化するものであり，日々微調整をしながら均質なビールをつくり続けてきたのである。そして，品質保証の仕組みを土台として威力を発揮したのが，次項で取り上げる「フレッシュマネジメント」である。

2.5　鮮度訴求を実現するフレッシュマネジメント

アサヒビールでは，「フレッシュマネジメント」以前にも鮮度訴求を目標とする「フレッシュローテーション」に取り組んでいる。これは当時の樋口廣太郎社長が同社低迷の一因をビールが古いことに見出し，1986 年に導入した取り組みである。当時，工場の製品在庫が 20 日以上あったこと，店頭にも 3 カ月以上経った商品が並んでいたことなどから，「製造後 20 日以内の工場出荷」と「店頭で 3 カ月以上の商品回収」を目標に掲げ，実行に移したのである。

しかし翌年，スーパードライが売り出されるとむしろ品不足の状態が続き，工場在庫の問題など考える必要がなくなった。需要が急拡大していった 1990 年頃までは「1 本でも多くつくる」（アサヒビール関係者談）ことを第一に考えて

第**4**章　品質管理（アサヒビール）　95

いたという。

　ところが先述したように，キリンビールのフルライン戦略の一環で1990年に発売された一番搾りの登場により，スーパードライは成長が一時止まる。アサヒビールも対抗して新製品を投入するがうまくいかず，伸び悩んだ。ちょうど同時期に茨城工場が立ち上がったが，需要停滞で生産能力に過剰感が現れていた。営業の方も押し込み販売になりがちで，その結果，流通在庫が膨らんでいった。

　そこで，1992年に就任した瀬戸社長が，スーパードライに資源集中する戦略を選択し，「財務体質の改善」に加え，「鮮度訴求」を打ち出したのである。瀬戸社長は，営業出身の生え抜きで，押し込み販売の問題点を熟知していた。押し込み販売をすると一時的に売上は増えるが，流通在庫が積み上がり，顧客への鮮度訴求が損なわれてしまうからである。同氏は鮮度訴求を徹底することで，もう一度基本に立ち返って「顧客志向のものづくり」を実践しようとした。この鮮度訴求を実現する手段として，再びフレッシュローテーションに着目し，キャッチフレーズを「フレッシュマネジメント」に改め，自らリーダーシップを発揮して実行に移していった。

　ビールというのは，びん詰めしてから品質がよくなることはない。製造後日数が経てば経つほど酸化して鮮度（味）が落ちてしまう。したがって，鮮度を向上させるためには，製造後出荷日数，すなわち生産・出荷・物流リードタイムをいかに短縮できるかがポイントとなる。アサヒビールでは，こうした製造品質にまで立ち返り，鮮度向上を図った。

　フレッシュマネジメントは1993年に開始され，同年中に製造後の工場出荷10日以内を達成した。翌年には5日以内とし，1995年に鮮度訴求広告を開始した。1997年には「トータルフレッシュマネジメント（TFM）」を導入し，製造後から店頭仕入れまでを8日以内とした。

　製造後出荷日数短縮には，以下のような方策がとられた。まず第1ステップとして，「生産計画，在庫水準の見直し」により，製造後出荷日数を5日程度にまで短縮した。しかし，それ以上に日数を短縮するとなると，在庫水準を下げるだけでは品切れリスクが高まるし，工程の特性上，醸造工程のリードタイム短縮も困難である。そこで第2ステップとして，受注生産的な考え方を取り入れ，生産単位を「小ロット化」することで，装製工程から工場出荷までのリードタイム短縮が図られた。具体的には，「ディカップリング・ポイントの見

96　第Ⅰ部　生産管理の基礎

直し」を行った。以前は「仕込・発酵・濾過・装製」に至るすべての工程が見込み生産であったが，濾過工程以降を受注生産体制に切り替えた。このように，完全な見込み生産だった生産ラインを，週途中での生産計画変更を可能にすることで，受注生産モードに変えていったのである。こうして適宜適量の生産体制に限りなく近づけた結果，生産から出荷までのリードタイムを1日近く短縮した。

　しかしながら，工場内での生産・出荷リードタイムをいくら短縮しても，物流に時間がかかっていては意味がない。そこで，物流に関しても見直しを図り，配送センター（ディストリビューションセンター：DC）を廃止する。具体的には，1992年からDCを段階的に削減し，工場から特約店への直送へと切り替えていった。このほかにも，自動倉庫システム，自動ピッキングシステムなどを導入し，物流リードタイムを2日程度短縮した。

　以上の生産・物流リードタイム短縮に向けた取り組みにより，アサヒビールでは製造後出荷日数が大幅に短縮された。こうした鮮度向上の取り組みと，1995年以降の鮮度訴求広告等の訴求活動によって，同社は再び成長軌道へと乗っていく。つまりアサヒビールは，鮮度向上をめぐる一連の取り組みを，売上増加・市場シェア拡大に結びつけていったと考えられるのである。そして，これらを背後で支えたのは，品質管理・品質保証の取り組みや，フレッシュマネジメント，すなわち鮮度管理・訴求活動および生産・物流計画見直しなどに代表されるような，「バラツキのある原料から高品質かつ均質な製品を大量にスピーディに製造・販売する組織能力」であったと考えられる。

2.6　品質向上に向けた近年の取り組み

　以上，2000年代前半までのアサヒビールにおける品質管理・品質保証の取り組みと競争力向上の要因について見てきた。近年の同社における品質管理・品質保証の取り組みは，どのようになっているのだろうか。

　同社では，太鼓判システム導入以降，今日に至るまで，品質は工程でつくり込むということが徹底されてきた。当初，各工程における品質は，すべて品質管理部で検査されていたが，近年はできるところは自分の工程でやろうという考え方が浸透している。すなわち，仕込，発酵，貯酒，濾過，装製それぞれの工程で，品質のつくり込みが行われている。

　たとえば仕込工程は，この段階で品質をつくり込んで成分値を規格の範囲内

に収めておかないと，最終製品の規格から外れて不良品を出してしまうため，仕込工程の品質検査は重要である。通常は，仕込4回分を混ぜ合わせて，1つの発酵タンクに投入する。仕込は，3時間間隔で，逐次的に4回分が行われる。しかし，仕込工程1回には12時間程度を要するため，4回分すべての仕込完了まで品質検査を待っていると，仮に途中で品質不良があったとしても，その間，仕込作業をし続けてしまうことになる。それを避けるため，近年は，仕込開始後3時間単位で，検査可能な品質項目は仕込担当者自らが検査し，問題があれば分析値をフィードバックして対処する仕組みを構築している。そうすることで，後工程での成分調整作業を減らし，現場における品質つくり込みのレベルを上げるよう努めている。

　また2020年以降は，新たな情報システムを導入し，各種データの自動取り込み，トレーサビリティの強化，データ分析の強化などによって，品質向上と効率化の同時実現を図っている。具体的には，二重入力作業の削減や検索機能の追加などでシステムをスリム化し，使いやすさを実現した。クレーム対応においても，どの製品がどの原料を用いてどの工程でつくられたのかが瞬時にたどれるようになっており，トレーサビリティの強化につながっている。

3　ケースを解く

3.1　品質の概念：設計品質，適合品質，総合品質

　前節では，アサヒビールがスーパードライを発売して以降の発展過程を見てきた。本節では，同社が発展する礎となった品質と品質管理の概念に焦点を当てる。生産管理の分野において，品質は重要なパフォーマンス指標である。生産性やリードタイムに優れていても，不良品が多ければ，顧客に製品を提供することはできない。不良品の販売は人体・人命に影響を及ぼす可能性があり，企業の存続をも左右するため，良品を安定的に生産・出荷することは不可欠である。品質管理を適切に実施することで，高品質の製品・サービスを提供し，顧客の期待を満たし，顧客満足度を高めることができる。これがさらに，リピーターや新規顧客の獲得，ブランド・イメージの向上，企業の競争力強化につながり，品質管理は結果として企業の存続と発展に寄与する。

　品質は多義的な概念だが，日本工業規格（JIS）では「品物またはサービスが，使用目的を満たしているかどうかを決定するための評価対象となる固有の性

98 第I部 生産管理の基礎

質・性能の全体」と定義される。これには，意匠的なデザインや，品位・質感，性能，均一性，耐久性，信頼性など，多岐にわたる要素が含まれている。

　優れた品質を実現するための生産管理は，設計品質，製造品質，総合品質という3つの概念に焦点を当てる（藤本, 2001）。まず，設計品質（design quality）とは，製品の設計段階に意図された品質そのもののことで，形状や外観はもとより，材質，機能・性能，特性など，図面に記載されたさまざまな設計要件を指す。「製造の目標としてねらった品質」，すなわち「ねらいの品質」ともいわれる（日本経営工学会編, 2002）。スーパードライの例でいえば，消費者5000人の試飲調査の結果に基づいて設計段階で企図された「コクキレビール」，これが設計品質ということになる。

　次に，製造品質（manufacturing quality）は，適合品質（conformance quality）とも呼ばれる。これは，設計品質をねらって製造・提供した製品・サービスの実際の品質のことで，「できばえの品質」ともいわれる（日本経営工学会編, 2002）。これは，製品そのものが設計図面通りにできているかを表す品質である。具体的には，製品の仕上がりや，信頼性，耐久性などがあげられる。ビール工場における製造時の品質というのは，もっぱらこの製造品質のことを指す。

　一方で，工程においては，表面上標準作業を行っているように見えても，実際には設計図面の情報が製品にどう反映されているかにバラツキのある場合がある。たとえばビールの製造においては，麦芽などの原料や酵母の違いが大きく影響する。したがって，原料のバラツキを制御しつつ，成分の調整やプロセスの制御を行い，品質が均一なビールを生産する必要がある。このように，バラツキを最小限に抑え，製品がどれだけ正確に製造されているかを評価するのが，製造品質である（以下では，とくに断りのない限り，この製造品質の管理を念頭に品質管理について説明する）。

　最後に，市場での顧客評価に影響を及ぼすのは，設計品質と製造品質を組み合わせた，総合品質（total quality）である。デザインが優れていてもすぐに故障する（製造品質が低い）製品や，耐久性が高いがデザインが劣る（設計品質が低い）製品は，評価されにくい。高い総合品質を達成するには，設計品質と製造品質の両方を高水準で達成することが求められる。

3.2　品質管理の歴史：SQC から TQC へ

品質管理の歴史は，1924年にベル研究所のウォルター・シューハートが開

発した管理図に，その起源を持つ。この管理図は，統計的品質管理（Statistical Quality Control：SQC）の基礎となるもので，大量生産された製品や部品のサンプルからデータのバラツキを図示し，品質管理の基準を設定する手法である。具体的には，製品サイズなどのデータのバラツキを時間軸に沿って作図し，管理限界を超えるサンプルのみを不良として扱って，対処法を考えるという手法である。

1940年代から50年代にかけて，第二次世界大戦の影響で軍需が増加すると，SQCは大きく発展した。兵器産業では，戦場で故障した銃の部品を交換できるように互換性が求められたため，部品の品質管理が重要となった。しかし，全数検査は時間とコストがかかり，現実的ではない。このため，SQCを活用した抜き取り検査（サンプル検査）などの品質管理手法が開発された。

戦後，SQCはアメリカから日本に伝わり，品質管理の専門家であるW. エドワーズ・デミングやジョセフ・ジュランが日本企業にその技術を伝えた。デミングは統計的品質管理の創始者の1人として知られ，日本科学技術連盟は彼の貢献を称えて1951年にデミング賞を設立した。ジュランも日本の品質管理に大きな影響を与えた人物の1人で，品質管理の本質は厳格な検査ではなく，品質のつくり込みと不良品の予防にあると提唱した。日本企業は彼らの教えを重視し，貿易自由化の流れとともに品質に対する意識を高めていった。1960年代に入ると，品質管理を目的とした現場レベルの小集団活動，いわゆるQCサークルが普及し始めた。

デミングやジュランの貢献にもかかわらず，SQC発展の方向性は，統計手法と検査手法の開発に偏りがちであった。それでも1950年代末には，製品の総合品質を管理するためのTQC（Total Quality Control）という概念が登場した（Feigenbaum, 1961）。日本企業はTQCを拡大解釈し，CWQC（Company Wide Quality Control）として発展させ，製造部門だけでなく開発やマーケティング部門も含めた全社的な品質管理を実施した。

1970年代から80年代にかけて，高い品質を備えた日本の製品が世界市場へと輸出されていった。自動車や家電製品の品質は，世界を代表するまでになり，日米製品の競争力が逆転した。これにより，日本のTQCの重要性がアメリカで再認識されるようになった。

1990年代に入ると，日本企業はTQCから一歩進んでTQM（Total Quality Management）を導入し，デミング，ジュラン，フィリップ・クロスビーら品

100　第I部　生産管理の基礎

質管理の専門家によって提唱された品質管理賞の受賞を目指した。

　一方，アメリカでは1987年にマルコム・ボルドリッジ国家品質賞が創設され，品質管理の一大ブームが生じた。この賞は毎年，優れた品質管理システムを構築した企業に授与される。日本もこれに続き，1995年に日本経営品質賞を設立した。これらの賞は製造現場に限らず，経営戦略を含む全社的な取り組みを評価するものである。このように，20世紀後半の品質管理は，SQCから始まり，TQCを経て，TQM，そして現在はシックスシグマ（日本のTQC，TQMをベースに，アメリカの風土・文化に合うようアレンジされた品質管理活動）へと進化を遂げている。

3.3　検査の類型：受入検査，出荷検査，自主検査

　品質はどのように管理すればよいのだろうか。品質管理には2つのアプローチが存在する。1つは広義の品質管理で，製品・サービスが品質基準を満たすための全体的なマネジメントを指す。もう1つは狭義の品質管理であり，具体的に製品や部品が出荷される前に品質要件を満たしているかどうかをチェックするプロセスを示す。後者は主に，製造された製品が設計上の公差，つまり設計パラメータの許容範囲内に収まっているかどうかを検証する活動である。公差は，製品の品質がどの程度の範囲で変動しても許容されるかを定義し，これに基づいて良品か否かが決定される。受入検査と出荷検査でチェックされる適合品質は，公差という概念を通して深く理解される。

(1)　受入・出荷検査

　優れた品質を確保するための基本的な手段として，生産プロセスの初めと終わりに検査工程を設けることが必要である。プロセスの開始時に行う検査を「受入検査」と呼び，最終段階での検査を「出荷検査」という。

　受入検査は，工場で受け入れる材料や部品の品質をチェックするプロセスである。ビール工場の例でいえば，原料である麦芽やホップを受け入れる際の検査に相当する。多くの場合，これらの材料はサプライヤーによる出荷検査を通過しているが，輸送中の事故などにより品質が低下する可能性もある。そのため，工場へ到着した材料が品質基準を満たしているかの検証は重要である。ただし，膨大な数の部材を検査するのにはコストと時間を要するため，場合によって抜き取り検査と全数検査を使い分けることもありうる。

　次に，製品が工場から顧客に送られる前にその品質をチェックするのが出荷

検査である。これは，企業の評判や利益に直接影響を与えるため，厳格に行われる必要がある。検査中に不良品が見つかれば，修正して再度検査することが一般的である。ビール工場の例でいうと，試飲等の官能検査や完成品検査などが出荷検査にあたる。

また，出荷検査までの工程で見つかった不良品を「内部不良」，市場に出た後に見つかった不良品を「外部不良」と呼ぶ。これらの区別は品質管理プロセスの効果を検証する際に重要である。

(2) 自 主 検 査

自主検査は，作業員が自分の担当する工程で行う工程内検査のことである。生産プロセスの始点である受入検査と終点である出荷検査の間に生じる不良を早期に把握するために，この手法が用いられる。生産プロセスの各段階で，作業員が自らの作業品質をチェックすることで，効果的に不良品の流出を防ぐことができる。アサヒビールのケースで述べたように，出荷検査で不良品が発見されるのを待っていると，発覚するまでの間，不良品が生産ラインを通過し続け，無駄に原料を消費してしまうかもしれない。

自主検査では，各作業員の責任感と品質に対する意識が重要となる。作業員の独立した判断と能力に依存するこのプロセスは，高い信頼を必要とする。

3.4 継続的な品質改善

品質管理の過程で不良品が発見されることはよくある。発見後は，不良の原因を特定し，生産システムを改良することが必要となる。このプロセスは，**品質改善**活動と呼ばれる。工場における品質改善の前提になるのが，いわゆる5Sの原則である。5Sとは整理（seiri）・整頓（seiton）・清掃（seiso）・清潔（seiketsu）・躾（shitsuke）を意味し，これらのアルファベットの頭文字をとって5Sと呼ばれている。整理とは不要なものを排除すること，整頓は必要なものを容易に取り出せるようにすること，清掃は異物を取り除くこと，清潔は継続的な整理・整頓・清掃によってきれいな状態を維持すること，躾は定められた規則を守ることである。

継続的な品質改善のためには，まず「標準（standard）」を設定することが不可欠である。標準とは，判断基準や行動の目安となるものを指す。品質改善活動における標準とは，たとえば，QC7つ道具の管理図などで示される管理限界内の幅（公差）を意味する。「標準なくして改善なし」（今井, 1988）とは，標

102 第Ⅰ部 生産管理の基礎

準をきちんと設定することで，改善結果を測定しやすくなるという考え方である。

品質改善のための基本的なアプローチとしては，PDCA サイクルがよく用いられる。計画（plan）・実行（do）・チェック（check）・是正行動（act）の 4 段階で構成され，それぞれの頭文字をとって PDCA と呼ばれる。PDCA は，理想と現状のギャップを特定し，問題を解決し，さらに新たな計画を立てることで，連続的に改善を図ることができるというものである。とくにチェック（C）と是正行動（A）の段階が重要だが，計画と実行はできても，これらのステップまで到達していない組織が少なくない。

品質管理の効率化を図るには，C と A を意識して PDCA サイクルを回すことが肝要である。品質管理の計画においては，目標となる数量・品質・納期（QCD）などのチェック項目を明確にし（C），これらの目標が達成されなかった際の具体的な是正措置（A）を，事前に計画書へ盛り込むことが重要である。このようにして PDCA サイクルを効果的に運用することが，品質管理の効率と精度を高める鍵である。

こうした PDCA サイクルを実践する主な主体に，QC サークルがある。QC サークルは，同じ職場の小グループが自主的に品質管理活動を行うもので，小集団活動とも呼ばれる。1 グループ平均 10 人前後で，リーダーを決めて月に何回かのペースで集まり，継続的な改善活動を実施する。メンバーはチームワークを通じて職場の問題を解決し，働きがいや能力向上を目指す。QC サークルでは，SQC よりも QC 7 つ道具が重宝されている。広く現場の作業者にも使いやすい統計ツールで，とりわけ視覚的に理解しやすく，問題解決・改善志向のツールとして有効である。

3.5 品 質 保 証

品質保証とは，顧客に対して品質を保証することである。品質管理との違いは，品質管理が「生産者の立場から品質をコントロールする」ことを重視するのに対し，品質保証は「顧客の立場に立ち製品を通じての顧客満足を保証し，これによって顧客の信頼感を得ること」を重視している点にある（藤本, 2001）。

品質保証を組織全体で実現するためには，まず品質保証の体系を構築することが肝要である。それぞれの担当部署が，製品の設計段階から原材料の調達・生産準備・生産・営業・流通に至るまで，役割分担しつつも情報を共有しなが

第**4**章　品質管理（アサヒビール）　　103

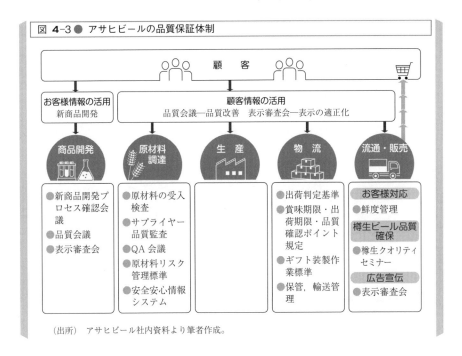

図 **4**-3 ● アサヒビールの品質保証体制

（出所）　アサヒビール社内資料より筆者作成。

ら，PDCA サイクルを回して品質の維持・向上に努め，最終的に顧客に良品を届ける仕組みである（山田，2006）。

アサヒビールにおいても，太鼓判システムを含む品質保証システムは，まさにその体系を整備したものである。図 **4**-3 に示す同社の品質保証体制を見ると，商品開発から，原材料調達，生産，物流，流通・販売という各段階において，それぞれ品質会議や品質監査，太鼓判システム，保管・輸送管理，鮮度管理などを行い，なおかつ情報を一元化することで，消費者からのクレームや工場内でのトラブル，設備の異常等の発生時に迅速に対応できるようになっている。仮に不良が発生した場合には，どの製品がどの原料を用いてどの工程でつくられたのか，すべて生産履歴が追えるようになっている。これをトレーサビリティという。品質保証においては，このトレーサビリティの迅速かつ正確な確認が求められる。先述のように，アサヒビールは新たな情報システムの導入により，トレーサビリティの強化にも努めている。

前節のケースでも詳しく取り上げた通り，品質管理・品質保証の取り組みは，

企業のブランド・イメージや評判を高め，企業の競争力向上，存続・発展にも寄与する重要な活動であるといえよう。

4 課 題

(1) アサヒビールがスーパードライ発売以降，2段階成長を遂げた理由を整理してみよう。
(2) アサヒビールのように，品質管理・品質保証に注力している企業を探してみよう。
(3) そのうえで，アサヒビールの品質管理・品質保証の取り組みとの共通点・相違点をあげてみよう。相違点についてはどこが，なぜ違うのか，考えてみよう。

読んでみよう　　　　　　　　　　　　　　　BOOK GUIDE

山田秀（2006）『TQM 品質管理入門』日本経済新聞社（日経文庫）。
　▶品質管理の入門書。品質管理について体系的に整理されていて，わかりやすい。

藤本隆宏・桑嶋健一編（2009）『日本型プロセス産業：ものづくり経営学による競争力分析』有斐閣。
　▶アサヒビールなどプロセス産業（装置産業）のものづくりを事例として，競争力の源泉を解き明かしている。

参考文献　　　　　　　　　　　　　　　REFERENCES

浅羽茂（1995）『競争と協力の戦略：業界標準をめぐる企業行動』有斐閣。
Feigenbaum, A. V.（1961）*Total Quality Control*, London: McGraw Hill.
藤本隆宏（2001）『生産マネジメント入門Ⅰ　生産システム編』日本経済新聞出版。
藤原雅俊（2004）「キリンビール：『キリンラガー』の生ビール化と戦略策定の落とし穴」一橋ビジネスレビュー編『ビジネス・ケースブック3』東洋経済新報社, 161-197 頁。
藤原雅俊（2005）「国内ビール市場における競争逆転：アサヒビールの視点から」『一橋研究』29(4), 1-16 頁。
今井正明（1988）『カイゼン：日本企業が国際競争で成功した経営ノウハウ』（復刻版改訂版，2010 年，マグロウヒル・エデュケーション）講談社。
日本経営工学会編（2002）『生産管理用語辞典』日本規格協会。
沼上幹（2000）『わかりやすいマーケティング戦略』有斐閣。

高井紘一朗・大川洋史 (2007)「アサヒビールのものづくり：スーパードライの成功」藤本隆宏・東京大学 21 世紀 COE ものづくり経営研究センター『ものづくり経営学：製造業を超える生産思想』光文社 (光文社新書), 255-268 頁。

高井紘一朗・大川洋史・岡倉徹 (2005)「アサヒビール『太鼓判システム』の開発：品質保証の原点は顧客本位」『赤門マネジメント・レビュー』5 (6), 401-440 頁。

富田純一・糸久正人 (2015)『コア・テキスト 生産管理』新世社。

富田純一・高井紘一朗 (2008)「アサヒビールにおける持続的競争力の源泉：スーパードライが二段ロケット的成長を遂げられたのはなぜか？」『赤門マネジメント・レビュー』7 (11), 797-820 頁。

富田純一・高井紘一朗 (2009)「アサヒビール『スーパードライ』：フレッシュ・マネジメントに見る統合型ものづくり」藤本隆宏・桑嶋健一編『日本型プロセス産業：ものづくり経営学による競争力分析』有斐閣, 110-134 頁。

薄葉久・中川正人・江藤正和 (1993)「アサヒスーパードライの開発」『日本農芸化学会誌』67 (10), 1379-1384 頁。

山田秀 (2006)『TQM 品質管理入門』日本経済新聞社。

第5章 原価管理

NECパーソナルコンピュータのケース

柊 紫乃

KEYWORDS
- 原価管理
- 米沢生産方式
- 全部原価計算
- 直接原価計算
- 標準原価計算
- 現場改善会計論

1 本章のねらい

本章では，現場管理および経営管理の両方に資する**原価管理**（コスト・マネジメント）について考察する。生産管理の一環としての原価管理は，生産活動が行われている生産現場に立脚すると同時に，原価管理以外のさまざまな経営管理実務とも連携して実施されることが望ましい。

原価管理のためには，私たちはまず原価を計算しなければならない。日々の活動の中で経営資源（リソース）がどれだけ，どのように消費されたのかについて，材料消費量や生産現場の工数（延べ作業時間）等の物量計算だけでなく，金額という共通尺度で計算することにより，生産現場の能率や効率（人見, 2017, 17頁）等の生産性を部門や事業を横断して比較することができる。

一方で，金額計算を主軸とする会計の役割として，原価管理は企業の経営管理ともつながる必要がある。ある会計期間において，売上高を代表とする企業の収益に対して，そのために費やされた費用を対応させる「費用収益対応の原則」（企業会計原則第2-1C）は会計の基本原則の1つである。この原則のもとで複式簿記による会計処理がなされ，当該会計期間に企業が得た利益が適正に計算される。原価は，これらの費用を代表するものでもある。

製造企業では，購入した原材料を加工することで付加価値が生み出されるが，その過程で材料費に加えて，加工のために必要な労務費や設備費，エネルギー費等の諸費用が発生する。これらの費用を製品ごとに集計するには一定の計算

ルールが必要となる。日本では，1962（昭和 37）年に制定された「原価計算基準」が長らくその任を果たしてきた。この基準が時代の変化に適応できているのかという懸念[1]の多くは，本章で述べる伝統的原価計算の課題とも整合する。

原価管理の課題解明には，原価の計算構造に関わる視点と，計算結果と経営管理をつなぐ管理会計に関わる視点が必要である。計算構造の視点からは，原価の計算対象と計算方法を検討する。管理会計の視点からは，長らく高い評価を受けてきた標準原価計算の効用と限界を再考する。これらを踏まえ，自社の実務実践において最適解を求めた NEC パーソナルコンピュータ株式会社の先進的ケースを検討し，原価管理の可能性を示したい。

2　ケース：NEC パーソナルコンピュータ

ここでは，先進的な原価管理のケースとして，山形県米沢市に工場を持つ NEC パーソナルコンピュータ株式会社[2]（以下，N 社）の 2000 年代以降の取り組みを取り上げ，N 社が独自に生産革新活動を拡張して確立した「米沢生産方式」と，それを支える柱の 1 つ「米沢式原価計算」（NEC パーソナルコンピュータ株式会社, 2015）を紹介する。

2.1　NEC パーソナルコンピュータ沿革

N 社は，第二次世界大戦中の山形県外企業の疎開工場から始まった。その後，地元従業員と会社による株式持ち合い会社，さらに，日本電気株式会社（以下，NEC）の完全子会社等のさまざまな経緯を経て，2011 年には NEC と中国資本のレノボ社（以下，レノボ）による合弁会社の傘下に置かれた。当初，レノボの出資比率は 51％であったが，2016 年には，レノボ 66.6％，NEC33.4％ に出資比率が変更された。米沢に開発生産拠点を持つ N 社は，現在，資本的には外資系企業ということになる（安部・柊, 2024）。これは親会社のグローバル戦略の下，そのグローバル組織再編に組み込まれることでもある。ただし，レノボ傘下になった N 社には，現場の強みによって特徴的な展開がもたらされた。

合併当時，もともと日本通でもあった経営トップから N 社の開発生産拠点である米沢事業場の現場力は高い評価を受けた。その結果，パソコン生産を引き続き任されただけでなく，N 社の品質管理ノウハウがレノボの中国工場に逆導入された（安部・柊, 2024, 300 頁）。また，N 社は世界初の A4 サイズ・ノ

108　第Ⅰ部　生産管理の基礎

ートパソコンの開発をはじめ数々のイノベーションも実現しており，製品開発
力が高く評価されレノボのグローバル開発の主要拠点となった（安部・柊, 2024,
303-304頁）。N社にとってもレノボのグローバル調達力の恩恵は大きく，外資
系企業の一員となることで従業員の意識にも大きな影響が及んだ。「ある日突
然，自分たちが国内対抗戦ではなく，オリンピックに出場していたことに気づ
いたのである」（安部・柊, 2024, 300頁）。親会社からのリスペクトを得た要因の
1つが，N社で今も進化し続ける米沢生産方式である。

2.2　米沢生産方式

　米沢生産方式は，2000年以降のN社の大胆な経営改革「生産革新活動」の
成果である。開始時期はレノボ傘下になるタイミングより少し時代をさかのぼ
り，その期間は2000～03年の確立期と2004～10年の発展期の2段階に分かれ
る。確立期ではトヨタ自動車株式会社から紹介された岩城宏一の指導のもと，
本格的にトヨタ生産システム（Toyota Production System：以下，TPS）の導入
に努めた。この時期は現場改善が主眼であった。発展期では，TPSをベース
とする現場の改善活動に加え，それらを支えるN社独自の2つの仕組み，IT
（Information／Technology：情報技術）システムの構築と，原価管理・財務管理
手法が構築された。N社では，これらを統合して**米沢生産方式**と称している。[3]

　ITシステムでは，2002年以降，顧客を起点とした価値を最重視する基幹
システムVCM（Value Chain Management）が段階的に構築され，需要予測か
ら生産計画・販売店への供給回答までの期間が，10日から2日に短縮され
た。2003年8月にはERP（Enterprise Resource Planning）が工場部門に導入され，
生産管理・資材調達から会計システムまで全プロセスが統合された。2004年
には，ERPの処理サイクルが週単位ではなくデイリー単位に短縮された（森下,
2006, 30頁）。

　基盤システムが整った2004年以降，生産革新活動と連動する独自のITシ
ステムの構築が着手された。2004年10月，生産ラインの工程進捗管理に
RFID（Radio Frequency Identification）を用いたシステムが開発・導入され，翌
2005年12月には部品調達用の「かんばん」が「RFIDを搭載した電子かんば
ん」に置き換えられた（森下, 2006, 31頁）。これによりラインの柔軟性が高まる
とともに，サプライチェーンでの効率的調達や部品のトレーサビリティも可能
になった。

2.3 独自の原価管理・財務管理手法

生産革新活動に邁進しつつ独自の先進的ITを導入したN社には，成果を適正に測定・評価でき，環境変化や生産現場の継続的改善にも適合できる会計管理が必要であった。N社が独自に開発した原価管理・財務管理手法のポイントは，スピーディーで正確な原価計算・原価管理および生産効率化活動と連携した経営財務指標であった（NECパーソナルコンピュータ株式会社, 2015, 137-187頁）。

N社は従前より適正な会計処理と正確な財務諸表作成をしていたが，それは財務会計としてであった。パソコン製造という変動要素の多いものづくりにおいて，自社の強みである生産革新活動と連動する原価計算の確立は管理会計としての課題であった。2003年以降，N社の原価計算は大きく改変された。図5-1は，N社が独自に構築した「米沢式原価計算」の位置づけを示す。

図5-1が示す通り，米沢式原価計算は，財務諸表の作成を目的とする財務会計とは別に，内部報告用の管理会計として位置づけられる。図5-1の右下には，米沢式原価計算の重要ファクターである原価企画，ものづくり原価計算，生産効率化活動と経営財務指標との連携が並ぶ。真ん中のものづくり原価計算では，生産現場にしっかりと軸足を置きながらさまざまな変動要素にもスピーディーに対応する原価計算が訴求される。その原価計算を新製品の開発に展開することにより，原価企画が実現する。また，量産開始後の生産効率化活動と経営財務指標を連携させる実践的管理も必要とされた。

中心となるものづくり原価計算は，製品原価算出に用いる費目を大胆に絞り込んだ点に特徴がある。具体的には，製品原価には直接材料費のみを含め，それ以外のコストはすべて期間原価とする。そのような決断がなされた理由としては，N社の主力製品であるパソコンの組立製造では製品原価の約95％を直接材料費が占めるという点があげられる。しかも，その約8割は外貨建てで，資源高騰だけでなく為替変動の影響も大きい。N社では直接材料費の管理が常に最重要課題なのである。また，パソコン業界では，1年の中でも季節変動が大きくスピーディーな原価把握が必要であり，年3回の新製品発表によって原価計算の対象製品もめまぐるしく変わる。このような場合，製品原価要素である費目すべてを計算するより，重要性が突出している直接材料費のみを製造原価として捉える方が原価計算は速くなる。生産革新活動による改善効果の算出において，製造間接費の配賦問題を考慮しなくてすむ点も無視できない。さら

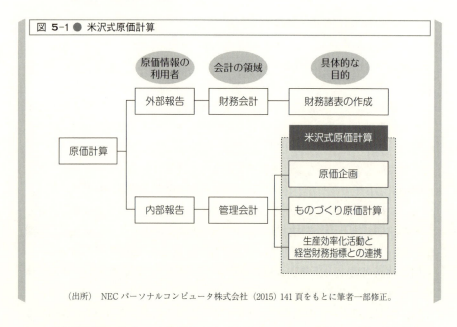

（出所）NECパーソナルコンピュータ株式会社（2015）141頁をもとに筆者一部修正。

に，直接材料費の算出には従前からよく知られる2つの異なる計算手法を組み合わせることで，独自のスピーディーな原価計算を実現した。これらの詳細については後述する。

　スピーディーな原価計算による最新の材料価格の連続更新は，図5-1の右側にある原価企画の恒常的実現を容易にする。原価企画とは，製品の開発設計段階において設計内容と連動して想定製品原価を計算することで，性能，品質，原価，売価等の同時検討を行う。その際に，N社が確立したようなリアルタイムに市場動向を反映できる原価計算があれば，新製品開発においても，常に市場を反映した想定原価が計算できる。N社では，一般的な管理会計ではバリューチェーンの上流に相当する原価企画と，下流にあたるものづくり原価計算が，ITシステムの活用を前提として，いつもの原価計算を組み合わせるだけで，いつでも表裏一体で実現可能なのである。

　生産効率化活動と連携する経営財務指標，すなわち生産革新活動と連携できる管理指標の確立も重要な課題であった。2008年以降，図5-1の米沢式原価計算における重要ファクターの最後の要素である，生産効率化活動と経営財務指標との連携のための重要業績評価指標（Key Performance Indicator：以下，KPI）が導入された。図5-2は，N社が定めた2つのKPIと，それらを支える，

第 5 章　原価管理（NEC パーソナルコンピュータ）　111

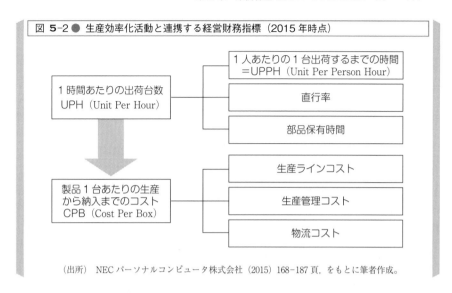

（出所）　NEC パーソナルコンピュータ株式会社（2015）168-187 頁．をもとに筆者作成。

それぞれ 3 つの小規模 KPI の関係を示す。[4)]

　図 5-2 の左側には，生産革新活動により設定される「1 時間あたりの出荷台数（UPH：Unit Per Hour）」と，UPH が影響を与える「製品 1 台あたりの生産から納入までのコスト（CPB：Cost Per Box）」が並ぶ。企業業績としての利益拡大に直結するのは下段の CPB であるが，CPB を達成するには上段の UPH が重要になる。2 つの KPI により現場の生産革新活動と企業全体の業績管理がつながる。N 社が主張する生産効率化活動と経営財務指標の連携である。

　2 つの KPI は，図 5-2 の右側で各 3 要素の小規模 KPI に分解される。1 時間あたりの出荷台数は「1 人あたりの 1 台出荷するまでの時間（UPPH：Unit Per Person Hour）」「直行率」「部品保有時間」から構成され，製品 1 台あたりのコストは「生産ラインコスト」「生産管理コスト」「物流コスト」に分けられる。このように，重要財務指標を具体的指標に分解することで，生産現場，管理部門，輸送部門等すべての現業部門での管理が財務業績につながって理解される。成果の一例として，N 社では，部品保有時間がもとは平均 4 時間だったのが，米沢生産方式に関する同社の書籍が発刊された 2015 年現在では 45 分以内を目標とするまでになった。なお，この 45 分とは，生産革新活動の結果実現された製品出荷サイクル 30 分に 0.5 サイクル分の予備時間を足したものであり，実際にはこれより短い時間が達成されていた。このような N 社独自の生産革

112　第Ⅰ部　生産管理の基礎

新，先進的 IT，および財務管理の成果は広く知られるようになり，（コロナ禍の一時期を除き）国内外から多くの見学者が訪れている。

3　ケースを解く

　生産活動における工程管理，品質管理を直接的管理とすれば，原価管理は間接的管理である。原価管理は，生産現場における製品の製造，すなわち顧客価値の創造のために発生する諸費用を原価として計算し，管理する。現場情報を金額的に集約した「原価」という会計情報が管理層を通じて経営層に報告され，戦略決定の基本情報になる。とはいえ，実際に「コストをさげるものは，生産活動そのものの合理化」（田杉・森，1960, 68 頁）である。会計は事実を写像（ミラーリング）するものであり，改善すべき対象は現場で行われている生産活動そのものだという点に留意したい。

　本節では，基本的な原価計算の仕組みを解説し，伝統的・代表的な原価計算・原価管理手法が時代の変化に対して必ずしも適合していないことを指摘する。そのうえで，生産現場と経営管理のいずれにも資する原価管理のあり方について，N 社の事例を通じて考察する。

3.1　原価の形態別分類（材料費・労務費・経費）とお金の流れ（勘定連絡図）

　原価計算の基礎知識として，まず，原価はどのように発生するのかを考えてみよう。一般に，製品原価計算の対象は，製品製造のために費消された資源の貨幣換算額である。平たくいえば，製品原価とは，ある製品をつくるためにどのような資源をどれだけ使ったのかをすべて金額で集計したものである。

　有形の人工物である製品の製造には材料が必要なので材料費が発生する。加工を担当する作業者に支払った賃金は労務費となる。それ以外の費用，たとえば，外注先に支払う加工賃，機械設備の減価償却費，エネルギー代，工場の家賃等は経費とされる。このような区分を原価の形態別分類という。製品原価計算の最初の段階は，材料費，労務費，経費に分けられた費目別計算である。

　費目別計算は，基本的には使われた資源の単位量当たり単価と消費量（重量，容量，時間等）を乗じて計算される。たとえば，1kg 当たり 100 円の材料を10kg 消費すれば 1000 円の材料費が発生する。時給 1000 円の作業者が製品加工に 1 時間従事すれば 1000 円の労務費が発生する。資源の消費量をいちいち

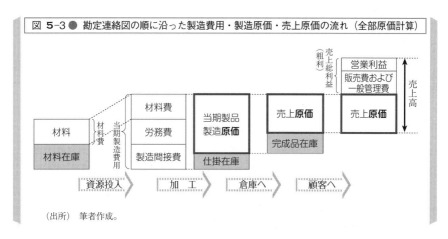

図 5-3 ● 勘定連絡図の順に沿った製造費用・製造原価・売上原価の流れ（全部原価計算）

（出所）筆者作成。

測定しない（できない）場合は会計期間内にかかった総額を費用とする。経費の多くはこの方法を用いる。

　費目別の金額を製品別に集計すれば当期の製造費用となる。製造費用は段階を追って製造原価，売上原価と名前を変えていく。会計の基本である複式簿記システムでは，この流れを勘定連絡図によって示すことができる。工場の生産プロセスの中で材料が加工されて仕掛品となり製品へと流れるように，金額情報も原価計算プロセスの中を流れていく。勘定連絡図とは，いわば「お金の流れ図」である。図 5-3 は，勘定連絡図そのものではないが，原価に関わる主な流れを模式化したものである。

　図 5-3 の左端で，購入された材料という資源が生産現場に投入されると材料費になる。未投入分が材料在庫である。材料費と労務費，さらに製造間接費（図 5-4 参照）が合算されて当期の製造費用となる。月次（月別）計算であれば今月の生産活動で発生した費用を意味する。しかし，すべての仕掛品が当期中に製品として完成するわけではない。そこで，完成した分の金額が当期の製造原価（製品製造原価）となり，途中まで加工されてその分の費用が発生していても未完成の分は仕掛在庫となる。完成した製品は顧客に販売（納品）されるが，これもまたすべての製品が当期中に販売されるわけではない。そこで，製造原価のうち当期に販売された分だけが売上原価として当期の売上高に対応する。売れなかった分が完成品在庫（製品在庫）である。最後に図 5-3 の右端において，売上高から売上原価と販売費および一般管理費を引くことで営業利益が算出される。ここが損益計算に相当する。

114 第I部 生産管理の基礎

このように，図5-3では，製品が加工されていくにつれて，製造費用→製造原価→売上原価の順でお金（貨幣情報）が変化しながら流れている。流れの途中の滞留部分が網掛けされた材料在庫，仕掛在庫，完成品在庫であり，期末にその合計額が棚卸資産（流動資産）として貸借対照表に計上される。計上先が損益計算書と貸借対照表に分かれていることも原価管理を複雑にする要因となる。なお，労働力やエネルギー等は材料と異なり在庫として保管できず支払額がそのまま費用となるが，仕掛品や完成品の金額の中に含まれてしまうことで，お金の流れとしては滞留することがある点にも留意したい。

3.2 製品との関係による分類と計算手法

(1) 製造直接費と製造間接費

資源が消費されて材料費，労務費，経費という費用が発生するが，特定の製品のために発生した場合は製造直接費，複数の製品に共通して発生し，製品ごとに金額を計算できなければ製造間接費と称される。図5-4は，これらの関係を示す。

図5-4の中央にある製造原価は，在庫を考慮しなければ原価管理の主対象となる。前述したように，製造原価は材料費，労務費，経費に分けられるのと同時に製造直接費と製造間接費にも分けられる。図5-4の左側は，これらを組み合わせた結果，製造原価が6つに分類されることを示す。図5-4の中央上には，製品を販売するための販売費や，組織管理全般のための一般管理費が示される。これらは製品ごとに集計できず，一定の会計期間（月次や年次）の総額として費用処理されるため期間原価とも呼ばれる。経営全体で考えれば広い意味での原価になるため，販売費，一般管理費（あわせて，販売費および一般管理費，あるいは，営業費と呼ぶ場合もある）と製造原価の合計を総原価という。そして，「製品1単位当たりの総原価に営業利益を加えると，製品の販売価格となる」（岡本，2000, 15頁）。

なお，図5-4は期末在庫をゼロとみなす概念図である。売上高に対応する費用である売上原価が見当たらないのは，ある会計期間中に生産された製品がすべて販売された場合，製造原価がそのまま売上原価になるからであると考えてほしい。[5]

(2) 直課と配賦

図5-4の原価構造を前提に，製造費用の計算方法は以下の2つが基本とな

第5章 原価管理（NEC パーソナルコンピュータ）　　115

図 5-4 ● 総原価の内訳と製品の販売価格（全部原価計算）

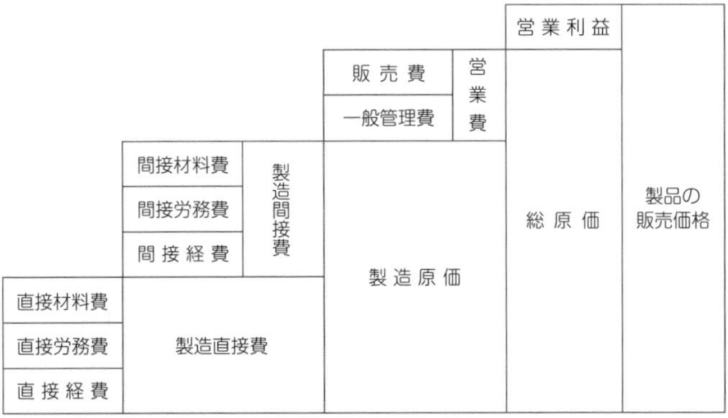

				営業利益	
		販売費	営業費		
		一般管理費			
間接材料費	製造間接費			総原価	製品の販売価格
間接労務費					
間接経費		製造原価			
直接材料費	製造直接費				
直接労務費					
直接経費					

（出所）　岡本（2000）15頁。

る。まず，製造直接費の計算はシンプルである。費目別に計算した金額を製品
ごとに集計すればよく，これが直課と呼ばれる。一方で，製造間接費はある製
品のためにいくら費消されたかが明らかではない。それを何とか製品ごとに集
計するために配賦という計算手法が編み出された。製造間接費配賦では，費目
別に計上された製造間接費の合計額を何らかの基準で各製品に分担させるが，
まとめて処理するため正確性に問題が生じる。それでも20世紀前半頃までは，
製造原価に占める間接費の割合が低く金額的影響も少なかったためさほど問題
にはならず，配賦基準も製造直接費あるいは直接作業時間等を用いることで事
足りた。しかし，20世紀後半になると製造間接費の割合が増大して配賦の歪
みが拡大し，その弊害が見過ごせなくなった（Johnson and Kaplan, 1987）。現代
でもこの配賦計算の歪みは網羅的な解決をみていない。

（3）　製造間接費配賦の問題を解決するための2つの方向性

　とはいえ，配賦問題の解決のために何もしなかったわけではない。主に2つ
の方向性が示された。1つは，製造間接費配賦計算の精緻化である。活動基
準原価計算（ABC：activity-based costing），活動基準管理（ABM：activity-based
management），時間主導型活動基準原価計算（TD-ABC：time-driven-activity-
based costing）等が提案された。もう1つは，配賦計算そのものをやめるとい
う決断であった。後述する直接原価計算や，「直接原価計算の発展形態の1つ」
（櫻井, 2019, 288頁）としてのスループット会計等が提唱された。本章で取り上

116　第 I 部　生産管理の基礎

げた N 社では，配賦の歪みを排除し，かつ，スピーディーな原価管理を実現する実践解として，後者のやり方をさらにカスタマイズすることで，直接材料費のみを製造原価とみなす大胆な方法が採用された。

3.3　営業量との関係による分類と製造間接費・固定費の増大

(1)　変動費と固定費

　原価には，営業量（生産量）との関係による分類もある。これは原価計算だけでなく原価管理にとっても重要となる。「経営活動の量，すなわち営業量（business volume，業務量といってもよい）の変化に応じて，原価がどのように反応するかを，コスト・ビヘイビァーないし原価態様という」（岡本，2000，47頁）が，原価態様を単純化するならば，営業量（操業度とも呼ばれる）の増減に比例するものを変動費と呼び，営業量にかかわらず金額が一定であれば固定費と称する。実際には，変動費，固定費のほかにも，準変動費（固定費部分と変動費部分がともに含まれる）や，準固定費（全体として階段状に増減する）等もあるが，ここでは，操業度を反映する変動費と，操業度に関わりなく一定額の固定費という基本概念に注目する。図5-4の総原価の内訳には，区分する目的が異なるため明示されていないが，その中に変動費と固定費が混在している。

(2)　全部原価計算と直接原価計算

　固定費と変動費に関しては，**全部原価計算**と**直接原価計算**という 2 つの代表的な原価計算方法が関わってくる。図5-3の原価の流れ，図5-4の総原価の内訳は，全部原価計算を前提としたものである。全部原価計算は「この製品（1単位）をつくるのにいくらかかるか」という計算であるため理解しやすく，価格決定や製品単位の原価管理に役立つ。前述の原価計算基準で認められた方法であり，日本で最も多く採用されている。しかし，市場需要が低迷する不況時には問題も生じる。工場の操業度が下がっても固定費は発生するため総額を収益（売上）によって回収できない。だからといって固定費が回収できる売価を設定すればさらに製品は売れなくなる。全部原価計算の弱点でもある。

　直接原価計算は，売上高から変動費を引いて限界利益を算出し，その後で固定費回収を検討する（Harris, 1936）。限界利益は固定費配賦の影響を受けず，景気変動に影響されない重要管理指標となりうる点から，直接原価計算は不況の申し子ともいえる。かつて，アメリカの経営者たちは 1929 年の大恐慌に直面した際に，変動費と固定費の原価分解に基礎を置く損益分岐点分析や変動予

算，直接原価計算等を開発した（上總, 2017, 35-36頁）が，1950年代になり事業部制が普及すると，アメリカの会計人・経営者の間でこの計算手法が注目された（上總, 2017, 222-223頁）。

直接原価計算は，製造間接費の配賦の歪みからの解放も意味する。単純化すれば，現代の製造間接費は，減価償却費等の固定費が多くを占める。これらを個別の製品に無理に配賦せず，部門や会社全体としての共通固定費として負担できればよいと考える。配賦計算の手間がなくなり，計算の不正確性も減る。この直接原価計算は日本にも紹介されたが，原価計算基準によって財務諸表作成に全部原価計算が要求されていたこともあり，その利用率は必ずしも高くなかった。しかし，ICT（Information and Communication Technology：情報通信技術）の発達により全部原価計算と直接原価計算を併用する企業も増えつつある（川野, 2023, 34頁）。直接原価計算をさらに自社課題に即してカスタマイズしたコマツ（株式会社小松製作所）の事例等もある（上總編著, 2021）。

(3) 製造直接費・製造間接費と変動費・固定費の関係

ところで，製造直接費と製造間接費，変動費と固定費という2つの対比概念は時代とともに概念が混同されてきたと懸念される。実は，直接原価計算には製造直接費は用いない。売上高から変動費を引いて限界利益を計算し，そこからさらに固定費を引く。直接原価計算（direct costing）ではなく，変動原価計算（variable costing）と呼ぶ方がわかりやすく，そのように表記するテキストもある。ではなぜ，直接原価計算という名称が普及したのだろうか。かつて，製造直接費はほとんど変動費であり，逆に，製造間接費はほぼ固定費であった。そのため概念と名称が混乱した可能性もある。**表5-1**は，製造直接費・製造間接費の区分と，変動費・固定費の区分の関係を示している。

表5-1の太枠は，今なお製造直接費の多くが変動費であり，製造間接費の多くが固定費であることを示す。また，販売費および一般管理費については全部原価計算では期間原価として扱われ，その多くは固定費である。しかし，日本企業が重視するとされる雇用の安定にとっては，製造直接費としての直接労務費，製造間接費としての間接労務費はともに事実上の固定費となる。一方で，固定費としての原価態様を持つ製造直接費もありうる。たとえば，「専用機であるために製造直接費扱いされる設備の減価償却費」があげられる。あるいは，製造間接費かつ変動費の例として「運搬量により支払金額が決定される外注物流費」等も存在する。これらは費目別計算としては問題にならないが，直接原

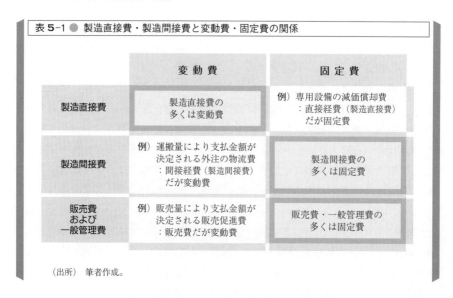

価計算という名称の変動原価の計算では混乱を引き起こすかもしれない。このような複雑さが、工業簿記や原価計算の教科書で費目別計算、部門費計算、さまざまな製品原価計算といった個々の計算手法を習得しても、実務における原価管理にすぐにはつながりづらい要因ともなっている。

3.4 伝統的原価計算とN社の米沢式原価計算：原価の範囲と管理のスピード

伝統的な原価計算を概観し、同時に現代社会における課題について述べてきた。では、ケースで取り上げたN社の実践ではどうであろうか。N社では直接材料費以外はすべて期間原価としている。そのため製造間接費配賦の問題は生じない。図5-5は、一般的な全部原価計算および直接原価計算の計算対象となる費目と、米沢式原価計算における計算対象費目との違いを示している。

図5-5が示すように、N社では直接材料費のみを対象として製造原価を計算する。これは全部原価計算の問題点を克服するだけでなく、従来の変動費・固定費の区別という直接原価計算の基本設定を超えて生産現場の状況により即した区分を取り入れた点に特徴がある。一見するとスループット会計（櫻井，2019, 284-288頁）に類似しているようにも見える。スループット会計は、制約理論（Theory of Constraints：以下，TOC）（Goldratt and Cox, 1992）と整合する原価管理として主張されたもので、全部原価計算とも直接原価計算とも異なる。

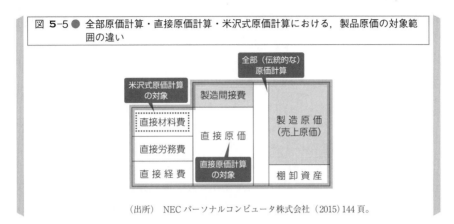

図 5-5 ● 全部原価計算・直接原価計算・米沢式原価計算における，製品原価の対象範囲の違い

（出所）　NEC パーソナルコンピュータ株式会社（2015）144 頁。

　工程の集合体としての生産現場から産出され販売されるアウトプット金額から，投入された材料等のインプット金額を引いた金額をスループットと呼んで重視する。

　N 社の米沢式原価計算とスループット会計は，工程にインプットされた直接材料費のみを主な対象として売上高から減ずるという計算構造に類似性がある。ただし，スループット会計は，「在庫」や「期間費用」という言葉について独自の定義がなされる等，従来の会計計算とは距離を置くが，N 社はあくまでも一般的な計算手法の中から自社に最適なものを選択して組み合わせることにより「N 社独自の原価計算」を実現した。これは N 社にとっての最適解であり，すべての企業が自社の状況にかかわらず直接材料費以外を期間原価にすればよいという結論にはならない。ここが原価管理の難しさでもあり，逆に，個々の現場，企業の創意工夫の可能性が拡がるところでもある。

3.5　伝統的原価管理と N 社の米沢式原価計算：標準原価計算の超カスタマイズ

　原価管理のために最もよく推奨されてきた手法として，標準原価計算★がある。優れた管理手法としての地位を確立してきたが，現代の多品種少量生産や製品寿命の短縮化に対応しきれていないとの指摘もされている（岡本，2000, 855-856 頁；中根，1994, 70-76 頁；上總・柊，2023, 28-31 頁）。

　20 世紀初頭，アメリカ機械技師協会（ASME：The American Society of Mechanical Engineer）の機械技師たちにより製造現場の生産性向上を通じて効率的な工場運営を追求する「能率（生産性）増進運動」が行われた（柊，2015, 300 頁）。そ

120　第Ⅰ部　生産管理の基礎

の中でテイラーの科学的管理法（Taylor, 1911）をはじめとする，現場の生産性を科学的見地から向上させる活動が展開された。それらの製造技術の進化とともに，会計技術も進化した。その代表的な手法が標準原価計算である。しかし，それらは，時代が経つにつれて目指すところが異なるようになり両者は乖離してしまった（辻, 1971）。

　本章で取り上げたＮ社では，標準原価計算をかなり大胆にカスタマイズしている。前節で述べたように製品原価の約95％という高い割合の直接材料費のみが製品原価となり，労務費や製造間接費は含まれない。標準原価も同様である。しかも，標準原価計算の基礎となる原価標準（製品単位当たりの標準原価）について，週2回という驚天動地な改訂サイクルを実現した。結果として，標準原価計算では難しいとされるリアルタイムでタイムリーな原価標準の設定と運用が可能になっている。

　もう少し具体的に説明しよう。Ｎ社では，製品を構成する各々の部材の購入価格には予算原価を用いず，実際原価のみで経理処理する。製品原価は材料費のみを計算対象範囲として，標準原価計算により算出される。結果として，常に材料の価格変動を反映した最新の実際原価（材料費）を用いて標準原価を計算する。

　前者の，材料購入価額を実際原価のみで処理する理由は，パソコンの部品点数が相当数にのぼり，輸入の際の為替変動も含めると購入価額の変動がかなり大きい点にある。部材の購入価額に予定原価を用いると，一見，会計処理が単純化できるようでいて，実は予定原価と実際原価の差異を把握して差異分析を行うことになり，その時間の方が惜しいという判断がなされた。なお，製品原価用の単価は一般的な移動平均法で算出される。購入時に価格を記録し，払い出しの都度正確にその時点の平均価額を計算するのは，簿記の基本的手法とはいえ手間がかかる。しかし，Ｎ社はこれをITシステムの活用により克服した。これにより，常に最新の材料単価が反映されたリアルな直接材料費が算出できるようになり，他に例を見ないレベルで原価標準のリアルタイム更新実現につながった。

　後者の，標準原価計算の構成要素を材料費のみとした理由は，製造原価に占める直接材料費の割合の高さであった。しかし，Ｎ社の場合，標準原価計算の使い方にこそ最大の特徴があった。一般的に，標準原価計算の見直しには多大な手間がかかり，1年あるいは半年，せいぜい四半期に一度の改訂が限度とさ

れる。しかし，N社では，週2回という驚きの短さで標準原価が再計算される。しかも，会計システムを部品表（Bill of Materials：以下，BOM）と紐づけることにより，各部材のその週の実際原価に基づく，全製品の「現在の標準原価」が算出可能になる。

これだけの頻度での標準原価の改訂は通常想定されていない。改訂作業が煩雑すぎて正確性に欠けたり，ミスが誘発されたりといった可能性を否定できない。そこでN社では，原価標準の設定ミスを防ぎ，異常値があれば直ちに発見できる体制を整えた。徹底したBOMの登録と活用はもとより，年2回の実地棚卸による現物と帳簿数の同期化および原因解明も徹底された。実地棚卸と帳簿上の部品点数が一致しない場合は，関係部署が生産現場に集まって「ライン側会議」を開催して確認するという徹底ぶりであった。その結果，実地棚卸による数量過不足は2008年にはほぼゼロに近くなった（NECパーソナルコンピュータ株式会社, 2015, 151-163頁）。

N社にとってものづくり原価計算の構築は，部材コストの激しい変動を反映しながら，同時に，市場需要の変動にも即座に対応するための，スピーディーかつ効率的で質の高い原価計算手法の構築という難課題への挑戦であった。その理想は「数量と価格の同期化」である。仕入価格，部材の入庫および出庫数，製品の入庫数，売上原価等のあらゆる段階での数量や価格が，すべて帳簿と一致する状態が理想である。これが実現すれば，原価計算担当者の業務から，実際と帳簿上の差異を見つけて処理するという業務はなくなる。実際にN社では，原価計算業務の効率化を進め，2003年に7人いた原価計算担当者は，13年には，1名で業務を遂行できるまでになった（NECパーソナルコンピュータ株式会社, 2015, 163-164頁）。

繰り返しになるが，これは材料費が製品原価のほとんどを占めるという特性を活かした標準原価計算の先進活用事例である。しかも，加工費の管理に関しては生産革新活動による改善が継続されていることで別途管理されていることが大前提となる。そこに，N社の強みであるIT活用の組織能力[*]が追加された。このような条件が揃ってはじめてN社のやり方が功を奏したのだという点を忘れてはならない。

3.6 伝統的会計手法の課題に対するその他の提案

伝統的会計手法の限界を克服し，かつ，生産現場からのデータを活かした会

計手法の必要性は高まっている。N社のケースはその一例であり，生産現場の実力を前提として，自社の状況に合わせた原価の計算構造，原価管理の仕組みが構築された好事例である。N社では，全部原価計算における固定費配賦や製造間接費配賦問題，資源価格の変動等の課題について，会計管理的には期間原価に排除することで解決し，現場管理的には生産革新活動による改善やITシステムの活用によるリアルタイム改訂により解決した。

　残念ながら万能の会計手法は存在しない。原価の基本的な計算構造と課題を理解したうえで，自社の状況を踏まえた手法の構築が必要とされる。製造企業の組織能力に，会計・原価管理においても既存の手法を必要に応じて組み合わせることで独自の原価管理手法を構築する可能性を見出したい。そのためにも一般的な原価管理の知識だけでなく，ものづくりに即した応用技術を磨く必要がある。

　そこで最後に，従前から国内外で提言されたその他の会計手法を概観する。海外発の手法としては，経営管理全体を俯瞰しようとするバランス・スコア・カード（BSC），材料費に特化して詳細に分析するマテリアルフローコスト会計（MFCA），あるいは，不良を出さないための予防費用等も考慮する品質管理会計等がある。また，TPSをルーツとするといわれるリーン生産方式に資するリーン会計の提唱もされている。

　日本発の管理会計手法といえば，原価計画（target costing）がある。1960年頃にトヨタ自動車で始められたとされ（丸田, 2006, 50-51頁），製品設計プロセスと緊密に連携するという特徴を持ち，多くの日本企業で採用されている（川野, 2023, 37-38頁）。配賦問題に関して全部原価計算の問題点を生産管理の視点から再検討した試論（藤本, 2012）もある。

　最後に，**現場改善会計論**（Gemba Kaizen Costing：GKC，柊・上總, 2022；柊, 2023；上總・柊, 2023ほか）について述べる。GKCは，生産現場における改善活動の効果を，金額計算として会計的に見える化する。そのために，TPSの生みの親とされる大野耐一が提唱した正味作業，非付加価値作業，ムダの考え方（大野, 1978, 102頁）を援用する。その特徴を簡単に整理すれば，以下のようになる。

　まず，GKCは改善による物量成果も活かしつつ改善進捗に沿って実際原価計算を繰り返し，原価低減というすぐに見える改善効果金額だけでなく，余剰生産能力の創出を機会損失額として計算する。次に，伝統的な原価計算では原価として集計された金額を売上高によって回収することを是とするが，GKC

が重視するのは，リソースの消費により発生した費用のうちどの部分が顧客価値に貢献できたかという視点である。さらに，GKC では，余剰生産能力の活用を重視する。このような特徴を持つ GKC の適用により，生産管理と原価管理が有機的に結合され，頑張った現場を経営が評価できる好循環が期待される。

4 課　題

(1) 約 100 年前，20 世紀前半に，大量生産型のものづくりをベースに成立した原価計算の基本構造が，その後，多品種少量生産型のものづくりになった現代において，どのような問題を生じさせるかを整理してみよう。
(2) NEC パーソナルコンピュータ株式会社の米沢式原価計算は，どのような特徴を持つのか，伝統的な全部原価計算や標準原価計算の計算構造と比較することで検討してみよう。
(3) NEC パーソナルコンピュータ株式会社のように，伝統的原価計算を独自に応用して，自社のものづくりに適合した原価計算・原価管理として実践している企業を探してみよう。

読んでみよう BOOK GUIDE

NEC パーソナルコンピュータ株式会社 (2015)『スピード経営が日本のものづくりを変える：NEC パーソナルコンピュータの米沢生産方式と原価管理』東洋経済新報社。
  ▶ N 社のケースで紹介されている米沢生産方式，米沢式原価計算に関しての詳細が書かれている。

岡本清 (2000)『原価計算　6 訂版』国元書房。

上總康行 (2017)『管理会計論　第 2 版』新世社。

櫻井通晴 (2019)『管理会計　第 7 版』同文舘出版。
  ▶ 原価計算，管理会計に関する詳細はこれらを参照。

上總康行・柊紫乃 (2023)『現場改善会計論：改善効果の見える化』中央経済社。
  ▶ 生産管理の中でも現場改善に特化した原価計算との関係性についてはこちらを参照。

注

1) たとえば,「標準原価計算の相対的地位低下,直接原価計算制度の不採用,ABCとの不調和,当時から実務界の経営管理上の要請には応えることができていない,現代の経済基盤には適合しないといった視点からの批判」(片岡ほか, 2017, 24頁) などがあげられる。
2) 山形県米沢市に工場を持つグローバル製造企業である。「現在の名称である『NECパーソナルコンピュータ株式会社』米沢事業場は,1944 (昭和19) 年にいわゆる疎開工場として始まった東北金属工業株式会社米沢製造所の創業から数えて6つめの正式社名となる」(安部・柊, 2024, 263頁)。ここで取り上げる2000年代より以前もそれ以降も同工場の社名は何度か変更された。しかし,さまざまな環境変化の中でも,同工場が主要生産現場であり続けたことを鑑み,本章のケースにおいては,すべてN社と称する。
3) 以下,とくに断りがない場合は,NECパーソナルコンピュータ株式会社 (2015) の記述をもとにその概要を示す。
4) これらのKPIは,その後も活用の中で検討が重ねられ,レノボグローバルの各サイトにおける共通のKPIsとして発展的に整備された。たとえば,1台あたりの製造費用は,現在ではMVA (Manufacturing Value Added Per Unit) と称される。UPPHはUnit Per Person Per Hour (1人あたりの1時間の生産台数) として定義される。本文中のUPPHと計算式は異なるが,現場の生産効率を重視して改善のPDCAを追究しながらコストを管理するという基本思想は変わらない (2024年9月17日NECパーソナルコンピュータ株式会社生産事業部事業部長塩入氏ヒアリング)。
5) 実務管理としては,キャッシュ・イン・フローを実現する代金回収の重要性もいうまでもないが,今回は原価管理についての説明であるため詳細は割愛する。

参考文献

安部憲人・柊紫乃 (2024)「NECパーソナルコンピュータ株式会社米沢事業場:疎開工場からグローバル企業へ生き残りをかけた能力構築」藤本隆宏編『工場史:「ポスト冷戦期」の日本製造業』有斐閣, 263-325頁。

藤本隆宏 (2012)「競争力構築のための原価計算試論:設計情報転写論に基づく全部直接原価計算の可能性」MMRC Discussion Paper Series, 410, 1-56頁。

Goldratt, E.M. and J. Cox (1992) *The Goal: A Process of Ongoing Improvement*, (2nd ed.), Great Barrington, MA: The North River Press. (三本木亮訳『ザ・ゴール:企業の究極の目的とは何か』ダイヤモンド社, 2001年。)

Harris, J. N. (1936) "What Did We Earn Last Month," *N.A.C.A. Bulletin*, January 15, 501-527.

柊紫乃 (2015)「グローバル化・複雑化時代の生産管理会計:単品種大量生産から多品種少量生産への変化と会計の適合性」上總康行・澤邉紀生編著『次世代管理会計の礎石』中央経済社, 297-320頁。

柊紫乃 (2023)「論壇 現場改善会計論の提唱:原価管理から余剰生産能力管理へ」『管理会計学』31(3), 47-67頁。

柊紫乃・上總康行 (2022)「現場改善効果の類型化:会計的視点からの考察」『管理会計学』30(1), 123-140頁。

人見勝人（2017）『入門編　生産システム工学：総合生産学への途　第6版』共立出版。

Johnson, H. T. and R. S. Kaplan（1987）*Relevance Lost: The Rise and Fall of Management Accounting*, Boston, MA: Harvard Business School Press.（鳥居宏史訳『レレバンス・ロスト：管理会計の盛衰』白桃書房，1992年。）

片岡洋人・挽文子・森光高大（2017）「『原価計算基準』の再解釈とこれから」『原価計算研究』41（2），13-25頁。

川野克典（2023）『管理会計・原価計算の変革：競争力を強化する経理・財務部門の役割』中央経済社。

上總康行（2017）『管理会計論　第2版』新世社。

上總康行編著（2021）『コマツのダントツ経営：SVM管理と管理会計改革』中央経済社。

上總康行・柊紫乃（2023）『現場改善会計論：改善効果の見える化』中央経済社。

丸田起大（2006）「トヨタ・パブリカ開発における原価企画：原価企画の系譜学へ向けて」『経済論叢』（京都大学）178（4），50-68頁。

森下照正（2006）「トータルサプライチェーン改革とものづくり：NECパーソナルプロダクツ」『クオリティマネジメント』（日本科学技術連盟）57（7），26-33頁。

中根敏晴（1994）「生産環境の変化と標準原価計算の原価管理機能」『名城商学』44（1），57-83頁。

NECパーソナルコンピュータ株式会社（2015）『スピード経営が日本のものづくりを変える：NECパーソナルコンピュータの米沢生産方式と原価管理』東洋経済新報社。

大野耐一（1978）『トヨタ生産方式：脱規模の経営をめざして』ダイヤモンド社。

岡本清（2000）『原価計算　6訂版』国元書房。

櫻井通晴（2019）『管理会計　第7版』同文舘出版。

田杉競・森俊治（1960）『新訂生産管理研究』有信堂。

Taylor. F. W.（1911）*The Principles of Scientific Management*（COSIMO CLASSICS, Cosimo, Inc., 2006）（有賀裕子訳『新訳　科学的管理法：マネジメントの原点』ダイヤモンド社，2009年。）

辻厚生（1971）『管理会計発達史論』有斐閣。

第6章 納期生産管理

ZARAとユニクロのケース

富野 貴弘

KEYWORDS
- 在庫
- 販売機会損失
- 需要予測
- 見込み生産
- 受注生産
- 延期−投機

1 本章のねらい

　目当ての品物を買いに行ったが，それが売り切れていたという経験が誰にでもあるはずである。反対に，いつまで経っても製品が店で売れ残っているという光景を目にすることもよくあるだろう。いうまでもなく，その製品に関わる企業にとっては，どちらの状況も好ましくない。欠品により販売機会を逃せば売上の低下につながるし，逆に過剰な売れ残りは，在庫コストとして利益を圧迫することになるからである。そうした事態を避けるために重要となる業務が，本章で学ぶ納期生産管理である。QCD管理の指標でいえば，D（Delivery）に当たる。納期管理の最大の目的は，客が欲しいと思うタイミングに合うように製品をつくり，遅れることなく市場へと送り出すことにある。納期生産管理とは，ものづくりの時間管理であるともいえる。

　本章では，この納期生産管理の現実について理解するため，アパレル製品（衣料品）のものづくり企業のケースを取り上げる。とくにアパレル製品は，暑さ寒さといった気候や，移ろいやすい流行によって売れ行きが大きく左右されるため，市場への適時供給が難しく，欠品や過剰在庫が生まれやすいという特質を持つ。したがってアパレル産業では，納期管理の巧拙が企業の競争力を決定づけるといっても過言ではない。ここでケースとして取り上げる企業は，ZARAのブランドで知られるスペインのインディテックス社と，同じくユニクロで有名な日本のファーストリテイリング社である。この2社は対照的なも

第**6**章　納期産管理（ZARA とユニクロ）　　127

のづくりの特徴を有しているが，ともに高い国際競争力を誇っている。両社の
ケースを比較しながら，その背後にある納期管理の論理について学んでいこう。

2　ケース：ZARA とユニクロ

2.1　アパレル産業のものづくり

　今述べたように，アパレル製品の需要は流行と気候変化の影響を強く受けや
すいため，動向を予測するのが非常に難しい。つまりアパレル産業は，本質的
に売れ残りと欠品のリスクにさらされやすい産業だといえる。そこで求められ
るのが，可能な限り実需に近い時点で素早く製品をつくり，市場に適時供給で
きるものづくり体制の構築である。そうすれば，需要の読み違いによる損失を
抑えることができる。こうした考え方は，クイックレスポンス（QR）と呼ば
れるが，その発祥も 1980 年代のアパレル産業にあるとされる。

　しかし現在も QR に成功している企業は少なく，マスコミ等でもアパレル製
品の過剰供給と**在庫**問題が喧伝されている。たとえば，日本国内では 1 年間で
約 38 億点の衣料品が市場投入され，そのうちの 40％にあたる 15 億点が売れ
残るともいわれている（矢野経済研究所, 2019）。その大きな原因はどこにあるの
だろうか。

　アパレル製品のものづくりの特徴としてよくあげられる点が，自動車に代表
される機械製品ほどではないにせよ，関わるプレーヤーの多さと複雑な産業
構造である（図**6-1**）。服づくりの工程は大きく，原材料である綿や羊毛，麻，
ポリエステル等の繊維原料の生産を起点にして糸がつくられ（紡績），それを
織ったり編んだりして生地になるまでの川上工程（染色，ボタン等の付属品製造
も含む），次に生地の裁断と縫製を行う川中工程，最終的な完成品の流通・販
売の川下工程の 3 段階からなる。そこに製品の企画デザインを担う企業や商社，
卸業者等が随所で介在する。自社ブランドを持たない製造受託企業（OEM：
Original Equipment Manufacturer）や設計・製造受託企業（ODM：Original Design
Manufacturer）も数多く存在している。また 1990 年代以降は，川上・川中工程
のほとんどが安い労働賃金を求めて海外（その多くが中国と東南アジア）に移転
しているため，完成品を市場まで運ぶのに必要な輸送時間も長い。

　このようにアパレル製品のものづくりは，多段階かつ数多くの国内外プレー
ヤーがひしめき合う複雑な生産工程（サプライチェーン[★]）ゆえに，生地の開発・

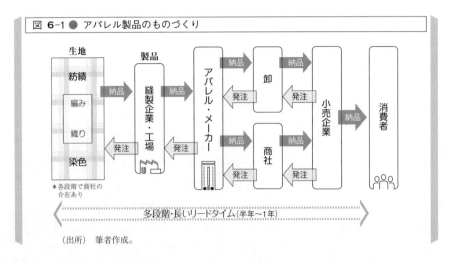

図 6-1 ● アパレル製品のものづくり

（出所）筆者作成。

　製造から数えると市場投入まで半年から約1年という長い時間を要するのが一般的である。しかしながら、それに対して製品寿命は短く、1製品当たり約3カ月（13週間）が基本となっている。そこに気候と流行り廃りという不確実要素が加わるため、最終需要の予測は非常に難しい。その結果、アパレル産業は販売機会損失と在庫リスクに常に直面することとなる。通常、売れ残った製品は、値下げ（バーゲン）という形で利益を削りながら消化され、最終的には売れ残り在庫が発生する。言い換えると、この納期管理問題にうまく対応できる企業は、それだけ競争優位を得ることができるのである。ここではその成功例として、世界と日本のアパレル市場でそれぞれ売上トップを誇る2社（インディテックス社とファーストリテイリング社）のケースを見ていこう。両社とも、いわゆる SPA（Specialty store of Private label Apparel：製造小売業）と呼ばれるビジネスモデルを採用することで、企画製造から小売までのものづくりのサプライチェーンを一貫して管理し、需要への高い適応力を擁している。

2.2　ZARA のケース：トレンド品の QR ビジネス

　スペインに本社を置くインディテックス社（以下、ZARA）は、創業者であるアマンシオ・オルテガが1985年（ZARA ブランド製品の販売開始は1975年）に設立したアパレル売上世界1位（359億4700万ユーロ、2024年1月期決算）の企業である（図6-2）。同社は ZARA のほかにも Bershka や Pull & Bear など複数のブランドを擁しているが、ここでは売上の70%を占める ZARA のケース

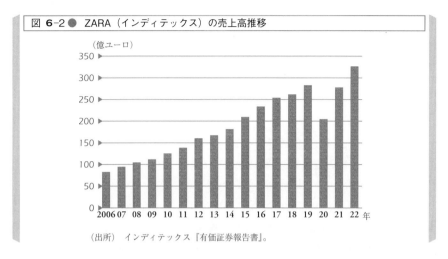

図 6-2 ● ZARA（インディテックス）の売上高推移

（出所）インディテックス『有価証券報告書』。

を中心に紹介する。

　ZARA は創業当初は販売機能を持たないアパレル製造企業だったが，あるとき，製品卸先からの突然の注文キャンセルによって倒産の憂き目にあった。このことがきっかけとなり，自らつくって売る SPA ビジネスへの業態転換を決断する。その際，消費者が欲しいと思う製品のみをスピード生産して販売する QR 手法を採用することとなる。

　2.1 項で述べたように，アパレル製品の多くは，企画から生産を経て店頭に並ぶまでに 6 カ月以上という長い時間がかかるのが通常である。とくに ZARA が扱うファッション性の高いトレンド製品はそうした傾向が強い。この手の製品は，ミラノやパリ等で年 2 回（春夏と秋冬）開催されるファッションショーで高級ブランドが発表したデザインを基軸に，業界共通トレンドが決まっていく。加えて，糸や生地などの素材の仕込みに関してはそれ以前から始まっているため，約 1 年がかりで製品がつくられる計算となる。しかし，そのように長い時間をかけて準備された製品の実質的な販売期間は 1 シーズン 3 カ月以下と短い。気温や流行によって予想以上に売れるものもあれば，その逆も然りである。したがって販売予測が外れれば，企業は大きな損失を被ることとなる。ギャンブル的な要素が非常に強いのが，アパレル産業の特徴なのである。

　それに対して ZARA は，トレンド製品を平均 3 週間でつくることによって売り逃しと売れ残りの両方を回避し，競争力につなげている。具体的には，春夏秋冬それぞれのシーズン（各 3 カ月：12 週間）内に投入する製品の売上全体

130 第 I 部 生産管理の基礎

の 25％程度（3 週間分）は，他のアパレル企業と同じように約 1 年がかりで準備をし，残り 75％に関してはシーズン内の実際の売れ行きと直近の流行を慎重に見極めながら，既存の売れ筋製品と新企画の製品をそれぞれ 1：1 の割合で素早くつくり，週に 2 回のペースで店頭投入する。そうすることによって，生産と実需の乖離（ギャップ）が最小限に抑えられている。なぜ，このようなことが可能なのだろうか。

　第 1 のポイントは，洋服の元となる生地の大半をシーズン前に調達し，スペイン本社内の倉庫と提携素材メーカー内に備蓄している点にある。アパレルのものづくりの中でとくに時間がかかるのが，糸と生地づくりに関わる川上工程である。そこで ZARA では，準備に時間を要する生地をあらかじめ用意しておくことによって，企画デザインから市場投入までの時間短縮を図っている。また，同一の素材と柄の生地は，異なる種類の製品へと転用できるため，服の完成品として在庫を持つよりも，ベースとなる生地で在庫を保有する方が残存リスクは少ない。しかも生地の多くは，染色前の状態で用意されており（白や黒，ネイビーのような流行にあまり左右されない色は染色したうえで備蓄することが多い），直近のトレンドカラーに沿った染色と柄のプリントはシーズン内に行われる。同様にボタンやファスナーなどの付属品も事前購買している。

　第 2 のポイントは，スピードのあるものづくりに必要な工程の徹底した内製化を行っていることである。ZARA の本社には，同社が取り扱う製品をデザインするための部隊が 700 名以上おり，サンプル製作用の設備も備えている。デザイナーたちは，世界中から集まるトレンド情報や消費の現場である店舗（ZARA ブランドで約 1800 店，2024 年 1 月末時点）から上がってくる売れ筋予測データをもとに，直近の流行に沿った新製品をデザインし社内で試作まで完了させる。その後，備蓄してある生地が本社敷地内あるいは近隣にある工場で裁断され，付属品と一緒に委託先の縫製工場に送られて即座に完成品となる。そうして出来上がった洋服が世界中の店に配送されていくわけだが，物流に関しても徹底的な自前主義をとっている。

　ZARA が製品の縫製を委託している工場（8300 拠点，2022 年時点）は，その約 50％がスペイン国内とその近隣諸国（ポルトガル，モロッコ，トルコ），残りはアジアやアフリカ等に拡がっているが，各地でつくられた製品はいったんすべてスペイン国内に数カ所ある自社物流倉庫に集約される。その倉庫で自動仕分けされた製品が 48 時間以内に，世界各国の店舗に週 2 回のペースで送られ

る。近隣ヨーロッパ域内であればトラック輸送，その他の国へは航空便を使用する（一般的なアパレル企業は，コスト重視で船便を使う）。この仕組みにより，新企画の製品であってもデザインから店舗到着まで約4週間という短納期が実現できている。もちろんその分だけ生産と物流コストは高くなるが，それ以上に売り逃しと売れ残りによる利益損失の方が大きいとZARAは踏んでいるのである。

こうしてZARAは，物流まで含めたサプライチェーンの徹底コントロールによるスピード生産と納期管理を武器に，**販売機会損失**と在庫削減の両立を図っている。

2.3 ユニクロのケース：定番カジュアル品の安定供給ビジネス

次に，ユニクロやGUのブランドを展開する国内売上1位（3兆1038億円，2024年8月期決算）のファーストリテイリング社（以下，ユニクロ）のケースを紹介する（図**6**-3）。現会長である柳井正が家業の紳士服店（小郡商事株式会社）を継ぎ，1984年に第1号店を広島市に出店したのがユニクロの始まりである（91年にファーストリテイリングへと社名変更）。開店当初のユニクロのビジネスはさまざまな他社ブランドを仕入れて売るセレクトショップであったが，徐々に自社企画のプライベートブランド（PB）比率を高めていき，2000年以降すべての取扱製品がPBとなる。

ユニクロのものづくりの特徴を語るうえで鍵となるのが，同社が掲げるLifeWearという強力なコンセプトのもと，製品をカジュアルでベーシックなアイテムに絞っている点にある。LifeWearとは，流行や年齢，性別，地域に関係なく，あらゆる人が着られる質の高い「究極の普段着」であると同社は定義している。そのコンセプトを軸に，好き嫌いがそれほど分かれないシンプルなデザインの製品を継続的に安定供給するのがユニクロのビジネスである。したがって，ZARAのように流行に敏感な働く女性をターゲットに最新のトレンド製品をシーズン内で矢継ぎ早に市場投入する戦略とは一線を画している。

先述してきたように，市場投入まで長い時間を要することの多いアパレル製品は，**需要予測**が外れる確率が高く，売り逃しと在庫問題が噴出しやすい。そこで，ユニクロの場合は逆転の発想で，流行に左右されず比較的需要が読みやすいベーシック品（部屋着やアンダーウェアを含む）に的を絞ったのである。そうした製品を自ら企画開発し，ライバルと比べ低価格で提供することで高い競

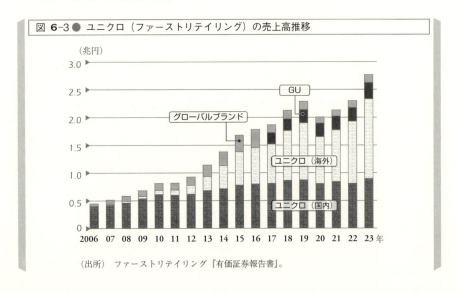

図 6-3 ● ユニクロ（ファーストリテイリング）の売上高推移

（出所）ファーストリテイリング『有価証券報告書』。

争力を誇っている。

　このようにユニクロの製品カテゴリーは ZARA とは明確に異なっているが，SPA を採用し，ものづくりのサプライチェーンを自社でコントロールしている点は同様である。それにより，高い品質と店頭在庫を切らさない仕組みを構築している。

　まず製品開発に関してだが，たとえば今やユニクロの代名詞ともなっているヒートテック（保温性下着）は，素材メーカーである日本の東レとの共同開発によって生まれたものである。そのほかにも，こうした長く万人に売れる定番機能性衣料を時間をかけて企画開発し，素材と品質の改良を毎年重ねることで安定した需要を生み出している。製品の生産は主に中国や東南アジアにある工場に外部委託しているが，アパレル生産に熟知した「匠」といわれる担当者を現地に送り込んで厳密な工程管理を行い高い品質を確保している。工場も厳選したところに大量発注することによって生産コストを引き下げ，低価格へとつなげている。ユニクロが公開している委託縫製工場の数は約 400 拠点だが（2023 年 9 月現在），ZARA の 8300 拠点と比べると圧倒的に少ないことがわかる。

　ユニクロが扱うベーシックな定番衣料の場合，ZARA のようなファッション性の高いトレンド品と違い，顧客の多くは店頭での衝動買いではなく，事前にある程度買うものを決めてくる傾向が高い。したがって売り逃しを避けるた

めには，その場で確実に製品在庫が揃っていることが重要となる。そこでユニクロは，次のような納期生産管理体制を敷いている。

製品の原料にあたる糸は，各シーズン前にすべて発注しあらかじめ確保しておくが，生地メーカーへの生産指示はもう少しシーズンに近い段階で行う。最終的な製品生産は，可能な限り実際の販売時期に合わせて委託工場に発注する。このように，糸・生地・製品と在庫リスクの高低に応じて発注時期を分ける柔軟な管理を行っている。

シーズン内に入ると，週単位で直近の需要動向に応じた生産調整を行うが，ユニクロでは，ZARA のようにシーズン内に新製品を企画し定期的に投入することはないため，比較すると需要予測に基づく従来型のアパレル計画生産の色彩が強い。ただしユニクロ独特の在庫管理手法として，毎週のように新聞に折り込まれる広告チラシを通じて消費者に知らせる柔軟な価格改定がある。本社スタッフが店舗の在庫水準を常にモニターしており，計画よりも売れていない製品がある場合には，期間限定で値下げを実施し，シーズン内に計画通りに売り切っていくのである。一方で計画以上に売れた商品は，欠品を避けるため，あらかじめ用意しておいた素材を使って，カラーとサイズを組み合わせた最小単位（SKU：Stock Keeping Unit）で追加生産が行われる。同時に，販売力に差のある店舗間での製品移動を行うことで在庫消化を促している。ユニクロの場合，下位店舗でもかなりの販売力があるため，原則は自店で売り切り，シーズン後半のみ地域内で在庫を融通する。

以上，ユニクロの納期生産管理の特徴をまとめると，素材開発から関与した質の高い定番カジュアル製品を計画生産し，徹底したサプライチェーン・コントロールによって売り逃しを防ぐ戦略であることがわかる。

3 ケースを解く

3.1 納期とは

ケースについて解説する前に，ものづくりの競争力と納期との関係について考えてみよう。そもそも納期とは何であろうか。消費者の視点から見ると，それは「消費者がある製品を欲しいと思った時点から，それが手元に届くまでの時間」であると定義できる。原則として消費者は納期が短い製品を好むため，「ライバル企業と比べて短い納期の製品は競争力が高い」ということにな

134 第 I 部 生産管理の基礎

る。ただし原則としてと付けたように，製品特性によって異なってくる点に注
意が必要である。

　コンビニエンス・ストアやスーパーマーケットなどで売っている日用品の多
くは，売り場に置いてあるものの中から選んで買うことがほとんどである。こ
の場合，納期はほぼゼロとなる。逆に店頭で品切れを起こしている製品は，補
充されるまで一定の時間がかかるため，その間に競合製品に客を奪われてしま
うかもしれない。したがってこういった製品は，納期の短さが競争力を大きく
左右する。

　しかし，日用品とは違って車や宝飾品などの嗜好性や趣味性，個人のこだわ
りが強い製品の場合には，納期が長くなっても消費者が待ってくれる可能性が
高くなる。また同じ車でも高級車と大衆車では，客が許容する納期がそれぞれ
異なってくる。たとえば，ドイツの高級車であるベンツやポルシェでは，むし
ろ納車まで待つことによって製品への期待感（ワクワク感）が増し，それがブ
ランド力の向上をもたらすという側面もあるだろう。そうした高級ブランド品
の場合，企業側もあえて品薄の状態をつくり出すことによって希少感を醸成し，
その魅力を高める戦略をとることもある。

　このように適切な納期は，製品特性の違いと客がどれだけ待てるのかによっ
て変わってくる。つまり，必ずしも短ければよいというわけではない面がある
ため，それが競争力とどのようにつながっているか少しわかりにくい。とはい
えほとんどの場合，客は納期が短い方を好むといって差し支えないだろう。

3.2 納期管理と生産方式

　納期管理という視点を軸にすると，企業がとりうる生産方式は大きく 2 つに
分類することができる。それは，見込み生産（build to stock）と受注生産（build
to order）である。

　見込み生産とは，あらかじめ将来の需要を予測し，消費者の購入時点よりも
先立ってものづくりを始める方法である。なぜ先行するのかといえば，ものづ
くりにはそれ相応の時間が物理的にかかるからにほかならない。われわれが日
常的に買う製品のほとんどは，見込み生産によってつくられている。そうした
製品の多くは，消費者にとってすぐ手に入ることが重要なため，短納期が競争
力（直接には売上）に結びつく。しかし，客が買いに来てから生産を始めてい
たのでは，ものづくりに要する時間の分だけ納期が長くなってしまう。そこで，

第**6**章　納期産管理（ZARA とユニクロ）　135

```
図 6-4 ● 見込み生産と受注生産の利点とリスク
```

	利　点	リスク
見込み生産	短納期	在庫 販売機会損失
受注生産	在庫なし	長納期 販売機会損失

消費者が買いたいと思うときに即座に製品を提供するために，販売時点よりも先行してつくり始めるのである。

　しかし，見込み生産には必ずリスクがともなう。それは，需要予測が必ずしも当たらないということに起因する。予想していたよりも需要が多かった場合には，生産が間に合わず店頭で欠品するかもしれない。あるいは，もっと売れる可能性があったにもかかわらず，市場に製品を供給できずに客を取り逃す可能性もある。逆に需要が予想を下回り，製品をつくり過ぎてしまった場合には，余分な在庫として売れ残ってしまう。在庫期間が長引けば製品が痛むこともあるし，最悪の場合には廃棄となる。当然，こうした行為は利益を圧迫する。このように，見込み生産は短納期を実現できる一方で，販売機会損失と在庫保有のリスクを常に抱えている。

　それに対して，客の注文を起点にしてものづくりを始めるのが**受注生産**である。したがって，基本的には企業に在庫保有リスクは生じない。その代わり，客は製品が出来上がるまで待つことになる。洋服であれば，スーツやウェディングドレスなどで自分の体型に合うものを店で採寸してつくってもらう場合には長い時間がかかることが多い。つまり，受注生産は見込み生産と比べると納期が長くなるという欠点がある。受注生産であっても納期があまりにも長くなると，よほど魅力的な製品でもない限り，ライバル製品に客が流れてしまうこともあるだろう。

　以上のように，見込み生産と受注生産はそれぞれに利点とリスクを持っている（図**6**-4）。納期を短くしようとすれば在庫リスクと販売機会損失が高まり，在庫を持たなくてもよい受注生産では，逆に納期が長くなる。つまり，納期と在庫というのはトレードオフ（両立させるのは難しい）の関係にある。

136 第Ⅰ部 生産管理の基礎

3.3 ものづくりにおける延期−投機の原理

このトレードオフ関係を理論的に説明したものとして，「延期−投機の原理」（Bucklin, 1965）と呼ばれるモデルを紹介する。納期管理の難しさを招く最大の要因は，「もの（ハードウェア）をつくって顧客のもとに届けるためには，物理的な時間が必ずかかる」という当たり前の事実にある。この点が，クリックひとつで一瞬にして大量コピーでき，ネット販売可能なITソフトウェア製品との大きな違いである。ソフトウェア製品には在庫という概念が存在しない。したがってハードウェア製品の生産を担う企業は，ものづくりに一定の時間が生じることを前提に動くわけであるが，先述したように通常はものづくりに必要な時間分だけ先の市場，つまりこの先にどれくらい売れるのかという需要を読んで見込み生産する。未来を予測して動くので，延期−投機モデルではこれを投機行動と呼ぶ。とはいえ，予測が100％当たるという保証はどこにもない。自然災害のような事象を含め，大小さまざまな要因が重なって実際の需要は予測からずれていくのが普通であり，本章で取り上げたアパレル製品などは，その典型である。繰り返しになるが，需要が予測より多ければ，店頭で欠品して販売機会を失うし，逆に少なければ，余分な在庫が溜まることになり，それはコスト上昇を招く。いうまでもなく，競争力上，企業はどちらの状況も避けたい。

そこで求められるのが，可能な限り実需に近い時点での生産活動の開始である。欠品と在庫リスクを抑えるために，生産開始時期をなるべく先延ばしできればよい。究極の理想は，顧客が製品を欲しいと思う瞬間に製品をすばやくつくって売ることであり，いわば短納期の受注生産である。これが延期−投機モデルにおける延期行動に当たる。しかし，それには短時間でのものづくり（生産と輸送）が必要となるため，コスト上昇を引き起こす。このように，ものづくりの延期と投機行動の間にはトレードオフ関係があるというのが，納期管理を実行する際に立ちはだかる本質的な問題なのである。

図6−5に，ものづくりの延期−投機の基本原理を示している。生産コスト曲線と販売コスト曲線の2つが描かれており，縦軸がコスト，横軸が延期−投機の時間軸を表す。投機をすればするほど，生産側は早くから余裕を持って効率よく活動することができるため，生産コスト曲線は右肩下がりになる。しかし，投機が進めばそれだけ販売現場では在庫発生リスクが大きくなるため，販売コスト曲線は右肩上がりとなる。逆に延期化は，生産側への負担が増すため

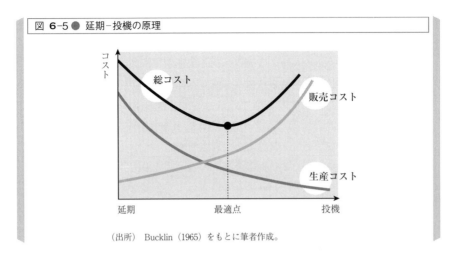

図 6-5 ● 延期-投機の原理

(出所) Bucklin (1965) をもとに筆者作成。

生産コストが高くなるが、販売側は売りたいものを即座に仕入れることができるためコストは低くなっていく。そして、2つの曲線の合計コストが最低になるところが、延期と投機の最適点となる。

それでは、この延期-投機モデルをもとに、ZARAとユニクロのケースを読み解いていこう。両社の納期管理の仕組みは、どのように整理できるだろうか。

3.4 ZARAとユニクロの違い

(1) 延期型のZARA

まずZARAから見ていこう。ZARAは、トレンド品を3週間でつくる体制を構築し、移り気な需要に素早く追随していた。つまり同社のものづくりは、典型的な延期型である。しかし延期型生産は、販売リスク(在庫増と販売機会損失)を低減できるという利点はあるが、逆に生産コストは高くなる。この点に関してZARAは、主に次のような方法で対処していた。

1つは、とくに時間のかかる生地の生産までの上流工程に関しては、投機型を採用し、慎重な需要予測をしている点である。仮に投機であっても予測さえ当たれば、販売リスクをそれだけ抑えることができる。アパレル製品の場合、生地の柄や材質がそのまま完成品のデザインに直結するため、需要適応のためには、生地の段階での流行の見極めと先読みが非常に重要となる。同時に、洋服において生地というのはいわば共通原材料に相当するため、完成品と比べれば需要予測が外れるリスクを分散できる。そこでZARAは、生地生産は投機、

138　第 I 部　生産管理の基礎

後工程である完成品の裁断・縫製は延期させることにより，両者のトレードオフのバランスをとっているのである。シーズン内に新製品を企画デザインする際にも，デザイナーは基本的には備蓄された生地をベースにデザインするため，このことも生地在庫が残存するリスクを低減させている。

　延期型のものづくりを成立させているもう 1 つの基盤は，ZARA が扱っている製品の半分程度が，実はシーズンを通して比較的安定的に売れる T シャツやセーターなどのベーシック品だという点である。これらの製品は中国や東南アジア等の労働コストつまり生産コストの安い国で計画的に投機型生産を行っている。本国のスペインに近い場所でのスピード生産は，ファッション性の高いものになる。つまり ZARA は，実需に即応するメリットの高いトレンド製品は，コストが高くなっても延期型のものづくり体制を敷き，それ以外は比較的ゆっくりとしたペースでベーシック品を低コスト生産する投機型を巧みに組み合わせている。

　店舗における販売方法も，売りたい製品へと顧客（需要）を誘導するスタイル提案型となっている。店では，シーズンごとに絞り込んだ流行色とテーマに基づき，どういった着こなし（コーディネート）をすればよいのかを顧客に提示するような製品陳列と什器構成になっている。デザイナーも，店頭でのスタイル提案方法を念頭に置きながら製品のデザインを行うことが求められている。スペインの本社には世界中の店を模した仮想店舗が設置されており，実際に売り場でどのように売られるのかを想定しながらデザインがなされる。こうしてZARA のものづくりは，延期的な要素を持ちながらも，裏では予測精度の高い投機的戦略が支えているのである。

(2)　投機型のユニクロ

　ZARA と比較すると，ユニクロのものづくりの基本は一般的なアパレル企業と同じように投機型である。糸や布の原材料段階から 1 年をかけて入念な準備をし，計画大量生産した製品を確実に売り切っていくビジネスとなっている。しかし，投機型の宿命である販売リスクの発生を抑えるための各種戦略がユニクロの競争力を支えている。

　戦略の大黒柱となっているのは，ユニクロが LifeWear と称するカジュアルでベーシックな衣料への集中である。他の多くのアパレル企業と異なりターゲット層をあえて絞らず，万人が好みに関係なく着られるトレーナーやセーター，ジーンズ，アンダーウェアなどのベーシック品に限定することで，流行と

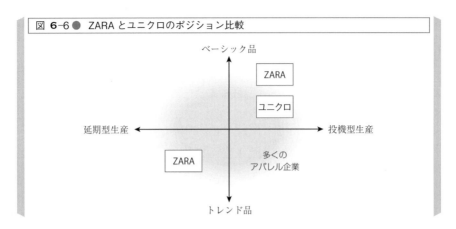

図 6-6 ● ZARA とユニクロのポジション比較

いう需要の不確実要素を極力排除しているのである。ユニクロの製品は他社のファッション性の高いブランド品と組み合わせて着られることを前提としており，トータルコーディネート上の部品という位置づけになっている。したがって，製品の個性を排除するため，洋服のタグ以外にユニクロのロゴが描かれることはほとんどない。

とはいえもちろん，ベーシック衣料というだけで販売リスクが自動的になくなるわけではない。ユニクロも SPA 企業として，ものづくりの上流から下流工程までを厳密に管理することにより品質を高め，同時に需要に応じた生販調整を実行できる体制を敷いている。糸と生地は ZARA と同じようにシーズン前に準備するが，完成品の生産は店頭での売れ行きに合わせて週次で微調整している。これも委託生産先と緊密な関係を構築しているからこそ可能となっている（第7章参照）。在庫消化のために新聞チラシで行う柔軟な価格改定（期間限定値下げ）も，直営店舗が実施する販売施策とズレのない連携がなされていなければ，最大の効果は発揮できない。

3.5　両社のポジション比較

ここまで見てきた ZARA とユニクロの納期生産管理体制の違いを表したのが，図6-6 である。多くのアパレル企業は，長い時間をかけたトレンド品ビジネスのため，機会損失と在庫過多に陥りやすい。その中でユニクロは，ものづくりに時間をかけてはいるが（投機型生産），商品力の強いベーシック品に集中することによって販売リスクの軽減を図っている。一方 ZARA は，ファッ

ション性の高いトレンド品では短い納期を可能とし（延期型生産），ベーシック品に関してはユニクロと同じようなポジションをとって総合的なバランスをとっているのである。

4 課　題

(1) アパレル製品のほかに，季節や流行に需要が大きく左右されるものを考えてみよう。
(2) 身の回りの製品を見込み生産品と受注生産品に分類し，納期と競争力との関係について考えてみよう。
(3) ZARAとユニクロの店舗に実際に足を運んでみて，製品・陳列・販売方法などの違いについて比較してみよう。

読んでみよう　　　　　　　　　　　　　　　　　BOOK GUIDE

富野貴弘（2012）『生産システムの市場適応力：時間をめぐる競争』同文舘出版。
　■日本の自動車メーカーと家電メーカーのケースをもとに納期生産管理の実態について考察している。

中野幹久（2016）『サプライチェーン・マネジメント論』中央経済社。
　■生産管理の枠組みだけでなく，組織間関係という視点からサプライチェーン管理のあり方について整理している。

注　　　　　　　　　　　　　　　　　　　　　　　　　NOTE

*　本章のケースは，主に齊藤（2014）を参考にしている。

謝辞：本章の執筆にあたり齊藤孝浩氏（ディマンドワークス代表）から多大なご協力をいただきました。ここに記して感謝申し上げます。

参 考 文 献　　　　　　　　　　　　　　　　　REFERENCES

Bucklin, L.P.（1965）"Postponement, Speculation and the Structure of Distribution Channels," *Journal of Marketing Research*, 12(1), 26-31.
齊藤孝浩（2014）『ユニクロ対ZARA』日経BPマーケティング（日本経済新聞出版社）。
矢野経済研究所（2019）『2019 アパレル産業白書』。

第II部

変化する生産管理

第7章 生産委託

ユニクロのケース ● 臼井哲也・徐寧教

第8章 プラットフォーム・エコシステムにおける生産計画

ASUS のケース ● 許經明

第9章 災害マネジメント

アイシンとリケンのケース ● ダニエル・A. ヘラー

第10章 生産技術の変革

造船産業のケース ● 向井悠一朗

第11章 海外生産と生産システムの移転

現代自動車のケース ● 徐寧教

第12章 グローバル納期生産管理

トヨタ自動車のケース ● 富野貴弘・新宅純二郎

第13章 ファクトリーオートメーション

富士電機のケース ● 朴英元

第14章 デジタル3次元情報の活用

ラティス・テクノロジーのケース ● 福澤光啓

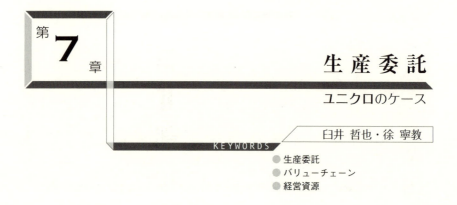

第 7 章 生産委託
ユニクロのケース

臼井 哲也・徐 寧教

KEYWORDS
- 生産委託
- バリューチェーン
- 経営資源

1 本章のねらい

　第Ⅰ部では，生産管理の理論とともに製造業企業の事例を紹介してきた。多くの製造業企業は，自社で生産活動を通じて生産した製品を販売している。しかし，自ら生産活動を行わない企業もある。生産活動は別の企業に任せて，開発と販売を，もしくは販売のみを行う場合も多い。このように自社の生産活動を別の企業にアウトソーシングすることを**生産委託**という。

　では，なぜ生産委託を行うのだろうか。多くの企業は，経営資源の節約，リスク管理，他社の特殊経営資源の利用などさまざまな要因から生産活動を委託している。だが，生産活動を他社に任せることは，生産管理を行わなくてもよいことを意味するものではない。何もせずにただ委託をするだけでは，顧客に魅力のある製品を届けることはできない。本章では，自社で生産を行わず，他社に委託する際にどのように生産管理をしていくのかについて学ぶ。

　本章で扱うケースは，ユニクロである。ユニクロは，生産量のほとんどを海外で生産委託していながらも，生産に関するノウハウは自社内に保ち，それを使って委託先企業を管理している。

2 ケース：ユニクロ

　ユニクロを展開するファーストリテイリング社は，アパレル業界において

日本で初めて仕入れ型小売業から SPA（Specialty store retailer of Private label Apparel：製造小売業）へ転換した企業として知られている。SPA では，大きく外部のサプライヤーへ生産を委託する方式（生産委託）と自社工場での生産の2つに分けることができる。小売業が生業であるファーストリテイリング社は，生産に関するノウハウを持っておらず，また当時は企業規模も小さく複数の自社工場を保有するような大きな投資リスクをとれなかったため，生産委託方式を採用した。しかし生産委託は，他社への外注（アウトソーシング）であり，高い品質と低コスト生産そして最適な納期，いわゆる QCD（Quality, Cost, Delivery）を高次元で実現する生産管理のためにはいくつもの課題がある。その成功の鍵は，生産委託先のサプライヤーとの協働関係の構築と管理にある。本ケースでは，ファーストリテイリング社による生産委託の特徴とその構築プロセスについて紹介する（Usui et al., 2017; Usui, 2024）。（なお，本章では，正式な社名であるファーストリテイリング社と同時にブランド名のユニクロも用いる。）

2.1 ユニクロの概要

ユニクロのルーツは，1949 年に山口県宇部市で誕生した小郡商事にまで遡る。ファーストリテイリング社の創業者である柳井正は大学卒業と同時に大手小売業へ入社，現場経験を積んだ後，1972 年に柳井の父が創業した小郡商事に入社した。そこで柳井が担当したのが主力事業の1つである紳士服小売業であった。当初は順調だったが，1980 年代に入ると宇部市の主要産業であった炭鉱業の衰退や消費者の郊外への移住の余波を受け，事業の先行きに陰りが見え始めた。店舗運営を統括していた柳井は危機感を募らせた。そこで 1984 年 6 月，広島市の中心部にユニセックスのカジュアルウェア販売店「ユニーククロージングウェアハウス（当初は UNICLO と表記，後に UNIQLO へ変更）」を新たにオープンした。昔ながらの商店街の紳士服店から，若者とヤングファミリー層をターゲットとした新業態への飛躍であった。ユニクロは，定番のカジュアルウェアを低価格で販売するねらいが功を奏し，広島，岡山地区で一大ブームを巻き起こした。10 年後の 1994 年 4 月には西日本を中心に 100 店舗以上を展開するにまで急成長したのである。

1990 年代，ユニクロを展開するファーストリテイリング社は SPA と呼ばれる業態へ転換している。この転換こそが世界のユニクロへの足掛かりとなった。SPA は別名を「製造小売業」と称し，自社で企画した商品を自社の責任のも

とで生産し，自社の店舗で販売する小売業の新業態である。メーカーや問屋より完成品を仕入れて自社の店舗で販売する仕入れ型小売業とは異なり，市場での売れ筋商品を自社で企画・生産し，素早く店頭に大量にしかも低価格で品揃えできるのが SPA のメリットである。商品デザイン，生産，物流，在庫管理，販売までを一貫して自社内で行うため，正確な需要予測と低コスト生産が成功の鍵を握る。ユニクロは，アメリカの大手アパレル企業 GAP 社をベンチマークとして学び，従来の仕入れ型小売業から SPA への転換を日本市場においていち早く進めた。小売業が生業であるユニクロは，生産に関するノウハウを持っておらず，また複数の自社工場を建てるような大きな投資を実行する体力もなかった。そこでユニクロはこのとき初めて，当時は日本よりはるかに人件費の安かった中国のサプライヤー（工場）へ生産を委託している。1990 年代，高品質と低価格を両立したユニクロの商品は，不況に苦しむ節約志向の日本の消費者に支持されることとなった。

　生産委託方式による SPA への転換で勢いに乗ったユニクロは 1998 年 11 月，東京・原宿に初の都心型店舗をオープン，2001 年には全国に 500 店舗以上を展開する日本を代表するアパレル小売業へと成長した。そして 2010 年以降にはアジア市場を中心に海外進出を加速，売上高規模において世界第 3 位にまで上りつめた。近年は北米や欧州市場でも店舗数を増やし，E コマース販売も拡大している。2013 年より，ユニクロは，世界の生活者の日常を豊かにする服「LifeWear」をコンセプトに掲げ，定番商品のシンプルで機能的なデザイン，高品質，低価格へのこだわりを追求し，世界の主要な地域や都市においてブランド価値を高めている。図 7-1 は創業から現在まで，約 40 年間の同社の売上高をまとめたものである。

　ファーストリテイリング社とほぼ同時期に世界市場で急成長を遂げたライバル企業は，ZARA を展開するスペインのインディテックス社とスウェーデンの H&M である。もともとアパレル業界で SPA を開発し，一時は世界トップの座に君臨したアメリカの GAP 社は，2023 年時点で売上高世界 4 位につけている。アパレル小売業の世界トップ 4 社はいずれも SPA を採用しているが，ユニクロの SPA はライバルのそれとは大きく異なっている。ZARA や H&M が市場トレンドの目まぐるしい変化に対応するために，商品（アイテム）の種類を増やし，リリースするアイテムごとの販売回転率を高めること（売れ筋商品を短期間で売り切る）に注力しているのに対し，ユニクロは過度にファッショ

第 **7** 章　生産委託（ユニクロ）　145

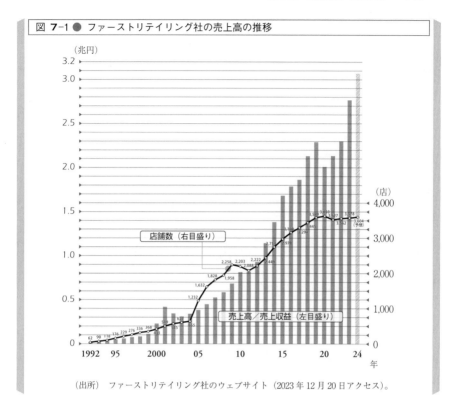

図 **7**-1 ● ファーストリテイリング社の売上高の推移

（出所）ファーストリテイリング社のウェブサイト（2023 年 12 月 20 日アクセス）。

ントレンドを追わず，高品質で機能性の高いベーシックカジュアル（定番）商品を低価格で提供している。たとえば，ある時期に ZARA が 1 万 8000 点以上のアイテムを店頭に並べていたのに対し，同時期のユニクロはジーンズやポロシャツなどベーシックな定番アイテムを 1000 点程度に絞り込み，各アイテムのカラーバリエーションを豊富に展開している（齋藤，2018）。ユニクロによる生産委託の特徴は，販売する商品アイテム数を絞り込むことで高品質と低コスト生産を高い次元で同時に追求する戦略にある。

2.2　生産委託の開始：経済的なパワーの構築

1986 年に柳井は世界的なアパレル企業であるリミテッド社に商品を供給していたジョルダーノ社の CEO（最高経営責任者）ジミー・ライと香港で会談した。そこで柳井は，当時すでにジョルダーノ社が取り組んでいた SPA に出会

146　第Ⅱ部　変化する生産管理

ったのである。柳井は，SPAへの転換によって，ユニクロはより高い品質と低コスト生産を同時に実現できると考えた。1985年以降，ユニクロはすでに広島県と岡山県を中心に郊外型ロードサイド店の多店舗展開に乗り出していた。ジーンズ，ポロシャツ，ジャケット，ソックスなどの定番のカジュアルウェアを低価格で販売していた。地方では品揃えの豊富なカジュアルウェアの店はまだ珍しく競合も少なかったため，事業は順調に成長していた。主な顧客層は郊外に住むヤングファミリー層である。店舗を経営する中で柳井は，店舗を訪れる顧客の主なニーズは，都会で流行している最新のデザイン商品ではなく，ベーシックで高品質しかも市場価格が最も安い商品にあることに気づいた。SPAはまさにこの顧客ニーズに応えるのに最適な方式であると柳井は考えたのである。

　1988年，ユニクロは香港に調達事務所を開設し，中国のサプライヤーへ直接発注するルートの開拓に乗り出し，生産委託先となるサプライヤーの選定を日本の総合商社へ依頼した。当時のユニクロは国際ビジネスの経験もアパレル商品の生産に関するノウハウも持ち合わせていなかった。ユニクロはまだ地方の小規模な小売業に過ぎず，大きなリスクもとれない。そこで繊維の国際取引に実績があり，信頼できる日本の商社とのパートナーシップから始めたのである。いかにして中国から低コストで高品質の商品を調達するのか，このルートの開拓が当面の課題であった。

　商社経由で紹介された中国のサプライヤー（生産委託先企業）との取引においては，直接取引を採用せずに商社へ仲介を依頼しリスクを分散しながら，これを学習の期間にあてた。しかし取引を開始した当初，ユニクロから中国のサプライヤーへの発注は1アイテムの靴下で1500枚程度だったという。これはあまりに少ない発注量であり，ユニクロは中国のサプライヤーから協力を得るのに苦労することになる。余談ではあるが，香港で会社を登記する過程で，当初のブランド名であったUNICLOが誤ってUNIQLOと表記されたことが柳井の目にとまり，ブランド名を「UNIQLO」へ変更することになったという逸話が残っている。後のグローバルブランドUNIQLO（ユニクロ）誕生の瞬間であった。

　1994年，ユニクロは「国内出店の加速」と「中国のサプライヤーとの直接取引」の2つを長期戦略として掲げた。2つの戦略は互いに強く結びついている。ユニクロが生産委託を通じて高品質と低コスト生産を実現するためには，

一定の発注量の確保が急務となっていた。自社工場を持たないユニクロにとって，サプライヤーへの生産委託を通じた商品の品質向上と低コスト生産は事業の生命線になっていた。大量の安価な労働力を有する当時の中国は世界の工場と呼ばれ，有力なサプライヤーに対しては日本のみならず欧米の大手アパレルメーカーから大量の発注が殺到していた。当然のことながら，サプライヤーはお得意様を優先する。まだ弱小であったユニクロからの要望が後回しになるのは当然であった。これではサプライヤーからの協力は得られず，品質は高まるはずもない。そこでユニクロは国内で毎年50店舗以上の出店を加速していくことで，販売量の拡大を目指したのである。店舗数が増加すれば自ずと1アイテム当たりの生産量が増え，各サプライヤーへの発注量も増加する。大規模な発注量，すなわち経済的なパワー（＝交渉力）を持つことにより，サプライヤーから無理なく協力が得られるのである。1997年までにユニクロの店舗数は全国300店舗へと急拡大し，売上高は750億円に達した。ユニクロは標準的な店舗を次々に出店し徹底した作業の平準化を推し進め，典型的なチェーンストアへと変貌を遂げたのである。

　販売量と生産量の拡大にともない，生産委託先のサプライヤーの数も増加した。そこでユニクロは，一部の有力なサプライヤーとの協働関係を構築するために，特定のサプライヤーへ発注を集約し，商社を介さない直接取引へと移行していく。1998年に中国本土に2つの生産管理事務所を開設し，当時取引のあった120社のサプライヤーの中から40社をパートナー・サプライヤーとして選定した。当時，生産部門を統括していた最高執行責任者（COO）によると，ユニクロはサプライヤー1社に対して1アイテム当たり数万～数十万着という当時としては大量の発注を集中させ，協働体制の構築を進めたという。サプライヤー側にしてみれば，1種類の商品を大量に集中生産する方が単位当たりのコストが下がり，また品質の向上にも努力できる。たとえば，Tシャツ，ジーンズ，ポロシャツをそれぞれ1万枚生産するよりも，Tシャツのみ3万枚生産する方が効率的である。

　このようにユニクロは生産の絶対量を増やすとともに，サプライヤーの数を絞り込み，1社当たりの発注量を増加させた。1990年代後半のユニクロは急成長したとはいえ，まだ欧米の巨大企業，ナイキ，アディダス，GAPなどと比べるとその規模には歴然たる差があった。ユニクロが世界の工場である中国の有力サプライヤーと協働関係を強化していくためには，少しでもサプライヤー

148　第Ⅱ部　変化する生産管理

にとって有利な条件を提示する必要があった。経済的なパワーに基づく交渉力なくして生産委託の成功はない。ユニクロは自社の置かれた状況を分析し自社の相対的なパワーをよく理解していた。だからこそユニクロは新興企業であったにもかかわらず，その不利な立場を克服するようにサプライヤーの数を絞り込み，これらパートナーとなった有力なサプライヤーへの生産委託の集中を通じて交渉力を獲得し，高品質と低コスト生産を同時追求する生産委託システムを構築できたのである。

2.3　生産委託の進化：中国サプライヤーとの協働関係の強化と競争の促進

　1998年6月，ユニクロはトレンド発信地である東京・原宿に出店した。この原宿店オープンの目玉商品としたのがフリースである。それまでアウトドアショップでキャンプや登山用として高価格で販売されていたフリースジャケットを1990円という超低価格で発売，1998年に200万着，99年に850万着，2000年には2600万着を販売し，日本中に空前のフリースブームを巻き起こしたのである。豊富なカラーバリエーションと驚きの低価格により，ユニクロのブランドは名実ともに全国区となった。このフリースの成功を支えたのが中国のパートナー・サプライヤーと協働で構築した生産委託システムである。原宿店の成功を契機として，ユニクロはそれまでの郊外ロードサイド出店から，東京，大阪などの都市部のビルにテナントとして出店し，さらなる成長機会とした。2001年8月，ファーストリテイリングは売上高4186億円（前年比82.8％増），経常利益1032億円（同70.7％増）という驚異的な業績を達成し，国内のアパレル業界を代表する企業となった。フリースの成功により，ユニクロは瞬く間に日本中の人気ブランドとなり，2001年にはロンドンに海外1号店もオープンしている。

　売上規模のさらなる拡大はサプライヤーとの総取引量の増加を意味する。そこでユニクロは新たに25社のパートナーを選定し，サプライヤー65社，工場80拠点の生産委託体制を敷いた。ユニクロはこの拡大した経済的パワーを背景に，中国の有力サプライヤーとの長期的な協働関係の強化に乗り出したのである。2000年4月，ユニクロはパートナー・サプライヤーへ生産技術サポートを提供するために，「匠」と呼ばれる専門技術チームを新たに設立した。日本の繊維業界で30年以上の経験を積んできた定年退職後のベテラン技術者をユニクロが再雇用し，「匠」指導員としてパートナー工場の生産現場へ派遣し

第**7**章　生産委託（ユニクロ）　　149

た。匠たちは，それぞれの生産現場で直接指導にあたり，パートナー・サプライヤーに所属する現地の中国人スタッフの生産技術力の向上を支援し，漸進的に商品品質と生産スピードの向上を促進している。たとえば，染色工程では，生産現場ごとに温度や湿度が異なるため，たとえ同じ大釜を使っても同じ色に染めることは難しいという。匠たちは染色に関する暗黙知（第11章参照）を現場のスタッフに地道に伝承し，サプライヤーはユニクロが指定する色の商品をむらなく，無理なく納品できる技術を修得している。

　生産委託において最大の課題は，パートナーとの協働を通じた生産技術力の向上にある。通常，生産技術力の向上のためには日本国内のマザー工場から技術移転を行うが，ユニクロの場合，自社工場を国内に有しておらず，移転できる生産技術をそもそも自社内に保有していなかった。そこでユニクロは繊維業界で長年にわたって活躍してきたベテラン技術者を再雇用し，現地の生産現場へ派遣したのである。匠たちは生産現場に長期にとどまり，複数の生産拠点（工場）を巡回しながら，時間をかけて生産技術力の向上に取り組んでいる。匠チームは生産工程やそのタスクの種類によって分業し，技術分野ごとにきめ細かな指導体制を整えた。

　ユニクロは協働関係の強化のためにパートナー・サプライヤーの数を絞り込む戦略を採用している。SPAを採用する他のアパレル企業では生産委託先のサプライヤーの数は多く，緊密な協働関係の構築は難しい。たとえばH&Mの場合，サプライヤーが約700社，ZARAを運営するインディテックス社の場合，1866社のサプライヤーが7235の工場を展開している（久米，2021）。サプライヤーの数が多いと技術指導の質と量の担保が難しくなるのは当然であろう。ZARAとH&Mが目まぐるしく変化するファッショントレンドを追いかけているのに対して，ユニクロは定番のカジュアルウェアが主力であるためアイテム数が少なく，アイテムごとの品質のつくり込みに適している。このようにユニクロは，パートナー・サプライヤーを厳選しかつ生産する商品を定番アイテムへ絞り込むことを通じて，生産現場での課題を具体化させ，漸進的にサプライヤーの生産技術力と生産管理能力を磨き上げてきたのである。

　ユニクロはまた協働に加えて競争原理も導入し，生産委託システムを進化させている。ユニクロの生産委託システムではサプライヤー同士は常に競争している。サプライヤーの数を絞り込んだとはいえ，ユニクロは複数のサプライヤーと同時に取引をしている。時間が経過すれば，自ずとサプライヤー間で実力

150　第II部　変化する生産管理

に差が生じる。ユニクロは期待に応えている優秀なサプライヤーには発注量を増やすことでインセンティブを与えている。さらに毎年数社程度のパートナー・サプライヤーを新規のサプライヤーと入れ替える仕組みも導入している。競争を通じて互いにしのぎを削るサプライヤーの生産技術力は漸進的に向上し，パートナー・サプライヤー全体の実力を底上げしている。1社のみに過度に依存することなく，常に複数のサプライヤーを競わせることで，ユニクロはサプライヤーとの柔軟な取引関係を構築している。

　一方でサプライヤーは，ユニクロの生産委託システム内での競争を通じて自社の経営資源を蓄積している。サプライヤーはユニクロ以外にもクライアントを抱えており，生産技術力を磨くことを通じて業界内での評判を高め，自社の成長につなげている。競争の結果，たとえユニクロのパートナーから外れたとしても，競争を通じて構築した高い生産技術力を活用すれば，新たなクライアントを容易に見つけることができる。ユニクロの技術指導によりサプライヤー各社は確実に生産技術力を高め，ユニクロに貢献するとともに自社の事業を拡大している。

　こうしてユニクロは，サプライヤーとの間に緊密でかつ緊張感のある協働関係を構築し，生産委託先の集中と分散のバランスを図っている。2023年12月時点で，年間売上高3兆円に迫るファーストリテイリング社のパートナー・サプライヤーは，中国，ベトナム，バングラデシュを中心に約175社となっている（ホームページにて公開）。ただし，この175社のうち，3つ以上の工場を運営する有力サプライヤーはわずか34社であり，ユニクロは生産委託において集中と分散の絶妙なバランスを維持していることがこの数字からも読み取れる。

2.4　情報駆動型 SPA への進化

　アパレル業界では，グローバル市場の需要変動に迅速かつ的確に対応する組織能力が求められている。ユニクロは生産委託を通じて，商品開発から生産，店舗での販売に至るまで，バリューチェーン上の諸活動を統合的なシステムとして運用している。その中核に位置するのが情報システムである。

　2002年，ユニクロの業績は目標を大幅に下回った。暖冬，景気の動向，競合他社の動き，顧客ニーズの変化など，アパレル業界における正確な需要予測は常に困難である。ベーシックカジュアルウェアに絞り込んだユニクロの場合，1アイテム当たりの生産量が大きいため，生産量の急激な調整はサプライヤー

第**7**章　生産委託（ユニクロ）　　151

の業績を圧迫する。そこでユニクロは 2003 年頃より，需要の変動に柔軟に対応できる生産委託システムの構築に着手した。サプライヤーの生産現場，倉庫，店舗をつなぐ情報システムを刷新し，生産委託の精度と柔軟性を高めた。それまでのアパレル企業の多くが事前の需要予測に基づいて生産量を計画していたのに対し，ユニクロの情報システムでは，店舗から実売データが集まるまで生産工程ごとに活動を延期できる。IT サービスプロバイダーとして有名なアクセンチュアと NEC の協力のもと，ユニクロとサプライヤーは共同で基幹システムを開発・導入し，需要側と供給側のデータをリアルタイムで共有している。ユニクロは東京の本社に居ながらにしてサプライヤーの生産現場を生産ラインごとに遠隔でモニタリングすることを可能にした。

　2010 年以降，ユニクロの新たな成長エンジンとなったのが EC（電子商取引）事業である。これを契機として情報システムはさらに進化を遂げている。2020年にはファーストリテイリング社全体の EC 売上高が 3000 億円を超え，売上高構成比は約 15％まで拡大した。2019 年時点の EC 売上比率は，アメリカ事業 25％，中国事業 20％，日本 10％となっている。2030 年には EC 比率を30％まで高める計画である。同社は 2014 年から，世界 3000 店舗以上の実店舗と EC プラットフォームとのシナジーを高めるためのインフラ投資を開始している。ユニクロが目指すのは「情報駆動型 SPA」への進化である。「情報駆動型 SPA」は，顧客のスマートフォンや PC からインプットされる情報，店頭での販売情報，在庫状況，生産計画，商品企画，原材料調達，生産を一元管理し，刻々と変化するグローバル市場の需要に迅速に対応できる組織能力の構築を目指している。柳井はインタビューの中で，従来のサプライチェーン[★]を，デザイン，企画，生産，流通，小売の各段階をデータでつなぎ合わせる情報駆動型につくり変え，顧客が求める商品を瞬時につくり出せるようなビジネスに変革する必要があると述べている。デジタル社会の消費者に向けた新しい小売業の創造をユニクロは目指している（FAST RETAILING CO., LTD., 2018）。従来型のグローバル SPA から情報駆動型のグローバル SPA への進化はユニクロの生産委託システムのいっそうの強化につながる。パートナー・サプライヤーとさまざまなデータをリアルタイムで共有し活用することを通じて，ユニクロはグローバル市場の需要変動への迅速かつ的確な対応と高品質で低コスト生産をさらに高い次元で実現できるのである。

152 第Ⅱ部 変化する生産管理

3 ケースを解く

3.1 バリューチェーンと生産委託

このようにユニクロは，一部の製品を除いて，大部分の製品を生産委託してきた。生産委託という形態は決して珍しいものではなく，多くの産業で起きている一般的な現象である。生産委託は，1980年代，アメリカでEMS（Electronics Manufacturing Service）企業が登場してから台頭した。EMSは，電子機器の生産委託を行うサービスを指す。EMS企業の元祖ともいえるソレクトロンから始まり，1990年代から2000年代にかけては，台湾系のEMS企業が大きく成長した。EMS企業を使うことで，委託元企業は固定資産を削減することができ，大きな利点である。また，ハイテク製品のライフサイクルが短く，製品が複雑化していく中，新製品を生産するラインを設計し，設備投資を行うことは，企業にとって負担であったという（伊藤，2004）。

ほかに生産委託の最も有名な事例は，アップルとFOXCONNの事例だろう。アップル社のスマートフォン，iPhoneの背面には，かつて「Designed by Apple in California, Assembled in China」という文句が刻まれていた。今でもiPad，AirPodsなどには残っている。つまりアップルはアメリカでは設計だけを行い，その製造に関してはFOXCONNの中国工場に委託していることを表している。また，日本の自動車産業における生産委託形態は有名である。トヨタ自動車は，自社工場を持っていながらも子会社および他の自動車会社を通じて生産委託を行っている。トヨタ自動車がトヨタ車体，トヨタ自動車東日本，トヨタ自動車九州，豊田自動織機，ダイハツ工業，日野自動車，富士重工業などを通じて，生産委託している車は，台数基準で5割を超えるほどである（塩地，2016）。そして，日本の熊本に工場を建てたことで有名になったTSMCは，半導体の生産委託業者の事例にあたる。

バリューチェーンとは，マイケル・ポーターが提唱した概念で，企業がさまざまな活動を通じて，付加価値をつくり顧客に提供する一連の流れを表したツールである（Porter, 1986）。図7-2は，企業のバリューチェーンを表したものである。バリューチェーンは大きく主活動と支援活動に分けられる。主活動とは，企業が製品・サービスを顧客に提供する一連の流れに直接的に関わっている活動を指す。図では，購買物流，製造，出荷物流，販売・マーケティング，サービスの5つの活動が示されている。企業は，顧客に良い製品・サービスを

第**7**章　生産委託（ユニクロ）　　153

図 7-2 ● バリューチェーン

	全般管理（インフラストラクチャー）					
支援活動		人事・労務管理				マージン
		技術開発				
		調達活動				
	購買物流	製　造	出荷物流	販売・マーケティング	サービス	

主活動

（出所）　Porter（1986, 邦訳 1989）

提供するために，良い原材料や部品などを調達する必要がある。次に，揃えた部材で，製造を行っていく。完成品を顧客に届けることも重要である。さらに製品を販売・マーケティングしていく活動を通じて，自社の製品をより多くの客に届けることができる。最後にサービスとは，製品・サービスの導入支援やアフターサービスなどを通じて，製品の価値を高めていく活動を意味する。

　次に支援活動は，製品・サービスを提供する一連の流れに直接関わってはいないが，主活動を裏で支援している活動を意味する。**図7-2**では，全般管理，人事・労務管理，技術開発，調達活動が示されている。

　このように企業は，バリューチェーンを通じて，顧客に価値のある製品・サービスを提供し，マージンを獲得する。ただし，バリューチェーン上にある活動は必ずしもすべて1つの企業の企業内で行われなくてもよい。バリューチェーン分析の重要な目的の1つは，企業の中にあるさまざまな活動を分けて分析することで，自社の強い部分は何で，弱い部分はどこか，どの活動に**経営資源**を投入すべきかなどの問いに答えることである。つまり，各活動を分けて考えることで，それぞれの良し悪しを考えられることが最大の魅力なのである。そして，ある活動が弱く，自社内で行うことが有利ではないならば，その部分はアウトソーシングして他社に任せることができる。

　スマイルカーブとは，縦軸を付加価値にし，横軸をバリューチェーンにして，その関係性を表したものである。**図7-3**では，横軸のバリューチェーンを簡略化して開発，製造，販売だけを表している。そして，その付加価値は，開発と販売で高く，製造では低くなっている。つまり，何らかの製品を開発，製造，販売するバリューチェーンの中で，付加価値が多く付与できる活動は，開発と

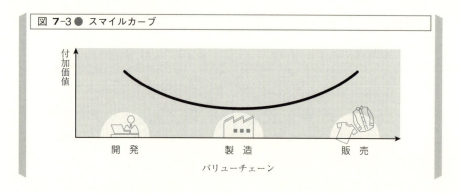

図 7-3 ● スマイルカーブ

販売であり，製造で付与できる活動は少ないことを意味する。そのため，企業にとっては，生産活動を他社に委託することも多いのである。このグラフの形状が人の笑うときの口のように見えることからスマイルカーブと名づけられた。スマイルカーブの考え方は，アメリカで流行り，EMS 企業の成長につながった。ただし，後述するが，生産委託を請け負う企業にも独自のメリットはある。

本章のケースであるユニクロは，バリューチェーン上での製造の部分をサプライヤーに委託しているといえる。バリューチェーンのすべての活動を自社内で行う必要はなく，他者に委託しながらも競争力を確保した事例になる。また，スマイルカーブ上では，付加価値の低い製造の部分を委託し，付加価値の高いデザインや販売部分などは自社で行うことで，高付加価値のビジネスを展開していたということになる。

3.2　生産委託のメリットとデメリット

(1) 生産委託のメリット

では，企業が他社に生産活動を委託するのはなぜか。生産委託を通じたメリットとして，まずは，経営資源を節約することがあげられる。経営資源とは，企業が経営活動を行う中で，必要になる要素や能力などを指す言葉である。一般的にはヒト，モノ，カネ，情報を指す。

このような経営資源は，企業が経営活動を行う中で活用する。ただし，その量には限りがあり，企業は限られた資源の中で，それらをどのように効率的に使っていくのかを工夫しなければならない。企業が自ら生産活動を行う場合を考えてみよう。企業はさまざまな経営資源を使って生産活動をしていくが，生

産活動を行うためには，まずそれを企画し，実務に動いてくれる人材，生産現場で生産活動を行い，それを管理する人材が必要である。また，生産活動を行うためには，工場，設備，原料，部品などの物的資源も必要になる。生産活動のための製品技術，製造技術なども準備しなければならない。同時に，これらの資源を調達するための資金も用意しなければならない。つまり，生産活動とは，多くの資源が投入される活動である。

　企業が生産活動を他社に委託する場合，生産活動を自社で行うために必要となる分の経営資源を節約することができる。もしある企業に十分な経営資源が存在せず，新しく生産活動を開始することが難しい場合は，専門企業に生産を委託する選択をしてもいいだろう。実際に，多くのスタートアップ企業は新たな技術を活用して，新製品を生み出してから，自らの工場ではなく，生産委託を通じて生産を行っている場合が多い。

　次は，リスクについてである。もしある企業が，生産活動にともなう投資のリスクを負いたくないときには，生産委託が選択されうる。生産活動を行うために，多くの経営資源が必要であることは，すでに説明したが，これらの経営資源は，いったん生産活動に投資されると別の活動に転用するのがなかなか難しい。たとえば，ある企業が生産活動のために工場用地を買収し，工場を建て，生産設備を購入したとしよう。この企業が生産活動から撤退することを決定したら，これらの経営資源は使い道がなくなってしまうのである。もちろん，土地，工場の建物，設備などは売却可能だが，自社の生産活動のため獲得した資源の買い手を見つけるのは容易ではないだろう。

　また，生産活動は常に市場の需要を見込んで行わなければならないこともリスク要因である。規模の経済を考えると効率性のために工場はある程度の生産規模を確保しなければならない。しかし，生産設備に投資をしてから大きな需要の変化が起きたらどうするのか。生産規模を減らすことは簡単ではない。工場の生産能力は，工場の設計段階から決まっており，それをフルで活用しないと，稼働率が下がり，資本の効率性を損ねる。また，生産活動に必要な労働力も急激に減らせるものではない場合が多い。そのため，生産活動を委託するとこれらの生産活動にともなうリスクを回避することができる。

　最後に，他社が自社にない経営資源を持っているときに委託という選択が考えられる。経営資源は，それぞれの企業独自のものであり，一部の経営資源は模倣することが難しい。もし生産委託先の企業が独自の経営資源を持っており，

それを活用する必要があるならば，生産活動を委託することは，合理的な選択肢になるだろう。たとえば，ある企業が効率的な生産システムと高い水準の製造技術を持っているならば，その企業に生産活動を任せることで，その経営資源を利用することができる。

(2) 生産委託のデメリット

それでは，生産活動を委託することで生じるデメリットには何があるのだろうか。まずは，製造のノウハウを蓄積することができないことがあげられる。生産現場では，日々行われる生産活動を通じて，さまざまな経験が蓄積される。その中で，効率的な生産活動のためのノウハウが蓄積されることが多い。このようなノウハウは企業競争力と直結する大変重要な要素である。しかし，生産活動をほかの企業に任せてしまうと，このようなノウハウは自社ではなく，委託先企業で蓄積されてしまう。

次に考えられるデメリットは，委託先企業が競争者として参入してくることのリスクである。委託先業者は，生産活動を通じて，生産活動に対するノウハウだけではなく，製品に対するノウハウを蓄積していくこともできる。その場合，そのノウハウを利用して，垂直統合を行うことが考えられる。生産委託先企業が生産委託から得たノウハウを活かして，自ら販売会社を設立して，もともと委託されていた製品と類似した製品を販売することが想定される。このように生産委託を通じて力をつけた委託先企業がライバルとして登場することも考えなければならない。

(3) ユニクロの生産委託

ユニクロは，小売店舗から始まっており，生産活動に対するノウハウも資金力も不足していた。また，初期の取引では，国際ビジネスの経験もなく，直接取引するリスクを減らすため，商社を通じて取引を行うほどだった。このことから，ユニクロの生産委託が資源不足に起因している部分があるのは確かである。また，生産委託先企業は中国現地企業であり，安い人件費という重要な資源へ容易にアクセスすることができた。国際ビジネスの経験が少ないユニクロが安い人件費を利用するため自ら中国に進出することは，リスクが大きかっただろう。生産委託先の持っている経営資源を利用する意味でも生産活動を委託したことは意味があったといえる。しかし，ユニクロは単に生産活動を任せていたわけではなく，委託活動から生じるデメリットを補完するための行動をとってきた。匠チームを通じて，生産技術を保有し，それをもって生産委託先企

業を指導した。また，サプライヤーとの長期的な協業関係を維持しつつも同時にサプライヤー間の競争を誘導した。まさに，生産委託のメリットを活用し，デメリットを回避したのである。

(4)　生産委託業者のメリット

生産委託は，委託元企業だけにメリットがあるわけではなく，委託先企業にとってもメリットがある。委託先企業は，多くの企業と生産契約を結ぶことで，生産量を確保することができ，規模の経済を享受することができる。また，複数の企業の製品を生産することで，需要変動などのリスクも軽減することができる。さらに，前述した通り，委託先企業は，委託元企業にはない能力を持っていることがある。たとえば，強い物流機能，生産量の柔軟な増減，早い生産立上げなどがあげられる。このような強みを活かして，製造機能に特化したサービスを提供することができるのが，生産委託企業なのである。

3.3　委託先の集中と分散化

(1)　委託先企業に対する交渉力

本章で取り上げたユニクロとその生産委託のマネジメントのケースにおいて重要な概念となるのは，交渉力である。ビジネスの世界における交渉力とは，取引において，自分と相手の利害関係を調整し，合意を導き出す力である。取引の場面では，相手との相対的な力関係が存在し，交渉力の強い相手は，相手に比べてより有利な条件で契約を結ぶことができるのが一般的である。

それでは，このような交渉力はどのように決まるのだろうか。マイケル・ポーターは，外部環境の脅威を5つの要因に分けて分析するフレームワークを提示した (Porter, 1980)。ポーターが提示した5つの脅威とは，業界内の競争，売り手，買い手，代替品，そして新規参入企業である。とくに注目すべきなのは，売り手の脅威である。ここでいう売り手とは，自社に何らかの製品・サービスを供給する企業であり，ユニクロのケースでは，生産委託を請け負い，完成品を供給する生産委託業者が売り手になる。

それでは，売り手はどのように企業にとって脅威になるのだろうか。ポーターは，交渉力の観点からこれを説明する。もし売り手の交渉力が強いのであれば，取引において売り手は強い立場になり，より有利な条件で取引条件を決めることができる。供給する製品・サービスの値段，納期，供給量など，さまざまな側面で優位に立つことができる。逆に売り手の交渉力が弱ければ，取引条

158　第Ⅱ部　変化する生産管理

件は自社にとって有利になるだろう。

　売り手の交渉力はいつ強くなるのだろうか。ここでは，3つの条件でそれを説明する。1つめは，売り手が強い企業で少数の場合である。ここで強い企業とは市場で競争優位を確立している企業である。そのような売り手は自らの地位を利用していくことができる。また，売り手企業が少数である場合は，製品・サービスの供給を求める企業からしてみれば，選択肢が少なく，特定の売り手に対して立場が弱くならざるを得ない。2つめは，売り手企業が自社を重要顧客だと思っていない場合である。重要ではない顧客とは，強い立場からの交渉が可能なのである。最後に3つめは，売り手企業が，自社にとって重要な商品を販売している場合である。重要な商品を交渉の材料にすることで，売り手の交渉力が強くなる。

(2)　委託先の集約化と分散化

　それでは，生産活動を他社に委託する企業は，相手との交渉力を考えながら，どのように委託先企業を管理していけるのだろうか。ここでは，委託先を集約化する方向と分散化する方向についてそれぞれ考えてみよう。

　まずは，委託先を集約化するときの場合である。これは，生産委託先企業を単一かもしくは少数にして管理する方法である。委託先を集約化することのメリットとして考えられるのは，第一に，集約によるコスト節減の効果である。委託先を集約し，1つの委託先企業に大量の生産量を依頼することで規模の経済を利用してコスト減少の効果を期待することができる。第二に，委託先と密接な関係を結ぶことができる点があげられる。メーカー・サプライヤーは，長い間密接な関係を結ぶことで，その関係から発生するさまざまな経済効果を享受することができる。

　反対に委託先を多くの数に分けて，生産活動を分散して委託することには，どのようなメリットがあるのだろうか。分散化の最も代表的なメリットは，リスク分散である。たとえば，相手企業の倒産リスク，ストライキのリスク，位置する国の政治的リスクなどの影響を分散化によって軽減することができる。次に，委託先を分散化するとそれぞれの委託先に対する依存度が低くなり，相手の交渉力を抑えることができる。最後に，委託先の分散化は，委託先同士に競争をもたらすことができる。委託先間が競争すれば，競争に勝つためのさまざまな企業努力が行われることになる。

　ユニクロは，サプライヤーの集約化と分散化を通じて，委託している生産活

動を管理してきた。まずは，品質と低コストのためにサプライヤーの集約化を目指した。大量発注による規模の経済を追求したのである。同時に，大量発注することで，サプライヤーに対するユニクロの交渉力を強め，競争アパレル他社よりも優先的にユニクロの要望を通すことができた。ある程度ユニクロとサプライヤーの関係が安定すると，今度はその数を増やし，分散化を図った。サプライヤー間の競争を誘導し，より有能なサプライヤーに優先的に発注量を増加させた。そうすることで，サプライヤーの生産技術力が上がり，ユニクロ全体の QCD が向上した。

　ユニクロのケースは，生産活動を行わない企業は，単に生産活動を他者に任せて，まったく関わらないのではなく，生産活動を深く理解し，管理していかなければならないことを教えてくれる。生産管理は，生産活動を行う企業のためだけのものではなく，生産活動を行わない企業にも必要なのである。

4　課　題

(1) ユニクロを所有しているファーストリテーリングは，自社ホームページで生産パートナーリストを公開している。それを参考に，生産パートナーの国籍，数，規模などについて調べてみよう。

(2) 第6章で学んだ ZARA は，どのように自社の商品を生産しているのか調べて，ユニクロと比較してみよう。

(3) プライベートブランド（PB）とは，小売企業が自ら商品を企画・開発して，販売するものである。そして，多くの PB は，生産委託されていることが多い。たとえば，セブン-イレブンで販売している PB のポテトチップスの製造元はカルビーである。このような PB ブランドの生産委託と本章で扱ったユニクロの事例はどのように違うのか考えてみよう。

読んでみよう　　　　　　　　　　　　　　BOOK GUIDE

塩地洋・中山健一郎（2016）『自動車生産委託・開発のマネジメント』中央経済社。
　　📖自動車業界における生産委託，そして開発について解説している本。アパレル産業とは異なる背景でなぜ生産委託が発生し，維持されているのかについて学ぶことができる。

齊藤孝浩（2018）『ユニクロ対 ZARA』日経 BP マーケティング（日本経済新聞出版）。

◪ ファストファッション業界の代表的な企業であるユニクロと ZARA について扱った本。ファストファッションビジネスの仕組みと生産の関係性を理解することができる。

参考文献 REFERENCES

FAST RETAILING CO., LTD. (2018) "Annual Report 2018." (www.fastretailing.com/jp/ir/library/pdf/ar2018.pdf)

伊藤宗彦 (2004)「水平分業構造が変える製造価値：EMS 企業のグローバル・サプライチェーン戦略」『流通研究』7 (2), 57-73 頁.

久米勉 (2021)「日本におけるインディテックス「ZARA」のケース (2018 年)」『東京国際大学論叢 商学・経営学研究』5, 61-73 頁.

Porter, M. E. (1980) *Competitive Strategy: Techniques for Analyzing Industries and Competitors*, New York : Free Press. (M. E. ポーター編著, 土岐坤・中辻万治・服部照夫訳『競争の戦略』ダイヤモンド社, 1995 年。)

Porter, M. E. (1986) *Competition in Global Industries*, Boston, MA: Harvard Business School Press. (M. E. ポーター編著, 土岐坤・中辻万治・小野寺武夫訳『グローバル企業の競争戦略』ダイヤモンド社, 1989 年。)

齊藤孝浩 (2018)『ユニクロ対 ZARA』日経 BP マーケティング (日本経済新聞出版)。

塩地洋 (2016)「生産委託・委託開発の実態と機能」塩地洋・中山健一郎編著『自動車生産委託・開発のマネジメント』中央経済社, 1-22 頁.

Usui, T. (2024) "Uniqlo: A Pathway to Becoming a Multinational Through Global Business Model Development," in S. Makino, Y. Uchida, and T. Kasahara (eds.) *Transformation of Japanese Multinational Enterprises and Business*, Singapore : Springer.

Usui, T., M. Kotabe, and J. Murray (2017) "A Dynamic Process of Building Global Supply Chain Competence by New Ventures: The Case of Uniqlo," *Journal of International Marketing*, 25 (3), 1-20. (DOI: 10.1509/jim.16.0052)

1 本章のねらい

　Amazon, eBay, Airbnb, 楽天などが提供する, 買い手と売り手が商品やサービスを購入・販売できる場のことをプラットフォームと呼ぶ。このような「ビジネス・プラットフォーム」とは異なり, 本章で取り上げるIntelやNVIDIAが半導体チップを提供して製品開発を行うための場のことを,「イノベーション・プラットフォーム」と呼ぶ。イノベーション・プラットフォームは, 外部のアクター（たとえば, 開発者, 研究者, 企業パートナー）がアクセス可能な技術的アーキテクチャであるとともに, 知識共有, 開発インフラ, ガバナンスの枠組みを統合することで, イノベーションプロセスを外部に拡張するメカニズムであるとも捉えることができる。このプラットフォームはしばしば「協働的実験空間」として位置づけられ, 個別の企業や組織の枠を越えた価値創造を実現するための基盤となる。

　イノベーション・プラットフォームは技術の進歩や市場の需要の変化にともない発展し続け, 企業間のさらなる協力を促進している。半導体チップサプライヤーは企業間のよりオープンな協力を促し, 従来のサプライチェーンを**プラットフォーム・エコシステム**へと変革させている。プラットフォーム・エコシステムとは, イノベーション・プラットフォームを中心に形成された, 多方面の相互作用と価値共創のための企業間のネットワークである。このようなプラットフォーム・エコシステムでは, 企業が共同で新製品を開発し, ともに市場

162　第Ⅱ部　変化する生産管理

に投入して消費者の需要を満たしている。しかし，プラットフォーム・エコシステムと従来のサプライチェーンは生産計画において顕著な違いがあることに注意する必要がある。

　従来のサプライチェーンでは，完成品メーカーはバリューチェーンの下流に位置しているため，上流の部品サプライヤーよりも消費者のニーズを正確に把握することができる。それに対して，プラットフォーム・エコシステムでは，上流の半導体チップサプライヤーが半導体チップの価値を頻繁に消費者にプロモーションしている。また，完成品メーカーも半導体チップの技術に大きく依存しているため，企業が適切な生産計画を立てられるかどうかは，半導体チップサプライヤーの技術進展および量産スケジュールの計画に左右される。

　本章では，Intel の CPU（Central Processing Unit：中央演算処理装置）をプラットフォーム基盤とするパソコン・エコシステムにおいて，Intel が提供する市場予測情報がパソコンメーカーである ASUS の生産計画にどのような影響を与えているのかという問題を具体的に見ていく。通常，企業が外部資源の提供者に依存する程度が高いほど，自社の戦略策定に影響が及ぶ。したがって，ASUS が Intel の市場予測情報に過度に依存すると，ASUS の販売および在庫管理がパソコン市場の需要変動に対応できず，柔軟性を欠くことになってしまう。こういったケースを通じて，企業がプラットフォーム・エコシステムにおいて自主的に市場需要調査を行い，生産計画を立てることが重要であるということを学ぶ。

2　ケース：ASUS

2.1　サプライチェーンからプラットフォーム・エコシステムへの変遷

　コンピュータの発展の歴史を振り返ると，1960 年代から 70 年代の大型コンピュータ（メインフレーム PC）と，80 年代以降に台頭したパーソナルコンピュータの2つの時代に分けることができる。この2つの異なる製品時代は，前者はコンピュータメーカーによる統合型のサプライチェーンを，そして後者はサプライヤーが主導するプラットフォーム・エコシステムをそれぞれ象徴している。

　具体的に見ていこう。1960 年代から 70 年代にかけては，IBM などの少数の大型コンピュータメーカーが，自社設計の CPU と厳格な品質基準を通じてサ

第**8**章　プラットフォーム・エコシステムにおける生産計画（ASUS）　　163

プライヤーを厳しく管理していた。この時期，大型コンピュータメーカーは強力な交渉力を持ち，大量購入を通じた規模の経済によって部品コストを削減していた。また，大型コンピュータメーカーは部品の設計，製造，試験，検収を網羅した詳細な技術規範と標準を制定し，サプライヤーにこれらの規範を遵守させていた。この管理方法により，大型コンピュータメーカーは 1960 年代から 70 年代にかけて，部品供給を効果的にコントロールし，製品の品質と安定した出荷を確保することができたのである。

　しかし，1971 年に Intel が初の CPU を発売して以降，コンピュータメーカーが主導するサプライチェーンの状況が徐々に変化した。1981 年，IBM は Apple などのパソコンメーカーと競争するために，戦略的に Intel の 8088 CPU を採用し，Microsoft の BASIC オペレーティング・システムと組み合わせてパソコンを開発した。これにより，産業構造は従来のサプライチェーンから，Intel と Microsoft を核とするプラットフォーム・エコシステムへと移行し始めた（Gawer and Phillips, 2013; Morris and Ferguson, 1993）。

　プラットフォーム・エコシステムの 1 つの特徴は，プラットフォームが周期的な技術変化をともなうことである。Intel は，ディスプレイ，キーボード，マウスなどの周辺機器が CPU の技術進歩に対応できるように，多くの技術標準を設定した。また，Intel は 1991 年から製品や広告に「intel inside」のロゴを表示することでブランド認知度を高め，消費者が Intel の CPU を搭載したパソコンを識別し，信頼を集めるようにした。このように，技術標準化とブランド・マーケティング活動の組み合わせにより，Intel は PC 市場で強力で安定したプラットフォーム・エコシステムを構築したのである。

　プラットフォーム・エコシステムのもう 1 つの特徴は，完成品メーカーが持っているパワーがプラットフォーム提供者に比べて低いことである。パソコンメーカーが Intel の CPU に高度に依存し，パソコンレベルでの差別化が容易にできなくなると，パソコンの市場価格が急速に下がり始めた（Baldwin and Clark, 2000）。たとえば，1990 年代初期のパソコンの平均価格は約 2000 ドルから 3000 ドル程度だったが，2000 年代初頭には 1000 ドル以下にまで急速に下落した。欧米日のパソコンメーカーは，このような価格競争の中で，次々とパソコンの開発や製造を台湾企業に委託するようになった。台湾企業は電子通信製品の分野で強力な競争優位性と持続的な発展の潜在力を有していた（長内・神吉編著, 2014）。同時に，多くの台湾企業が OEM（Original Equipment

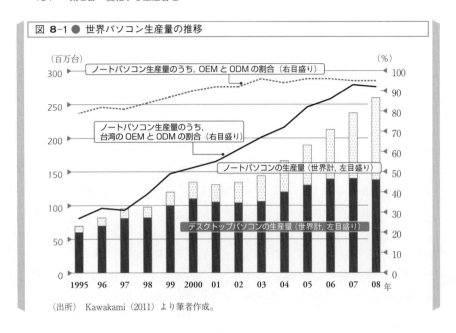

図 8-1 ● 世界パソコン生産量の推移

(出所) Kawakami (2011) より筆者作成。

Manufacturer：相手先ブランド製造）およびODM（Original Design Manufacturer：相手先ブランド設計製造）として，アメリカや日本のパソコンメーカーからのアウトソーシング業務を担って成長してきたのである（川上, 2012）。

図8-1は，世界中のデスクトップとノートパソコンの年間生産量の変化を示している（Kawakami, 2011）。1995年に約7000万台であった生産量は，2008年には約2億6000万台にまで成長した。とくに注目すべきは，アメリカと日本のパソコンメーカーがノートパソコンの設計と製造を外部委託するOEMおよびODMの比率が79％から95％に上昇したことである。その中で，台湾のパソコンメーカーに外注する比率は27％から92％へと急伸し，これは台湾が世界のパソコン・エコシステムにおいてますます重要な地位を占めていることを意味している。

台湾の「電子五兄弟」——鴻海（Hon Hai），仁寶（Compal），明碁（BenQ），廣達（Quanta），および華碩（ASUS）——は，1974～89年に設立され，パソコン製造分野のトップ企業へと急成長した。これらの企業は2008～17年に，パソコンの製造業務の競争優位を維持するだけでなく，新技術への投資，グローバルビジネスの拡大，そして単なる製造業者から総合的なソリューション提供

第**8**章　プラットフォーム・エコシステムにおける生産計画（ASUS）　　165

者へと変貌を遂げた。

　台湾のパソコンメーカーは技術開発と革新の面で強力な競争力を持ち，Intel
との密接な協力関係を維持しており，最新技術を迅速に入手し，新製品の開発
に応用することができる。また，台湾のパソコンメーカーは高度な柔軟性と迅
速な対応能力を備えており，市場の需要の変化に速やかに適応し，新技術が登
場するとそれを製品に迅速に取り入れて市場に投入することで，消費者の最新
技術に対するニーズを満たすことができるのである。

　次に，ASUS のケースを通じて，Intel が主導するプラットフォーム・エコ
システムにおいて，いかにして生産計画を策定しているかを説明する。

2.2　ASUS の経営実績

　1998 年，ASUS は台湾で初の自社ブランドであるノートパソコン ASUS
P6300 を発表した。このノートパソコンは Intel Pentium MMX 233MHz プロ
セッサ，32MB のメモリ，および 2.1GB のハードディスクを搭載し，重さは約
3.2kg で，ASUS のパソコン技術分野における革新性と実力を示した。2007 年
7 月には，ASUS は組織の大幅な調整を行い，ブランド事業と受託製造事業を
分割し，和碩聯合科技（ペガトロン）を設立し，自社ブランドのパソコンの設
計と開発に集中するとともに，ペガトロンに受託生産を担当させた。この戦略
によって，ASUS は自社ブランドのパソコン分野における地位を確固たるもの
としただけでなく，ペガトロンを世界トップクラスのパソコン受託製造業者に
し，今日に至っている。

　2004 年以降，ASUS は台湾のパソコン市場で 18 年連続の首位の座を保持
し，その高品質とコストパフォーマンスで競争優位を際立たせた。2023 年
第 1 四半期の世界パソコン市場のシェアでは，HP（33.8%），Lenovo（15.7%），
Dell（13.9%），Acer（12.3%），ASUS（6.6%）がトップ 5 を占めている。全世
界の消費者向けノートパソコン市場においては，HP（38.2%），ASUS（17.9%），
Lenovo（15.7%），Dell（10.8%），Acer（7.1%）がトップ 5 である[2]。*Laptop Maga-
zine* 誌によると，2017 年から 22 年にかけて，ASUS は業界で安定した地位を
維持しており，これは ASUS が革新を追求し，市場で広く認識されているこ
とを表している（表**8-1**）。

　ASUS は 2017 年から今日まで一連の苦境とそれへの対応を経験してきた。
2017 年，ASUS グループの連結売上高は 2016 年比 7% 減少し，親会社の純利

表 8-1 ● Laptop Magazine 誌が選出したベスト・ノートパソコン（消費者への推薦ランキング）

	2017年	2018年	2019年	2020年	2021年	2022年
Lenovo	1	1	5	5	7	7
ASUS	2	4	2	1	4	5
Dell	3	3	3	2	1	2
HP	4	2	1	3	6	3
Acer	5	4	6	6	5	1
Apple	5	7	10	10	2	9

（出所） https://www.laptopmag.com/uk （2024年8月アクセス）。

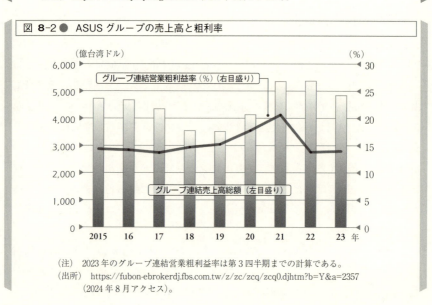

図 8-2 ● ASUS グループの売上高と粗利率

（注） 2023年のグループ連結営業粗利益率は第3四半期までの計算である。
（出所） https://fubon-ebrokerdj.fbs.com.tw/z/zc/zcq/zcq0.djhtm?b=Y&a=2357 （2024年8月アクセス）。

益は19%減少，ブランドの連結売上高は8%減少し，ブランドの営業利益は28%減少した。図 8-2 は，2015年から23年にかけての ASUS グループの経営実績を示している。棒グラフは ASUS グループの連結売上高総額（単位億台湾ドル）を表し，折れ線グラフはその年度のグループの連結営業粗利益率を示している。図 8-2 から，ASUS グループは2018年から19年に世界のパソコン需要の減少，市場の飽和，競争の激化により，売上高が底をついたことがわかる。

第8章 プラットフォーム・エコシステムにおける生産計画（ASUS）　167

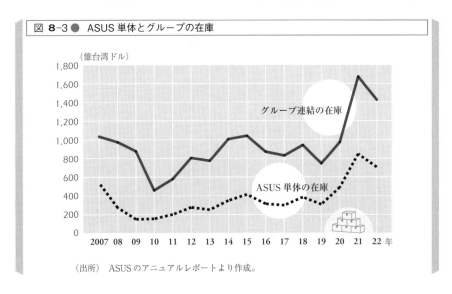

図 8-3 ● ASUS 単体とグループの在庫

（出所）ASUS のアニュアルレポートより作成。

　その後，新型コロナウイルスによるパンデミックが発生し，リモートワークとオンライン学習の需要が急増したことで，パソコンや関連技術製品への需要が増加し，ASUS の販売と売上高は 2021 年までは徐々に上昇した。しかし，パンデミック後の市場需要の変化，製品の更新と代替のコスト圧力，および不確実な国際貿易環境の影響で，2022 年と 23 年に ASUS グループの連結営業粗利益率は大幅に下落した。

　図 8-3 は，在庫レベルの変化から，ASUS が世界経済の波動や市場需要の変化に直面する中で，外部環境の課題にどのように対応し，市場トレンドの予測と反応をどのように行っているかを示している。2007 年のサブプライムローン危機と 2008 年のリーマン・ブラザーズの破綻が世界経済の不況を引き起こし，ASUS も経済不況の影響に対処するために在庫レベルを下げざるを得なかったことを示している。2010 年から 18 年にかけての世界経済の段階的な回復にともない，ASUS の在庫レベルは徐々に上昇し，このことは市場需要の回復と将来の成長に対する同社の楽観的な期待を示している。

　しかし，2019 年の新型コロナウイルス感染症の発生は再び ASUS に挑戦をもたらし，初期にはサプライチェーンと生産活動への影響により在庫レベルが低下した。パンデミック後期には，リモートワークやオンライン学習の需要の急増により，ASUS の市場予測が過度に楽観的となり，多様なパソコン製品を

大量生産し，結果として供給過剰の状態に陥り，在庫レベルは歴史的な高水準に達した。この過度に楽観的な市場予測は，在庫を増大させただけでなく，会社の利益にも影響を与え，2022年のグループ連結営業粗利益率の急速な低下を引き起こした。

このように，ASUSの在庫変動から，パソコンメーカーが世界市場の不確実性に直面する際の課題が見てとれる。それは，迅速に変化する市場需要と外部経済環境に柔軟に対応するために必要となる，**生産計画**の頻繁な調整である。これにより，企業は持続的に安定した発展を確保できるようになる。また，プラットフォーム・エコシステムにおいては，Intelの技術変化がパソコンメーカーの生産計画に影響を与えるが，これは従来のサプライチェーンにおいて企業が技術変化を主導して生産計画を立てるのとは状況が異なる。

Intelが毎年新世代のCPUを発表する状況では，パソコンのライフサイクルはわずか1年である。したがって，製品市場に対する予測能力に欠けると，生産計画を正確に立てることが困難になる。たとえば，新世代のCPUを使用した新型パソコンを開発すれば市場から好評を得られると考え，生産量を過剰に計画すると在庫問題に直面する可能性が生じる。逆に，新世代のCPUを使用した新型パソコンの開発が消費者の好みに合わないと判断し，生産量を少なくする計画を立てると，供給不足に直面することになるかもしれない。

2.3　ASUSの生産計画

ASUSは毎年1月にラスベガスで開催される国際消費者電子展示会（CES）で，新型ノートパソコンを発表する。新型はIntelの新世代CPUを採用し，これにより市場の期待と注目を集め，消費者の購買意欲を高めることを目指している。**図8-4**に示されているように，ASUSの製品開発の初期段階においては，まず開発に必要な技術資源リソースを検討する（技術フィージビリティ）。ASUSはIntelや販売チャネルのパートナーと新しいノートパソコンの仕様や性能や部品などを具体的に検討する。旧モデルは，新モデルに代替され，在庫が発生する懸念がある。そのため，新モデル発売前に，旧モデルの販売促進の手法や計画を立てる。

生産計画と製品開発には密接な関連性がある。新技術の研究開発と応用は生産プロセスに直接影響を与え，生産計画はこれらの変化に対応し，資源と設備を手配しなければならない。こうして生産計画と製品開発が連携し，製品が消

第8章　プラットフォーム・エコシステムにおける生産計画（ASUS）　169

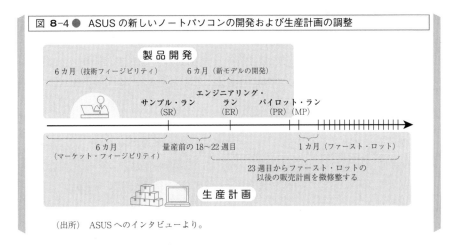

図 8-4 ● ASUS の新しいノートパソコンの開発および生産計画の調整

（出所）ASUS へのインタビューより。

費者のニーズを満たすために迅速に市場投入されるのである。

　ASUS の開発プロセスでは，「サンプル・ラン（SR）」，「エンジニアリング・ラン（ER）」，「パイロット・ラン（PR）」という 3 つの段階がある。SR 段階では，新モデルのノートパソコンのプロトタイプを製造し，その基本機能と性能が事前に定められた仕様を満たしているかどうかが厳密に検証される。ER 段階では，プロトタイプの設計品質をさらに高め，製造プロセスに関する問題点を洗い出し解決する。PR 段階は，量産への道を整える準備段階であり，プロトタイプのソフトウェアおよびハードウェアの問題の多くを解決し，量産に入る前に必要な材料や部品の注文をする。その後，製品は市場への投入に向けて最終的な調整を受け，高品質な製品を効率よく生産する基盤が整えられる。

　ASUS のプロダクト・マネジャーや営業チームは，承認済みのベンダーリストからサプライヤーを決定する。基本的に，ASUS は CPU，GPU，IC チップ，SSD，液晶ディスプレイといったコア部品を直接購入して ODM に渡す。それに対して，パソコンの筐体や電子コネクタなど非コア部品の調達は ODM に委ねる。ただし，液晶パネルやバッテリー，カメラ，電源変換器などカスタマイズ部品は開発期間と納期が長いため，他のサプライヤーへの変更が困難である。この場合は，プロダクト・マネジャーや営業チームは電子，機械，ソフトウェアの各分野のエンジニアやサプライヤーと密接に連携し，開発中に発生するさまざまな問題を迅速に解決する。さらに，ASUS のエンジニアは，外注 ODMのエンジニアとコミュニケーションをとって問題解決を行う。

170　第Ⅱ部　変化する生産管理

　ASUS は量産前の 18〜22 週に，各国の市場需要を担当する営業チームに，新モデルのノートパソコンの生産予測数量を ASUS の発注システムに登録させ始める。量産段階に入ると，最初の生産ロットのタイムラインの計画は，生産の重要なマイルストーン（中間目標地点）となるためであり，複数の部門が協力して取り組む必要がある。これにより，原材料と部品の調達を生産要件に正確に合わせることができ，生産開始時にすべての資材が適切なときに揃うため，資材不足による遅延を防ぐことができる。品質管理の視点から見ると，最初の生産ロットは，後続の製品群に対する品質基準の確立においてきわめて重要な役割を担う。このため，品質管理チームはこの初期段階での製品テストを集中的に行い，すべての製品が一貫した高品質基準を達成していることを保証する責務を持つ。

　また，セールスおよびマーケティング部門は，製品の市場導入にともなうさまざまな活動を精密に計画する。これには，効果的な広告キャンペーンの立案，製品発表イベントの企画，販売チャネルとの綿密な連携が含まれ，製品が市場で好評を博すための土台となる。さらに，リスク管理の視点から，最初の生産ロットの生産計画が，潜在的なリスクの特定とその対応策の準備のためには不可欠となる。これは，予期せぬ生産遅延や市場需要の変動などに効果的に対処するため，計画を立てるうえで重要な意味を持っているからである。つまり，最初の生産ロットのスケジュールが固まることで，ASUS は顧客への正確な納期予測を可能にし，顧客信頼と満足の向上に直接つながる。このようにして，ASUS は製品の品質を保証し，市場導入の成功を促進させ，生産上のリスクを最小限に抑えながら，顧客との信頼関係を深めるのである。

　量産前の第 23 週から量産後 1 カ月までには，毎週の販売計画を見積もり，それをもとに生産計画を再調整する。これにより，過剰生産や不足生産のリスクを回避するためである。また，タイムリーに修正された生産計画はサプライチェーンの調整にも寄与し，原材料の調達や物流計画をより精密に実行し，無駄を削減し，サプライチェーンの柔軟性を向上させうる。さらに，販売予測と生産計画の事前調整は，市場の不確実性に起因するリスクを軽減するうえでも有効となる。このように，ASUS は販売と生産をシンクロさせることによって市場の変動により柔軟に対応している。

第**8**章 プラットフォーム・エコシステムにおける生産計画（ASUS） 171

3 ケースを解く

3.1 環境変化と生産計画

現在，経済と政治の不安定，社会の変化，技術変化，さまざまな環境変動が，企業の生産計画に大きく影響を及ぼしている。たとえば，経済と政治の不安定は，原材料の供給とコストに影響を及ぼす可能性があり，企業は代替材料を探し求めたり，コスト上昇に対処したりする必要が生じる。さらに，環境変動に応じた持続可能な製品をつくるために，企業は生産プロセスと技術を改善しなければならないが，これには時間と資金の投入が必要となり，生産効率に影響を及ぼす可能性がある。消費者の嗜好や社会的なトレンドの変化は市場の需要に影響を与え，企業はこれらの変化に適応するために生産計画を柔軟に調整する必要がある。こうして，企業は外部環境に応じて常に生産計画を調整しなければならないのである。

2019 年末新型コロナウイルスによるパンデミックの発生以降，企業の生産計画は前例のない困難に直面した。原材料の不足や部品の輸送遅延が発生し，企業はサプライチェーンを再評価し調整せざるをえなくなった。パンデミックにより消費者の需要パターンが変わり，特定の製品への需要が急増し，逆に異なる製品への需要が急激に減少した。そうした市場の変化に対応するために急速に生産戦略を調整する必要があった。

通常，企業は外部環境の不確実性に直面する際，一社のサプライヤーへの依存を避けなければならない。また，外部環境の不確実性の中で原材料や部品を確実に確保し，効率的な生産計画を立てるためには，サプライヤーとの交渉力を保持する必要がある。たとえば，パンデミックのような外部環境の不確実性に遭遇した場合，垂直統合戦略を採用することが，有効な対策となりうる。垂直統合とは，企業がビジネスの範囲を広げ，原材料の調達から製品の最終販売に至るまでのサプライチェーンの各過程を自らの手でコントロールする戦略を指す。これにより，サプライチェーンの部品を直接管理し，外部供給者への依存を軽減することが可能となる。このアプローチにより，企業はより安定した供給体制を確保し，外部ショックに対する自社の脆弱性を低減することができるようになる。

しかし，Intel が主導するプラットフォーム・エコシステムで，ASUS のような企業が Intel との交渉力を強化することは困難である。その主な理由は，

Intel のような半導体チップサプライヤーが CPU 市場において強大な地位を占めているためである。加えて，ASUS が垂直統合戦略を採用しようとすれば，CPU の開発にはさらなる資金と専門知識が求められる。ほかの部品と違って，CPU を開発するには高度な技術知識が求められ，莫大な投資と長期的な研究開発を必要とする。ASUS のような企業にとって，このような巨額の投資が必ずしも合理的なリターンをもたらすわけではない。さらに，垂直統合型のビジネスモデルを採用すると，Intel との競争関係が生じる可能性がある。したがって，外部環境の変化に直面する ASUS のような企業にとっては，垂直統合戦略を選択することや，高い交渉力を維持することよりも，Intel との緊密な関係を築き，効果的な生産計画を策定することがより重要であるといえる。こうして，ASUS はプラットフォーム・エコシステム内でのポジショニングを強化し，市場の変動に対する自社の適応能力を高めることができる。

3.2 プラットフォーム・エコシステムにおける企業間関係

　プラットフォーム・エコシステムは，組織の組織であるメタ・オーガナイゼーションであるとされている（Gulati et al., 2012）。メタ・オーガナイゼーションとは，伝統的な単一の組織の境界を越えた，より大きな組織構造を指し，複数の相互に独立しつつも相互依存する組織を含んでいる。これらの組織は，共有されたプラットフォーム上で共同で価値を創造し，イノベーションを推進する。プラットフォーム・エコシステムは，とくに多方面性，開放性，拡張性を強調し，開発者，供給者，ユーザーなど，さまざまな種類の参加者を引き付けて，共有されたネットワークに共同で参加させる。この構造の中で，プラットフォーム提供者は技術基盤と規則を提供し，参加者はこの基盤上で価値を創出する。

　プラットフォームに基づいたエコシステムは 2 つの大きなタイプに分けられる（Gawer, 2014）。1 つは，プラットフォーム提供者が売り手と買い手の間の取引を促進するものである。たとえば，Amazon や楽天などのプラットフォームがこのタイプに属している。このような取引を主なプラットフォームとする場合，ネットワーク効果を活用してプラットフォームのユーザー基盤をどのように増やすかが重要な課題となる（根来, 2017）。もう 1 つは，プラットフォーム提供者が産業レベルの技術プラットフォームを提供し，参加者がそれを利用してイノベーション活動を行うものである。たとえば，パソコン業界の Intel,

第**8**章　プラットフォーム・エコシステムにおける生産計画（ASUS）　　173

携帯電話業界の Qualcomm，ゲーム業界の Nintendo などが，ほかの企業にプ
ラットフォーム技術を提供するプラットフォーム提供者となるもので，その主
なビジネスモデルは，自社のプラットフォーム技術を基盤とするエコシステム
の構築にある。

　プラットフォーム・エコシステムにおいては，プラットフォーム提供者が製
品および技術開発の先頭を切ってきわめて重要な役割を果たす。また，プラッ
トフォーム提供者は，製品の核心的な概念だけでなく，製品の全体構造を形成
するうえでの知識を有している。したがって，プラットフォーム・エコシステ
ムでは，プラットフォーム提供者は相対的に強大な影響力を持ち，その力は複
数の側面で顕著に表れる。より具体的には，プラットフォーム提供者は，技術
標準の策定者としての役割を担い，業界の技術的方向性や基準に対して大きな
影響を及ぼしている。また，市場における主導権を握る存在として，プラット
フォーム提供者による製品設計や機能の決定は，ほかの企業に対して大きな影
響を与える。さらに，プラットフォーム提供者はイノベーションのリーダーと
して，業界における新技術や製品の研究開発における重点を決定づける力を持
っている。

　このようなパワー構造は企業間に生じ，プラットフォーム・エコシステムの
ほかの参加者にとって，この構造をいかに理解し，適応するかが競争力を維持
するための鍵となる。ASUS のようなパソコンメーカーは，Intel という巨大
な力との間に存在する力の不均衡を認識し，依存関係を適切に管理することが，
外部環境の変化に対応するうえでの最優先課題であるといえる。この戦略的な
対応により，ASUS は自らのビジネスモデルを持続的に進化させ，変動する市
場環境の中でも安定した成長を達成することが可能になる。

　資源依存理論（Pfeffer and Salancik, 1978, 2003）によると，より高いパワーを
持つ企業は，商取引において，重要な資源をコントロールするアドバンテージ
を利用して，自身の交渉力を維持あるいは強化することが一般的である。この
行動は，市場でのコントロールと地位を保持し，譲歩によって競争相手に機会
を与えないようにするために行われる。したがって，Intel は資源をコントロ
ールすることで市場と業界のリスクを効果的に管理し，ASUS などのパソコン
メーカーが Intel のプラットフォーム技術に依存するようにし，結果として経
済的利益を最大化できる。

　また，より高いパワーを持つ企業は，低いパワーを持つ企業と相互依存の関

係を構築することはない（Casciaro and Piskorski, 2005）。これは，相互依存により，高いパワーを持つ企業が一部のコントロールを失い，過度の依存リスクを高め，戦略的選択と行動の自由が制限される可能性があるからである。したがって，Intel は，ASUS などのパソコンメーカーとの資産投資と製品開発において互いに補完性を持っているが，ASUS との協力を行う際には，自社の高度な自主性を維持する。このように，Intel と ASUS などのパソコンメーカーの間には，パワーの不均衡が存在する。これはプラットフォーム・エコシステム内で，企業がプラットフォーム提供者に依存する典型的な特徴である（Cutolo and Kenney, 2021）。本章のケースは，企業がプラットフォーム提供者の技術や関連する市場情報に過度に依存しないようにする必要があることを示唆している。ASUS は製品開発の過程で販売チャネル業者と連携して生産計画を立てることで，自主性を高める能力を有している。

　通常，プラットフォーム提供者は，エコシステム全体の生産性と多様性を維持する必要がある。プラットフォーム・エコシステム内の企業が多様な製品を生産できれば，そのプラットフォーム・エコシステムの競争力が上がる。逆に，プラットフォーム・エコシステムにおける企業が過剰かつ劣悪な製品を生産する場合，消費者はそのプラットフォーム・エコシステムに対する信頼をなくす可能性がある。このように，プラットフォーム提供者は，単にプラットフォーム技術を提供するだけでなく，技術と市場に基づいた予測を行い，関連するデータを提供して，プラットフォーム・エコシステム内の企業が生産計画を立案するのを支援する。

　このように，ASUS は Intel との緊密な協力を通じて，最新の製品市場の予測情報を得ることができる。こうした協力はパソコンメーカーに正当性をもたらし，資源と専門知識の共有，全体的な効率とイノベーション能力の向上に寄与する。Intel との協力により，パソコンメーカーは市場認知度とブランド価値を高める。さらに，協力により互いの信頼を構築し，市場と業界におけるパソコンメーカーの信頼性が強化される。言い換えれば，パソコンメーカーが Intel と共同で市場を創出することは，自社の生産計画に顕著な影響を与える。ASUS のケースでは，新製品開発の 6 カ月前に行われるフィージビリティ・アナリシスの中で，ASUS は Intel とディスカッションしながら，最新世代の CPU を搭載した新しいモデルのノートパソコンのコンセプトと仕様を提案し，各国の販売チャネルの業者から市場情報を得ることができる。

第**8**章　プラットフォーム・エコシステムにおける生産計画（ASUS）　175

　しかし，パソコンメーカーがIntelの市場予測に過度に依存することは，市場の変化に対する反応の柔軟性を損ない，ビジネスリスクを増加させる可能性もある。これはIntelの生産計画が特定のパソコンメーカー向けにではなく，パソコンの消費市場全体の需要予測に基づいているからである。そのため，ASUSはIntelの予測に依存しすぎると，ほかのパソコンメーカーと差別化された生産計画を立てることができなくなる。さらに，Intelの市場予測に頼りきると，最終的な消費者に最も近い販売チャネルの実際の予測を見落とす危険もある。

　そこでASUSは，最新世代のCPUを使用して新しいモデルのノートパソコンを開発する際，量産の18〜22週前から各国の市場需要を担当する営業チームがASUSの発注システム上で新しいモデルのノートパソコンの生産予測量を登録するようにしている。さらに，量産開始の第23週から1カ月後までの毎週の販売計画を予測し，それに基づいて生産計画を再度修正し策定する。こうした方法は，市場の需要の変化に前もって対応し，在庫リスクを減らし，リソースの最適化を図るのに役立つ。正確な予測により，ASUSは生産計画を効果的に調整し，実際の市場需要に応えることで市場競争力を高めることができる。このようなアプローチが，Intelの全体的な市場予測に過度に依存することを避け，市場での積極的かつ柔軟な対応を保証し，競争力を強化することにつながる。

3.3　プラットフォーム・エコシステムへの特殊資産の投資

　プラットフォームには，異なる製品開発において共通して使用されたり再利用されたりする要素があり，物理設計の一連の部品，規格やルールなどの標準設計を含む。物理設計では，ハードウェア，ソフトウェア，サービスモジュールなどが互いに組み合わされて1つのアーキテクチャが形成される。また，標準設計とは，プラットフォームのユーザー間でのコミュニケーションを可能にする基準を指す。これらのルールには，異なるコンポーネントやプロトコル間の互換性を保証する標準が含まれる。

　プラットフォーム自体が技術的変化を遂げると，企業はプラットフォーム技術の特定の要求に基づいて，プラットフォーム特殊資産に投資する必要性が生じる。たとえば，ハードウェアとソフトウェアを含むプラットフォームでは，CPUとほかのプログラミングタスク間の相互依存性が高いほど，企業はその

プラットフォームで製品開発を行う際に最適な効果を得るために，そのプラットフォーム専用のプログラミング言語を開発する必要がある（Cennamo et al., 2018）。

　また，プラットフォーム・エコシステムにおいて，「非汎用補完性」はプラットフォームとその補完財・サービス間の特定かつカスタマイズされた相互作用を指す重要な概念である。この補完性の特徴は，特定のプラットフォームのニーズや特性に特化して設計・開発されることであり，広範な標準化プラットフォームに適用されるものではない。この関係は，その高度な相互依存性にあり，補完財やサービスの成功は，それらが特定のプラットフォームとどの程度統合されているかに大きく依存している。また，特定のプラットフォーム向けのイノベーションと差別化された解決策の開発を促進すると同時に，プラットフォーム自体にも付加価値をもたらす。こうして，プラットフォーム提供者と補完財メーカーは，市場のニーズにより適合した製品やサービスを共同で開発し，競争の激しい市場で競争力を発揮することができる。

　言い換えれば，プラットフォーム・エコシステムにおいては，企業の生産計画はプラットフォーム特殊資産への投資と密接に関連している。プラットフォーム技術の変化にともない，企業は生産計画をこれらの変化に合わせて調整する必要性が生じる。とくに，プラットフォームに特有の設計や生産ツールなど，新しい特殊資産への投資が必要となる。したがって，プラットフォームへの投資は，コスト効率と生産効率を確保するために慎重に計画される必要がある。このようにして，企業がプラットフォーム技術の進化と特殊資産の重要性を理解し，これらの要素を生産計画に組み込むことが，プラットフォーム・エコシステム内での成功には不可欠である。本章のケースは，企業がプラットフォームに投資した特殊資産が生産計画の実行パフォーマンスを向上させうることを示唆している。

4 課　　題

(1)　HP（ヒューレットパッカード）や Dell などのパソコンメーカーは，Microsoft や Intel との密接な協力関係を活用して，市場動向や技術進展に関する情報を得て効果的な生産計画を策定している。これらの企業がどのように Microsoft や Intel と緊密にコミュニケーションをとりながら生

第 8 章 プラットフォーム・エコシステムにおける生産計画（ASUS） 177

産計画を立てているかについて考えてみよう。
(2) 台湾の自転車メーカー「ジャイアント」は，「シマノ」が主導するプラットフォーム・エコシステムを活用し，生産計画を立案している。2002年設立の A-Team 連盟では，低コスト競争に対抗し，高品質・高技術の自転車需要に応えるため，業界全体のイノベーションや品質管理を強化した。その際，ジャイアントはシマノの市場予測や販売チャネルからのデータをもとに，生産計画を調整した。他業界のエコシステムにおける生産計画の事例について調べてみよう。
(3) 新製品開発では部品メーカーの選定や市場フィードバックを活用して問題を修正し，性能を向上させる。通常，企業は技術部門と新製品開発部門を統合する必要があるが，Microsoft や Intel のように，ASUS などの PC メーカーが技術と新製品開発を担う場合，企業間での効率的な技術統合と生産計画のパフォーマンス向上をどのように行うのだろうか。戦略や組織面から考えてみよう。

読んでみよう　　　　　　　　　　　　　　　BOOK GUIDE

長内厚・神吉直人編著（2014）『台湾エレクトロニクス産業のものづくり：台湾ハイテク産業の組織的特徴から考える日本の針路』白桃書房。
　　この本では，台湾エレクトロニクス産業の発展史を背景に，日台企業の提携などを検討している。また，かつての勢いを失った日本エレクトロニクス産業への示唆に富んでいる。台湾のエレクトロニクス産業に関心を持つ読者のために，学術的かつ史料的な観点から高い水準の論攷を集めた書。

川上桃子（2012）『圧縮された産業発展：台湾ノートパソコン企業の成長メカニズム』名古屋大学出版会。
　　この本では台湾のノートパソコン生産業者がどのようにして世界シェアの 90% 以上を占めるようになったかを解明している。また，台湾の低コストの下請企業が，先進国企業との相互作用を通じて急速な成長を遂げたメカニズムを詳述している。著者は粘り強いインタビュー調査と明快な分析枠組みを用いて，この驚異的な発展の背景を解き明かしている。

根来龍之（2017）『プラットフォームの教科書：超速成長ネットワーク効果の基本と応用』日経 BP。
　　この本では，新しいビジネスモデルであるプラットフォームについて解説している。デジタルエコノミーの勝者と敗者を分けるプラットフォームの戦い方について，また最新

の事例を用いて，理論とその仕組みを解説している。

注　　　　　　　　　　　　　　　　　　　　　　　　　　　　　NOTE

1) https://www.ASUS.com/tw/news/eadeyiwdmoj7vzjq/
2) https://www.forbesindia.com/article/m.a.d-marketing-advertising-decoded/ahead-of-the-game-ASUS-hits-a-high-note-in-india/86121/1
3) https://fubon-ebrokerdj.fbs.com.tw/z/zc/zcq/zcq0.djhtm?b=Y&a=2357（2023年のグループ連結営業粗利益率は第3四半期までの計算である）。

参考文献　　　　　　　　　　　　　　　　　　　　　　　　　REFERENCES

Baldwin, C. Y., and K. B. Clark（2000）*Design Rules: The Power of Modularity*, Volume1, Cambridge, MA: MIT Press.（安藤晴彦訳『デザイン・ルール：モジュール化パワー』東洋経済新報社，2004年。）

Casciaro, T., and M. J. Piskorski（2005）"Power Imbalance, Mutual Dependence, and Constraint Absorption: A Closer Look at Resource Dependence Theory," *Administrative Science Quarterly*, 50(2), 167–199.

Cennamo, C., H. Ozalp, and T. Kretschmer（2018）"Platform Architecture and Quality Trade-offs of Multihoming Complements, *Information Systems Research*, 29(2), 461–478.

Cutolo, D., and M. Kenney（2021）"Platform-Dependent Entrepreneurs: Power Asymmetries, Risks, and Strategies in the Platform Economy," *Academy of Management Perspectives*, 35(4), 584–605.

Gawer, A.（2014）"Bridging Differing Perspectives on Technological Platforms: Toward an Integrative Framework," *Research Policy*, 43(7), 1239–1249.

Gawer, A., and N. Phillips（2013）"Institutional Work as Logics Shift: The Case of Intel's Transformation to Platform Leader," *Organization Studies*, 34(8), 1035–1071.

Gulati, R., P. Puranam, and M. Tushman（2012）"Meta-Organization Design: Rethinking Design in Inter-Organizational and Community Contexts," *Strategic Management Journal*, 33(6), 571–586.

Jacobides, M. G., C. Cennamo, and A. Gawer（2018）"Towards a Theory of Ecosystems," *Strategic Management Journal*, 39(8), 2255–2276.

Kawakami, M.（2011）"Inter-firm Dynamics in Notebook PC Value Chains and the Rise of Taiwanese Original Design Manufacturing Firms," in M. Kawakami and T. J. Sturgeon eds., *The Dynamic of Local Learning in Global Value Chains: Experiences from East Asia*, London: Palgrave Macmillan, 16–42.

川上桃子（2012）『圧縮された産業発展：台湾ノートパソコン企業の成長メカニズム』名古屋大学出版会。

Morris, C. R., and C. H. Ferguson（1993）"How Architecture Wins Technology Wars,"

Harvard Business Review, 71 (2), 86-96.

根来龍之（2017）『プラットフォームの教科書：超速成長ネットワーク効果の基本と応用』日経 BP 社。

長内厚・神吉直人編著（2014）『台湾エレクトロニクス産業のものづくり：台湾ハイテク産業の組織的特徴から考える日本の針路』白桃書房。

Pfeffer, J., and G. R. Salancik（1978）*The External Control of Organizations: A Resource Dependence Perspective*, New York: Harper and Row.

Pfeffer, J., and G. R. Salancik（2003）*"The External Control of Organizations: A Resource Dependence Perspective*, Stanford: Stanford University Press.

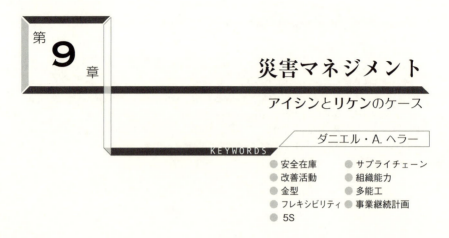

第9章 災害マネジメント

アイシンとリケンのケース

ダニエル・A. ヘラー

KEYWORDS
- 安全在庫
- 改善活動
- 金型
- フレキシビリティ
- 5S
- サプライチェーン
- 組織能力
- 多能工
- 事業継続計画

1 本章のねらい

　災害は，いつでもどこでも発生する可能性があり，人間社会や自然環境を破壊する。工業施設が被災すれば，被害のスケールが計り知れないほど大きくなることもありうる。福島第1原子力発電所の非常電源が津波で水没した事故による広範囲にわたる大惨事は，時を経ても記憶に新しい。災害の直撃による失命や負傷に加えて，生存者の罪責感など長期にわたるトラウマが避けられない。工業施設の建物，生産機械，素材，在庫も災害によって多大なダメージを受けうる。もし災害によって社会インフラが壊れると，水道，電気，ガス，通信網といったライフラインも寸断され，被害が広がっていく。

　異常な自然現象によって発生する自然災害もあれば，人間の行為や活動によって引き起こされる人為災害もある。後者は，人間の不注意やミスによる人災ばかりでなく，テロ行為やサボタージュ，戦争，人の意図的な犯罪行為による災害もあり，きわめて悲惨な状況をもたらす。過去の災害から得た教訓は今後の参考にはなるものの，災害は実際にいつ発生するかは見通しにくく，どのような災害になるかその具体的な予測も困難である。したがって，災害には「想定外」が常にともなう可能性がある。

　以上の特性から，災害に完全に備えることは実質的に不可能であるため，災害前後に現場がいかに臨機応変に適切に対応できるかが災害マネジメントの鍵となる。その視点から本章では，近年増加傾向にある災害に生産現場とそのサ

プライチェーンが直面したとき，人命を第一にしながらも企業利益を確保するためにはどのように災害マネジメントを行うべきかについて学ぶ。なお，ここでいう災害マネジメントとは，被害の範囲と深刻さを抑えるための諸活動を円滑に行うことを指し，災害事前の「防災」と災害事後の「復旧」の両方を含む。

　以下では，被災した日本の工場のケースを2つ取り上げる。この2つのケースを通して，災害によって部品の供給が一時的に中断され，顧客への納品ができなくなる供給寸断と，部品の供給を再開する供給復旧のパターンを比較する。その過程を比較することで，企業の災害マネジメントに必要な組織能力を説明する。被災した工場が災害前にどのような活動を生産現場で行っていたか，顧客とどのような関係を持っていたか，とくにサプライヤー（部品メーカーや素材供給先）と顧客との間にどの程度の信頼関係があったか，被災した工場の背景や状況にも注目する。それは，工場の日々の姿勢こそが災害マネジメントの成否の鍵を握るからである。

2　ケース：アイシン刈谷工場とリケン柏崎工場

2.1　アイシンの刈谷工場の火災：代替生産の復旧方策[2]

　株式会社アイシン（以下，アイシン）は，1960年代，アイシン精機設立後グループの合併や経営統合を経て，2021年に現在のアイシンとなった。愛知県刈谷市に本社を構える日本の最大手自動車サプライヤーの1つである。アイシンの株式は，トヨタ自動車が20％以上所有し，会長や役員の一部はトヨタから派遣されており，「トヨタ系列」の中心的な企業の1つとなっている。アイシンは，エネルギーおよび住生活関連製品の分野でも事業展開しており，2023年現在，連結従業員数は116万人に達し，世界125カ国に連結子会社が存在している。

　1997年2月1日午前4時18分，人災により，広大なアイシンの刈谷工場敷地内で建物が1棟全焼した。この建屋では，自動車のブレーキシステムの安全性に重要な役割を果たすポジショニングバルブ（Pバルブ）と呼ばれる部品の加工が行われていた。そこでは，トランプカードのデッキほどの大きさの金属の塊に対して，全自動の専用設備で，さまざまな角度から穴を開けていた。このような加工作業は油を注ぎながら行われるため，そもそも火に弱い生産工程だったといえる。出火の原因は特定できなかったが，ドリルの刃が折れて火花

182　第Ⅱ部　変化する生産管理

Pバルブ

左の写真でボールペンとの比較で部品の大きさがわかる。右の写真は部品の中をのぞける。2つの部品の例を比べれば微妙な違いがわかる。右の写真は断面図で穴の中に組み立てられるコンポーネントが見える（2010年の刈谷工場訪問時の写真）。

（出所）　Whitney et al. (2014), p. 242（筆者訳）。

が散った可能性や，工場内の発電機が過熱した可能性が考えられる。穴を開ける加工工程の設備は火災による被害をうけたが，その前の生産プロセス（金属を成形する工程）と後の生産プロセス（組立工程と検査工程）の設備は別の建屋にあったため，火災によるダメージをいっさい受けなかった。

　Pバルブは，当時，ほとんどの自動車に不可欠な部品であった。アイシンの刈谷工場では1日に3万個以上のPバルブを生産していた。しかも，Pバルブは，搭載される車両の形状や**重量**とすり合わせる必要があるため，100品種を超えるPバルブを生産していた。これほど多様な種類を安価に加工できる設備が火災で使えなくなった。刈谷工場で生産されたPバルブは，トヨタ自動車グループの国内生産量（年間約300万台）のほぼ全量を供給しており，三菱自動車，スズキ，いすゞの車両にも供給していた。火災後，各社の車両組立工場向けのPバルブをアイシンがつくれなくなり，在庫が尽きるとPバルブを供給できなくなった。

　部品在庫を必要最小限しか持たない「ジャスト・イン・タイム（JIT）」生産を徹底しているトヨタ自動車は，アイシンの火災を受けて速やかに打つ手を決めなければいけなかった。JITの場合でも，日常的な異常を緩衝する**安全在庫**があるが，今回の火災のような予期せぬ事態を想定したものではない。結局，

トヨタは国内の全車両組立工場（30本の生産ライン）を4日間以内に一時停止せざるを得なかった。

自動車メーカーが非計画的に車両組立ラインを停止すると，そのラインに部品や素材を供給しているすべてのサプライヤーも自社の生産ラインの停止を余儀なくされる。なぜなら，車1台には2〜3万点の部品が必要であり，トヨタグループだけで1日に1万台以上の車が組み立てられている。そのため，車両組立ラインを停止しても，サプライヤーの生産ラインを停止しなければ，単純計算で毎日2〜3億点の余分な部品が生産されることになる。このような膨大な在庫を保管する場所は当然ながら存在しない。

生産ラインを停止すると，工場の作業員や運搬車の運転手など，多くの人々の仕事が失われる。しかし，法的および倫理的にこれらの人々の賃金を支払わないわけにはいかない。したがって，生産停止が長引くと，企業の経営が圧迫される。このような深刻な状況からできるだけ早く脱却したいアイシンだったが，被災した工場では，特殊な大型設備が全焼してしまった。その設備の修復またはつくり直しには何カ月もかかる見込みであった。

さて，2月1日火災当日，朝日が昇る前に，工場の火がまだ消されていない状況だったにもかかわらず，アイシンは急きょトヨタ自動車に連絡し，その支援を受けて，災害対応本部を工場敷地内に設置した。直ちに動いたアイシンとトヨタの指揮の下で，多くの企業が代替生産の要請に応じ，アイシンに代わってPバルブを加工生産するよう検討を開始した。最初に代替生産されたPバルブは2月4日に出荷された。最終的に62社の企業が自社工場で仮設生産ラインを設置し，Pバルブの代替生産を行い，アイシンはトヨタやほかの自動車メーカーへの部品供給を全面的に再開することができた。そして，災害から10日間後の2月10日には，被災前の生産量を確保するに至った。

代替生産を行った企業の数が多いのは，アイシンの刈谷工場では100種類以上のPバルブを扱っていたためである。これほどの種類の数に対応するには，60社以上の代替生産が必須であったといえる。1社につき1〜2種類を加工するのが限界だったため，多くの協力企業（代替生産をしてくれる企業）が必要であった。被災前のアイシンのみが，長年蓄積した能力を活かして，設備メーカーと共同で開発したフレキシブルな専用機（1つの生産目的にしか用いられない機械）を用いてこれほどの種類のPバルブを1カ所で加工することができた。ここでいうフレキシブルとは，高品質・低コスト・タイムリーといった顧客の多

184　第Ⅱ部　変化する生産管理

様なPバルブに対する生産要求に満足するよう対応できることである。

　ここで，誤解してはいけないことは，代替生産を行った企業は，アイシンの子会社を除けば，皆が有機的に動いて自らの意思で迅速に協力したことである。つまり，これらの企業はアイシンやトヨタから代替生産を指示されたわけではない。もちろん，これらの企業の多くはトヨタの工場に自社の部品を納めていたサプライヤーでもあり，アイシンの救済に乗り出す強い動機があった。アイシンの代替生産に協力することで，アイシンは自社の生産再開を早めるだろうという期待感もあった。

　代替生産を行った企業は，その生産に対してアイシンから金銭的な報酬を得た。しかし，すべての協力企業は，代替生産を始める前に価格交渉を見合わせた。これほど大きな危機の最中に，「交渉の暇もないし，アイシンがここで変なことはしないだろう」とすべての関係者が共通認識を持っていたという。アイシンに協力した企業は，もちろんトヨタの好意も得た。アイシンは多くの企業の献身的な協力があって，この危機を早く乗り越えることができたのである。

　同1997年の後半，トヨタは自社の工場に部材を直接納めていたすべてのサプライヤーに対して，各社の日本におけるトヨタへの総売上高の1％に相当する特別金を支払った。この支払いは，アイシン火災による生産中断のためにトヨタのサプライヤーが被った困難や余分な努力に対する包括的な補償として行われた。また，それは，トヨタのサプライヤー・ネットワーク全体がこの大きな困難を克服するために示した忍耐に対するトヨタの感謝の表現でもある。

　このような壊滅的な出来事からの迅速な回復を可能にしたのは，まさにサプライヤー・ネットワークの存在であった。トヨタは，1970年に「生産調査室」という組織をつくって以来，一貫してサプライヤーのトヨタ生産方式の習得を支援してきた。また，困っているサプライヤーに対してトヨタが自社の人員を一時的に派遣し，改善活動*をサプライヤーの人員と一緒に展開してきた。トヨタは，トヨタの工場に部材を直接供給する国内200社以上のサプライヤーで構成される「協豊会」という組織と連携している。協豊会は毎年，経営トップから現場作業員までが参画するさまざまな会合を定期的に開催している。その目的は，サプライヤー同士の相互研鑽を促進することである。トヨタ自動車も自社のマネジャーを協豊会の会合に派遣し，トヨタの購買方針等をメンバー企業に伝え，改善活動の発表大会等を観察している。

　このケースで見られたような，サプライヤーとトヨタが密接に協力すること

は，珍しいことではない。アイシン火災の大危機への対応そのものは新しい挑戦だったが，トヨタとサプライヤーが一丸になって協力し合うこと自体は新しいものではなかった。アイシン火災のケースはトヨタとサプライヤーとの間に，またサプライヤー同士に存在するネットワークと信頼関係が，Ｐバルブの供給再開という急務に対処するために有効であることを認識させるものとなった。

　危機が去った後も，アイシンはこの火災を忘れず，学んだ教訓を社内外で共有することに尽力している。筆者が2010年代に刈谷工場を訪問した際，「火災の教訓は皆の財産だ」と経営幹部やマネジャーに何度もいわれた。刈谷工場自体は火災後に再建された。工場周辺の地域社会に与えた迷惑を考慮し，道路からかなり離れた場所に立地している。新工場の防火対策に万全を期したのである。

　刈谷工場の中においても，火災予防の啓発が強力に推進されていた。筆者が案内されたのは，生産現場のすぐ隣に，火災復旧を記念する広いエリアであった。このエリアには，火災の被害の軌跡がはっきりと確認できる旧生産設備が常設展示されていた。工場を訪れるすべての人に対する，火災予防を常に念頭に置こうという強いメッセージが筆者にまで伝わった。

2.2　リケンの柏崎工場の震災：現場復旧の方策[3]

　株式会社リケン（以下，リケン）は，1927年の創業で，東京都に本社を置き，日本のすべての自動車メーカーに長年にわたり内燃機関エンジンのコア部品を供給している企業である。リケンは，特定の自動車メーカーに親密な関係を有する「系列」に属さない，いわゆる独立系の自動車部品サプライヤーである。2023年現在，リケンの総従業員数は4100人であった。この数字は国内子会社を含むが，海外で8カ国に立地するリケンの関係会社の従業員を含まない。リケンの主要な製品は，ピストンリングと呼ばれるもので，リケンは1932年に新潟県柏崎市でピストンリングの生産を始めた。

　2007年7月16日午前10時13分に新潟県中越沖地震が発生した。この天災によってリケンの柏崎工場は，大きなダメージを受けピストンリングを生産できなくなった。日本国内製の自動車に必要とされるピストンリングの約半分（年間億単位）をこの工場で生産していたため，この被災が日本の全自動車メーカーの多くの工場に深刻な影響を及ぼした。7月19日から23日にかけて，ピストンリングの部品不足でエンジン供給ができなかったため車両組立工場が操

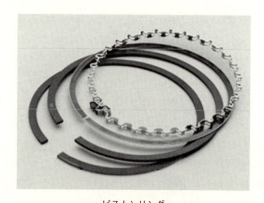

ピストンリング
(注) 通常は1ピストンに3つのリングが使用される。
(出所) Whitney et al. (2014), p. 244（筆者訳，リケン提供）。

業停止に追い込まれた。たとえば，トヨタ自動車は12の工場，ホンダは7つの工場を停止した。

　自動車メーカー，部品サプライヤーや工作機械・設備メーカーが急きょ，地震から3日のうちに650人の人員を復旧応援のためにリケンの柏崎工場に派遣した。余震を警戒しながら，また各企業のライバル意識を抑えつつ，これらの企業が緊密に協力し合って，工場のインフラの修理や生産設備の修復，ピストンリングの試験運転等にとりかかった。結果として1週間のうちに柏崎工場の生産を再開し，2週間のうちフル生産に戻すことができた。日本最大手の自動車メーカーであるトヨタ自動車が復旧活動全体のマネジメントに中心的な役割を担った。

　7月17日から8月11日にかけて，生産復旧活動に参加した応援人員の延べ人数は7900人にのぼった。ここまでの人数が必要だった理由は，まずピストンリングの生産に使用されていた工場内の約1100個の工作機械や設備の98%が被害を受けたことにある。次ページの写真が示すように，工場敷地内のインフラ（給排水管や電気配線など）の被害も深刻であった。工作機械や生産設備の約3分の1が完全に倒れたか傾いていた。これらの機械の微妙な連携と微調整によってピストンリングの諸機能（長寿命，強靱性，弾性など）が引き出されるため，機械を元の位置に戻してから製品に問題が生じないか，さまざまな点検作業が必要であった。また，地震によって落下してダメージを受けた金型★も多くあり，出来上がったピストンリングの寸法を確認するために使用されるゲー

第9章　災害マネジメント（アイシンとリケン）　187

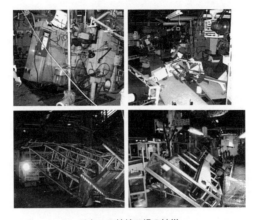

リケンの柏崎工場の被災
（出所）　Whitney et al.（2014），p. 245（筆者訳，リケン提供）。

ジと呼ばれるものだけで1300個の点検・修復作業をしなければならなかった。

　工場の建物自体が倒れなかったことが不幸中の幸いであった。しかし，建物が地震に耐えたのはただの幸運ではなかった。新潟県中越沖地震の約3年前（2004年10月23日）に新潟県中越地震が発生したとき，リケンは大きく被災しなかったものの，地震のリスクが顕在化した。2004年の地震を契機に工場の建物に補強工事を始めた。2007年にはその工事は半分程度を終えていたという。そのおかげで2007年の地震に工場の建物が耐えたという可能性が高い。

　2004年の地震の後，リケンは，建物の補強のほかに，生産計画などのデータのバックアップ体制を充実させた。そして，工場敷地内に非常用発電機・非常灯・放送システムを整備したり，災害に直面する際の危機対応本部の開設計画もつくった。いずれの取り組みも2007年の地震に際して機能したが，地震のスケールがその能力を大きく超えた。たとえば，従業員の安否の確認はすぐに始められたが，リケンに部品や素材を納めるサプライヤーや取引先（顧客）への連絡は地震発生から半日以上経ってからであった。リケンは，情報不足で困っていたこれらの企業により早く連絡しなかったことを深く反省していると，2007年の秋にリケンが発行した報告書に記されている。[4]

　リケンにとってサプライヤーや顧客に迅速に通知することがきわめて重要であった。なぜなら，ピストンリングのような工業製品はサプライヤーや顧客との親密な関係の中で設計され，生産工程の微調整や工夫を繰り返さないと，内

188　第Ⅱ部　変化する生産管理

燃機関エンジンの諸性能を担保できないからである。どのピストンリングも表面的には似ているように見えるが，細部に至るまで事前に承認され，検証された素材を使用し，実際には各種のピストンリングはそれぞれ独特な製品なのである。すなわち，ピストンリングは，アイシンのPバルブのケースのようにすぐに別の工場で生産できるものではない。そのため，震災したリケンの工場の現場を復旧させることにいっそうの緊急性があったのである。ほかの工場でピストンリングの代替生産を行おうとすれば，はるかに長い時間がかかるはずであった。

　リケンと工場復旧を支援した企業は，単にピストンリングの供給を回復するだけではなく，工場周辺のコミュニティを支援するために，近隣の体育館に救援物資を届けた。リケンの工場の従業員もまた，震災した自分の家族，住まい，地域社会をケアするための時間と余裕を必要としていた。被災した従業員に肉体的・精神的なサポートを与えることは，災害マネジメントにおいて常に重要な課題である。とくに地震などの広範囲に影響を及ぼす災害の場合，周辺地域の復興支援も企業が倫理的に重要視すべきことであるし，もしそれに十分な関心を払わなければ周辺のコミュニティからの不平不満を招くことになる。

　復旧後も，企業は災害マネジメントの計画と実施に教訓を取り入れることで，顧客，サプライヤー，周辺地域に対する継続的なコミットメントを示すことができる。このように過去の辛い経験から学んだことにより，リケンは，2007年の震災後，生産設備を強力なアンカーで床に固定する計画を積極的に推進した。また，リケンの費用負担で関東と東海それぞれに2週間分の部品在庫を顧客のより近いところに置くことにした。この方策は一般的な安全在庫と言い難いが，リケンのピストンリングの国内生産が極端に柏崎工場の1カ所に集中しているため，顧客の安心を買うための機能を持っている在庫といえる。このように，現状の組織能力を反映した巧みな在庫水準の管理と捉えることができ，JITの考え方との折り合いをつけることができる。

3　ケースを解く

　本節では，まず2つの工場の被災のケースを比較して類似点と相違点を整理し，なぜ相違が生じたのか，また製品の特長を意識しつつ，実際の災害マネジメント全体に大きく影響する3つの組織能力を見ていく。どのような災害が発

第9章　災害マネジメント（アイシンとリケン）　189

生しても，これらの組織能力を柔軟に活用できれば災害の程度を抑えることができる。

次に，3つの組織能力に共通する主要な担い手である製造現場で働く作業員に目を向ける。災害マネジメントの組織能力を構築するために最もふさわしい作業員は多能工である。災害マネジメントに強い企業は，多能工の問題解決スキルの養成に常に注力しているのである。なお，多能工は，災害マネジメントにおいて重要な役割を果たすだけでなく，工場の平常時の競争力にも大きく貢献している。多能工を育成することは，災害の備えと収益の確保の両立につながるといえる。

本節の最後に，多能工の育成を軸とした事業継続計画づくりを紹介する。事業継続計画（BCP：Business Continuity Planning）とは，危機に直面した場合，企業の存続をどのように担保するかを示すものであり，ステークホルダーに説明責任を果たすためにつくられるものである。BCPは，企業の本社が取り組むべき企業統治（コーポレートガバナンス）の最重要課題の1つであるが，実際は机上の「お話」になりがちである。そこに，BCPを「現場の能力構築」という具体的なアクションにつなぐことで，現実のものにしていくことができる。現実のものとなれば，実際に災害が発生したときに，被害を抑え，企業内外の人を助け，事業継続を支えることができる。

3.1　人命第一と復旧のスピード重視

本章で取り上げた2つのケースでは，災害時に部品の供給中断，および他社の綿密な支援による迅速な供給復旧があった。しかし，最も顕著な共通点は，いずれのケースにおいても人命が失われなかったことである。もし，災害や復旧活動によって従業員や復旧支援者が亡くなっていれば，製品の供給が迅速に復旧したとしても，誰もそれを「成功例」と呼ばないだろう。このことは，平常時でも災害時でも工場における最優先事項は人の安全でなければならないことと再認識させる。供給復旧は重要だが，施設のすべての人の無事に努めることは，企業が果たすべき最重要な道徳的・法的責任である。

2つのケースには多くの相違もあった。たとえば，1つは自然災害，もう1つが人為災害である。それぞれの工場で生産された製品の機能や特徴も大きく異なっていた。災害マネジメントは，このような個別の要因から大きな影響を受ける。災害や製品，生産過程の具体的な要素が複雑に絡み合うので，災害時

は計画通りにはならず流動的な状況になる。あらかじめ定める災害マネジメントの計画は，とるべき行動そのものを示すものではなく，その場でしか判断できない正しい行動を支える原理原則を示すものである。

また，災害を想定する計画は，過去の災害の教訓を体系化し，災害マネジメントに対し全社の意識を高めるのに役立つ。計画づくりは，企業の構成員が災害マネジメントにおいて貫くべき姿勢（たとえば，人命の保護を常に最優先すること）を共通認識とさせるために有効である。災害対応は緊急性をともない，計画を見る暇がないケースが多い。そのためにこそ共通の価値観，および日頃から鍛えられた判断力に基づく行動が求められる。

災害マネジメントにおいて，どのような組織能力が必要かを理解するために，本章の２つのケースで供給復旧のために採用された対照的な方策に注目しよう。アイシンのケースでは，代替生産が行われた。工場火災で生産プロセスの一部（穴を開ける加工工程）が被災したが，３日のうちにその生産工程をアイシンに代わって他社が行った。

対照的に，リケンのケースでは代替生産は行われなかった。他社によるすべての支援は，震災を受けた柏崎工場での生産復旧に向けられた。その現場での生産復旧支援のための人員が柏崎に派遣された。リケンのケースでは代替生産が行われなかった理由としては，ピストンリングの製造には，特殊な専用機の使用が必要不可欠であり，急な代替生産が難しいことがあげられる。

一般的に，災害マネジメントにおいては，製品供給の迅速な復旧，すなわちスピードを重要視する。なぜなら，被災した工場が製品を供給できなくなれば，膨大な経済的負担を強いられるからである。生産が停止されている間でも，人件費等の経費は発生する。供給寸断によって契約が履行できなくなった場合，企業は多額の違約金に直面する可能性もある。製品供給が迅速に回復できなければ，取引先との信頼関係に傷つけるリスクもある。このように，供給回復のスピードはコストより重要視される傾向にある。もう１つの重要な指標である品質は，どのような方策で製品供給を回復させるかにかかわらず，維持される必要がある。

以上から，多くの場合，企業は製品を顧客に供給できない期間を最小化する方策を選択する。アイシンのケースのように，代替生産によってより早く供給を復旧できるのであれば，その方策が選択される。あるいは，リケンのケースのように，被災した工場を修復することでより早く供給が復旧するのであれば，

第 9 章　災害マネジメント（アイシンとリケン）　191

表 9-1 ● 災害マネジメント能力の全体像

▼災害マネジメント	防災対策能力	現場復旧能力	代替生産能力
災害時前 計画づくり および 対応能力の構築	5S（整理，整頓，清掃，清潔，躾）の実施 設備やラック等の固定 避難訓練 事業継続計画の作成と更新	日々の改善活動と訓練 安全スキル訓練 フローのマネジメント 緊急対応チームの構成検討	迅速な生産立ち上げの徹底 セカンド・ソースの確保 潜在的な代替生産先（バーチャル・デュアル）の準備
↻ 災害事前・事後において理念の一貫性をもって方策を迅速に切り替える ↻			
災害時後 計画実行 および 対応能力による 臨機応変	サプライチェーンのデータの更新 事業継続計画の見直し 防御対策（例：感染対策）の実施	対策本部の円滑な運営 被災した施設の復旧活動 被災した供給ルートの復旧活動	代替生産ラインの設置と設置支援 セカンド・ソースの増産 バーチャル・デュアルの活用

（出所）　MacDuffie et al.（2021），p.19 に基づき筆者作成。

その方策が選択される。どちらでも同じような早さであれば，現場復旧を選択するのが妥当である。また，2つの方策を併用することもある。

　どの方策が製品供給の復旧を早めるかは，さまざまな要因が影響する。しかし，他の条件が等しければ，災害マネジメントの組織能力（**表 9-1**）が強ければ強いほど，より早く，よりスムーズに供給を回復させることができる。これらの組織能力の構築こそが，防災を考えるマネジャーに託された最大の課題である。

3.2　災害マネジメントの3つの組織能力

　災害マネジメントは基本的に3つの組織能力に分けられる。それは，防災対策能力，現場復旧能力，代替生産能力である。**表 9-1** はこれら3つの組織能力を示している。各組織能力について順を追って以下に説明していこう。3つの組織能力は補完関係にあることに留意しよう。効果的な災害マネジメントとは，企業が3つの組織能力を並行して構築し，災害前と災害後のフェーズにおいて，1つの組織能力から別の組織能力へと機敏に切り替えられるようにする

ことである。災害マネジメント能力を機敏に切り替えることは，**フレキシビリティ（柔軟性）**の一形態である。一般に，フレキシビリティとは，ある生産工程から別の生産工程に変更できる体制を意味する。フレキシビリティは，しばしば，品質，コスト，納期に続く，オペレーション管理における4つめの重要な評価指標とみなされる。

(1) 防災対策能力

防災対策能力とは，災害が与えるダメージを最小限に抑える能力である。例をあげると，非常用発電機を浸水しにくい場所に置くこと，非常灯を設置すること，非常時の安否確認方法を設定すること，生産ラインの非常時の自動停止機能を組み込むこと，重たい設備の転倒を防ぐために地面にアンカーを打つこと，消火器を取りやすいところに置くこと，避難訓練を定期的に実施すること，等々がある。

しかし，このようなわかりやすい例だけが防災対策ではない。工場の日々の運営も対策ともいえる。たとえば，工場内の通路に普通に物を置いたりする現場は，災害が発生した時に従業員が速やかに逃げられないかもしれない。したがって，不必要なものを工場から排除する「整理」，必要なものを常に決まったところに置く「整頓」，設備をきれいな状態に保つ「清掃」，機械を日々点検する「清潔」，そしてこれらを習慣化させる「躾」といった工場運営の5Sは防災効果も持つ。

以上のような防災対策を事前に行うのはもちろんのことだが，災害後も対策の足りなかったところを解明して見直しを行うことも必要である。災害と復旧の後は，**サプライチェーン**の変更があった場合はそのことをデータベースや事業継続計画に取り入れて更新作業を行う必要がある。また，パンデミックなど，蔓延する災害の場合は，被害をまだ受けていない工場を守り続けることも防災対策能力の1つである。

(2) 現場復旧能力

現場復旧能力を見ていこう。被災した場所の復興を意味するこの**組織能力**の構築の目的は，工場やサプライチェーンの堅牢性（robustness）を高めることである。堅牢性が高ければ，現場が災害によって被害を受けても，素早く元の状態に回復できるのである。ここでのポイントは，「被災しない」ようにするのではなく，被災した状態が蔓延化しないようにすることである。すなわち，現場を固く守るよりも，現場に柔軟性を持たせて回復力に重点を置くのである。

この考え方は，JITと同じである。余計な在庫を置かないで，機能的な在庫だけを置くと，小さな異常によりすぐに問題が引き起こされる。しかし，問題の発生は，問題解決のサイクルを回し始めるきっかけとなる。問題解決のサイクルを回すことが問題解決スキルを高め，問題の原因を解決することで生産の流れは良くなる。

　災害に備えるための堅牢性をどのように追求するのか。それは日常的な作業を洗練することから始まる。作業標準がつくられ守られることで，作業員の安全，製品の品質，コスト，納期厳守が保証される。作業標準の管理と改善活動は，現場作業員の通常業務の一環として行われる。安全スキル訓練は定期的に実施され，人を大切にする組織文化を浸透させる。また，リードタイム*を短縮し，フレキシビリティを向上させるため，フロー・マネジメント（生産工程の流れを良くすること）が追求されることになる。

　工場復旧を支援するために緊急対応チームが必要となる。先遣隊員は被災した現場へ直ちに移動し，次いで他の支援チームが移動する。このような迅速な派遣を可能にするには，要員の特定，通信手順の確立，緊急用具の適切な保管，代替ルートの検討など，さまざまな準備が必要である。最も重要なのは，現場作業員による迅速な意思決定を奨励する企業文化である。

　被災した現場を手際よくマネジメントし，現場とそれを支援する組織との間で緊密なコミュニケーションを維持することがきわめて重要である。現場は，どのような人員や資源が必要かがわかっている。支援組織は，これらの人員や資源の手配に協力することができる。一般に，迅速に収集した正確な情報に基づいて，人員と資源を要請，受け入れ，配備する権限を持つ臨時的な対策本部を現地に素早く設置し，円滑な運営することが被災した施設の復旧活動に効果的である。

(3)　代替生産能力

　代替生産能力とは，タイムリーに，かつ正確に他の場所に生産活動を移せることである。アイシンのケースでは，Pバルブの生産活動を他社に移すため，アイシンもトヨタも多大な労力をかけて，支援に回った。端的にいうと，代替生産能力は，生産の立ち上げを一刻も早く行うことに尽きる。アイシンのケースでは3日間でまったく新しい場所で生産を始めることができた。しかし，このようなスピード感はトヨタでは特別なことではない。JIT生産に徹すれば，一般的にすべての生産立ち上げをなるべくスピーディーに行えるようになり，

194　第Ⅱ部　変化する生産管理

代替生産能力の構築につながる。

　代替生産を実際に始めようとする場合，製品はシングル・ソースかデュアル・ソースまたはマルチ・ソースかによって話が大きく変わる[5]。後者の場合は代替生産先がすでに存在しているので，バックアップ先がある。前者だと一極集中になっているためバックアップ先がない。しかし，バックアップ先がない場合でも「バーチャル・デュアル」という方法を準備すれば，生産が長く止まった場合は，あらかじめ定めた潜在的な代替生産先に確実に，そして速やかに生産活動を移せる体制にしておくことができる[6]。

　なお，代替生産先がリアルあるいはバーチャルに存在していても，そこに十分な余剰能力がなければ，被災した工場の生産量を吸収できない。したがって，災害に備えるため，代替生産先の候補の設備稼働率をモニターし，緊急時にどれだけ早く生産能力を伸ばせるか，検討を行う必要がある。その早さは，日々の仕事にどれだけのスピード感で取り組んでいるかどうかに左右される。

3.3　多能工の育成：問題解決スキル

　大きな災害が発生すると，工場では多くの問題が突然，同時に生じてしまう。現場作業員に問題解決能力が広く分散していれば，これらの問題を効果的・効率的に対処できる可能性が高くなる。生産の仕事に加えて問題解決に取り組むことができる現場作業員は，**多能工**にほかならない。問題解決スキルとは，日常的な機械のメンテナンスを含めた生産の仕事の経験を活かしてトラブルシューティングを行える能力だけでなく，改善の機会を見る目を持ち，問題解決のツールを巧みに使いこなせることである。たとえば，5つの WHY（なぜなぜを繰り返して問う手法），PDCA（Plan-Do-Check-Act）というような問題解決ツールは，問題の根本原因（真因）を明らかにするのに役立つ。

　問題解決スキルには，個人のスキルとチームワークの両方が含まれる。チームワークが必要なのは，問題が1人の職域に収まることは少ないからである。これは平常時の問題でも，災害によって引き起こされた問題でも同様である。通常，問題の真因を突き止め，解決するためには，多様な知識と経験が必要とされるので，チームワークに優れた現場作業員が問題解決の原動力だといえる。

　チームワークには信頼が必要であることは，チームに所属する人なら誰でも知っている。チームプレイを伸ばすには，チームメンバーやリーダーの意図と腕を信じる必要がある。しかし，人々がつい機会主義的行動に走って，せっか

く築かれた信頼を壊すことがある。このようなことを最小限に抑えるため，企業は，機会主義的行動を抑制するさまざまな仕組みを導入する。長期的な関係性を大切にすることと共通の価値観（たとえば，人命第一，現場重視）を組織に浸透させることは，信頼関係と問題解決スキルを生みやすくする。

　工場の災害マネジメントと改善活動に使われる問題解決スキルは基本的に同じであるため，企業は現場作業員の問題解決スキルの養成に投資することで，災害マネジメントも改善活動に支えられる競争力も高めることができる。もちろん，スキルがあるだけでは不十分で，日頃から，また災害発生時に，スキルを自発的に使う必要がある。そのモチベーションは平常時も非常時も，多能工の貢献を認めて，現場作業員に生活賃金を支払い，そして何よりも人を消耗品として扱わないことから生まれる。つまり，マネジャーが現場作業員をリスペクトして接すれば，作業員は問題解決スキルを企業や社会のために役立てようという気持ちになりやすくなるのである。

3.4　生産現場の能力構築を優先する事業継続計画

　事業継続計画（BCP）の究極的な目的は単純で，事業が非常時（危機）に直面した際，企業が存続できる体制を整えることである。事業が平常時の企業は，戦略・組織・会計による競争力を持って存続する。事業が非常時の企業は，災害マネジメントをきわめることで存続する。災害マネジメントと競争力を両立する決め手は，一般的に見られない BCP のアプローチをとることにある。すなわち，組織本部の計画をつくる能力に重きを置かないで，最前線の作業員の問題解決能力を重要視することである。

　多くの製造企業は，組織の本部でつくられた計画（プランニング）に依拠する生産現場と物流現場における緩衝（バッファリング）志向に基づき災害マネジメントに取り組む。プランニングではさまざまな災害を想定して対策を準備する。バッファリングでは災害から生じるショックを和らげ，対策の実施までの時間を稼ぐ。たしかにいずれも有益なアプローチである。問題は，プランニングとバッファリングにはコストがかかるが，そのリターンは災害が発生したときにだけ得られることである。

　災害は稀で予測不可能なため，あらゆる状況に対応できるプランニング，どんな非常時でも十分なバッファリングを備えようとすれば，膨大なコストがかかってしまう。自由競争の環境下では，より詳細な計画を立て，より多くのバ

ッファーを持つ企業と比べて，より荒い計画を立て，より少ないバッファーを持つ企業の方が平常時に競争上の優位性を得ることができる。災害が発生すれば優位性が逆転するが，災害は稀にしか発生しないため，企業は平常時を優先したがる。その結果，企業間で最低限の災害対策（プランニングとバッファリング）をめぐる競争が生まれ，低いレベルでの競争が激化しやすくなる。それぞれの企業が最小限の災害対策を追求すると，災害が実際に発生したときにだけ，準備不足だったということがわかる。この「最低限で良い」という安易な方針により，たとえばコロナ禍で世界中が経験した人間の悲劇がもたらされる。さまざまな工場で新型コロナウイルスの感染が広がり生産ができなくなった。個人防護具等の在庫不足が生じ，命を奪われた最前線の人も多かった。安全在庫のレベル，工場の防災対策能力，現場復旧能力，代替生産能力のいずれも足りない企業が多かった。その事態の把握も遅かった。

　では，より効果的な災害マネジメントとはどのようなことだろうか。一般的ではないかもしれないが，それは本部主導のプランニングとバッファリングに頼り切ることなく，最前線中心の問題解決能力の構築に重きを置く方針に切り替えることである。つまり，防災および被災後の対応において本部が貢献できることはあるものの，同時に限界があることを認め，災害の打撃を直接にうける現場作業員に大きく権限を委譲して，現場の判断力と対応能力を生成することに注力することである。現場の迅速な問題解決スキルを育成することに災害マネジメントの焦点を当てれば，作業員の判断能力と知恵が養われ，防災も復旧も円滑に回せる体力がつく。

　BCP の軸を本部から最前線に移すことをまず企業が行うべきである。現場の問題解決スキルを広く高めるため1人ひとりの現場作業員を最優秀者（MVP：Most-Valuable Person）として扱い，全員のスキルアップに投資する。また，平常時の改善活動によって得られる生産性の向上を絶対に人員削減に結び付けない姿勢にこだわる必要がある。リストラが本当に避けられないときは，人員削減の負担を現場作業員のみに背負わせないで，企業全員が公平にその痛みを分担する。そのような企業は，現場作業員の問題解決スキル，経験と知恵に根づいた，前述の3つの能力を切り替えられるフレキシビリティを担保することができる。このことこそが健全な BCP である。

　以上のように，企業のマネジャーと現場作業員が相互にコミットする結果，共同体（コミュニティ）への信頼が生まれる。西口・辻田（2017）は，コミュニ

ティへの信頼はビジネスの日常の仕事だけでなく，災害の非常時においても大いに役立つと述べている。ここでいうコミュニティは1つの企業の境界線を越える場合もある。製品開発においてサプライヤーは準内部組織として接することは一般的である。また，顧客は企業の外にいるが，企業は顧客と一体になっていくことでウィン・ウィンの関係を目指す。企業の周りの地域社会まで企業のコミュニテーの内だと考えるのは江戸時代から続く近江商人の「三方よし」(売手よし，買手よし，世間よし) の考え方にも通じ，災害マネジメントの考え方とうまくフィットする。

世界中のより多くの企業が，災害マネジメントに強い先進企業のアプローチに見習い，とりわけ現場作業員の問題解決スキルの育成に注力していけば，災害の被害を減らしていけるはずである。人命第一，現場重視，三方よしといった原理原則を日々の仕事に盛り込むことで，平常時であっても災害時であってもより良い今日と明日を創造していける製造企業が増えるだろう。

4 課　題

(1) 直近数年の間に被災した工業施設とその復旧についての新聞記事等を探して，現場作業員のことについての言及があるか調べてみよう。調べた結果をほかの学生の調べた結果と比較して，それぞれの結果をこの章の内容と重ね合わせて，共通点と相違点を洗い出してみよう。
(2) 災害マネジメントにおいて信頼関係はどのような役割を果たすかリストアップしてみよう。役割を考える際，個人同士の信頼，組織同士の信頼，企業同士の信頼，そして，共同体（コミュニティ）への信頼を分けて考えてみよう。

読んでみよう　　　　　　　　　　　　　　　　　　BOOK GUIDE

西口敏宏・辻田素子（2017）『コミュニティー・キャピタル論：近江商人，温州企業，トヨタ，長期繁栄の秘密』光文社．

藤本隆宏（2020）「アフターコロナ時代における日本企業のサプライチェーンについての一考察」東京大学モノづくり経営研究センター，ディスカッションペーパー，No. 530, 1-15頁 (https://merc.e.u-tokyo.ac.jp/mmrc/dp/pdf/MMRC530_2020.pdf)。

注

1) 国連は，気候変動の影響によってより激しい自然災害がより多く発生していると指摘している（Pavlinovic, 2021）。また，現代ではグローバル規模での経済活動が行われているため，一国の災害は遠い国にも影響することがある。2020年以降の新型コロナウイルスのパンデミックは，この事実をわれわれに痛感させた。
2) 本ケースは，Nishiguchi and Beaudet (1998)，西口・ボーデ（1999），および，ホイットニーほか（2013），Whitney et al. (2014) を参考に執筆した。
3) 本ケースはホイットニーほか（2013），および Heller (2018) を参考に執筆した。
4) 株式会社リケンが復旧活動に協力した企業等向けに，2007年9月28日に発行した報告書「新潟中越沖地震による被災からの生産復旧」を参照。
5) 供給源をシングル・ソース（当該製品を1つの場所にしかつくっていないこと）にするか，デュアル・ソース，マルチ・ソース（当該製品を2または3以上の場所でつくっていること）にするかは購買戦略そのものである。本章の2つのケースでは，アイシンとリケンの顧客は，1車種の車に対して，基本的にシングル・ソースの戦略を選択していたが，供給復旧後においても被災前と同様なシングル・ソース戦略を基本的に維持したのである。その理由は，1社との密接な協力を続けることで，すなわち信頼に基づく取引関係を維持することで，長期的に品質・コスト・納期の要求を一番満足できると判断したと考えられる。
6) バーチャル・デュアルについてもっと知りたい読者は藤本（2011）を参照されたい。

参考文献

藤本隆宏（2011）「サプライチェーンの競争力と頑健性：東日本大震災の教訓と供給の『バーチャル・デュアル化』」東京大学ものづくり経営研究センター，ディスカッションペーパー，No. 354, 1-27 頁。

Fujimoto, T., and D. A. Heller eds. (2018) *Industries and Disasters: Building Robust and Competitive Supply Chains*, Hauppauge, NY: Nova Science Publishers.

Fujimoto, T., Y. Kato, and S. Iwao (2018) "The Evolution of Disaster-Response Capabilities: The Case of Toyota," in T. Fujimoto and D. A. Heller eds., *Industries and Disasters: Building Robust and Competitive Supply Chains*, Hauppauge, NY: Nova Science, 197-238.

Heller, D. A. (2018) "Lessons for On-the-Spot Recovery: Riken and the 2007 Chuetsu Offshore Earthquake," in T. Fujimoto and D. A. Heller, eds., *Industries and Disasters: Building Robust and Competitive Supply Chains*, Hauppauge, NY: Nova Science, 95-115.

MacDuffie, J. P., T. Fujimoto, and D. A. Heller (2021) "Building Supply Chain Continuity Capabilities for a Post-Pandemic World," Mack Institute Working Paper, Wharton School, University of Pennsylvania, 1-42.

Nishiguchi, T., and A. Beaudet (1998) "The Toyota Group and the Aisin Fire," *MIT Sloan Management Review*, 40 (1), 49-59.

西口敏宏・A. ボーデ（1999）「カオスにおける自己組織化：トヨタ・グループとアイシン精

機火災」『組織科学』32 (4), 58-72 頁。

西口敏宏・辻田素子 (2017)『コミュニティー・キャピタル論：近江商人, 温州企業, トヨタ, 長期繁栄の秘密』光文社。

Pavlinovic, D. (2021) "Climate and Weather Related Disasters Surge Five-fold over 50 Years, but Early Warnings Save Lives," WMO report, UN News, Climate and Environment, September 1. (https://news.un.org/en/story/2021/09/1098662 Accessed March 22, 2024)

ホイットニー D. E., J. ルオ, D. A. ヘラー (2013)「サプライチェーンの途絶リスクとその復旧パターン：調達の一時的な分散化とその限界」東京大学ものづくり経営研究センター, ディスカッションペーパー, No. 434, 1-27 頁。

Whitney, D. E., J. Luo, and D. A. Heller (2014) "The Benefits and Constraints of Temporary Sourcing Diversification in Supply Chain Disruption and Recovery," *Journal of Purchasing and Supply Management*, 20 (4), 238-250.

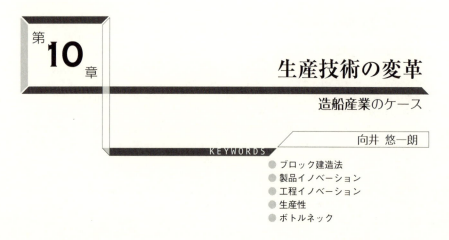

第10章 生産技術の変革

造船産業のケース

向井 悠一朗

KEYWORDS
- ブロック建造法
- 製品イノベーション
- 工程イノベーション
- 生産性
- ボトルネック

1 本章のねらい

　本章は，造船産業のケースを取り上げ，ものづくりの現場において技術の変革がどのようになされ，それがどのような意味を持つのかを考える。本書では，第Ⅰ部でインプットである生産要素（第1～3章）からアウトプットである製品（第4～6章）に変換するプロセスを，企業がどのようにマネジメントしているのかを見てきた。続く第Ⅱ部では，企業がその変換プロセスをどのように変革し，外部環境の変化に対応するのかを考える。

　本章で取り上げる日本の造船産業は，戦後の苦況から，比較的早く立ち上がったが，その分，早いタイミングで好不況の波や国際競争に対応する必要に迫られてきた。それでもなお，現在も何とか国際競争力を保っている。そうした産業の現場がどのように製品や工程を変革させたのかを学ぶことによって，企業の生産管理がどのように競争力に結びつくのかを理解するヒントを得られるだろう。

2 ケース：造船産業における工程イノベーション

2.1 溶接・ブロック建造法の普及と産業の変遷[1]

　近代の造船産業は，19世紀後半以降，主要な製品技術が木造船から鋼船に変わった。以降，どのように鋼鉄の板や骨格（鋼材）をつなぐかが焦点となっ

第 **10** 章　生産技術の変革（造船産業）　201

てきた。

　第二次世界大戦直後，民間の船舶で世界一の生産量を誇ったのはイギリスであった。そのイギリスの造船会社では，鋼材を１つひとつつなげて組み立てる鋲接工法（2.3項）という技術が用いられていた。この鋲接工法は，戦前・戦中期までは主流の技術であった。

　しかし，戦後は，鋲接工法よりも作業が簡単な溶接工法が発達しつつあった。日本の造船会社は，戦争によるダメージから再起する中，この溶接工法とそれを活かしたブロック建造法（2.3項）を積極的に導入した。この背景には，政策や金融面の支援があった。1950年代前半になると，朝鮮戦争によって需要が急増した。さらに，1950年代半ばのエネルギー革命で石油の需要が伸びる中で，情勢が不安定なスエズ運河を避けた遠回りの南アフリカ経由の航路を選択する必要があったために，一度に大量に輸送できる大型船の需要が生まれていた。こうした市場需要の変化に対して，溶接・ブロック建造法という組立方法の変革と，工場とその設備の新設や拡張によって対応できるようになった日本の造船会社が，積極的に大型船を受注・生産するようになった。こうして，日本は1956年にイギリスを抜き，2000年に韓国に抜かれるまで，世界一の地位にあり続けた。なお，現代の溶接・ブロック建造法の発祥の地とされるアメリカは，軍需が中心で，民間の海運向けの船舶のシェアはさほど伸びなかった（伊丹・伊丹研究室，1992）。

　生産量で世界一となった日本は，1968年にはシェア50％を超えた（伊丹・伊丹研究室，1992）。しかし，日本の造船産業は，1970年代の２度のオイルショックによる需要の急減に直面し，政府主導で設備の削減が図られた。このため，1975年から80年代初頭にかけて一気に生産量が減少した。一方で，1972年の現代重工業のウルサン工場設立を皮切りに，韓国の造船業が成長しはじめる。当時，世界的に有力な顧客であったギリシャ船主が低価格を重視しており，人件費の安さでコスト優位を持つ韓国の造船業がこのニーズに応えていた。こうして1986年には韓国が生産量で世界第２位になり，90年代も積極的な設備投資を続け，2000年に日本を追い抜いた（図 **10**-1）。

　2000年代になると，発展途上国の経済成長によって海運需要が増加し，世界的に船舶の需要も増大した。これに対して日本も生産量を伸ばして対応したが，1990年代の設備投資で生産能力を大幅に増強していた韓国がより大きく成長した。こうした中，政府の支援策による生産能力の増強と低船価を活か

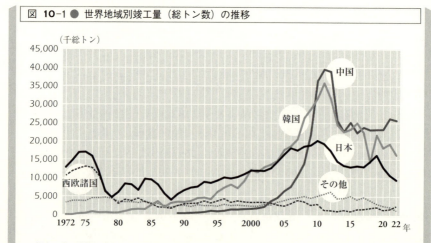

図 10-1 ● 世界地域別竣工量（総トン数）の推移

（注） 1) 単位の千総トンは 100 の位を四捨五入。なお，出所の資料では，2014〜21 年の単位が万総トンになっているためその間の値の一の位は 0 に，22 年の単位が百万総トン（小数点以下第一位までの表示）になっているため一・十の位を 0 とした。
2) 対象は 100 総トン以上の船舶。
3) 中国は，1972 年から 88 年まではその他に含まれる。
4) 西欧諸国とは，旧西欧造船工業会（AWES：The Association of West European Shipbuilders）に加盟する 13 カ国（ベルギー，デンマーク，フランス，ドイツ，ギリシャ，イタリア，オランダ，イギリス，フィンランド，ノルウェー，スウェーデン，スペイン，ポルトガル）を指す。なお，出所の資料では，2014 年以降，「欧州」の表記になっている。
5) その他のうち，1989 年以降は中国を除いた値。

（出所） 日本造船工業会「造船関係資料」（各年 3 月もしくは 4 月）をもとに筆者作成。

した中国が急激に生産量を伸ばし，2010 年に韓国を抜いて世界 1 位となった（図 10-1）。こうして 2000 年以降，日本は後発国の韓国や中国に追い抜かれた。しかし，リーマンショックによる影響を受けつつも，日本は最近まで粘り強く世界で有数の地位を維持している。その原動力の 1 つは，日本の造船会社の一部が高い生産性によってコスト競争力を維持していることである。また，この 50 年間の生産量は，3 国とも急激な変化を見せている。このように，日本の造船産業の生産現場は，長期にわたる激動にさらされてきた。次項以降で，日本の造船会社の生産現場が，どのようなプロセスでものづくりを行い，どのような変革を行ったのかを見ていく。

2.2 造船所の一般的な生産プロセス[2]

造船所の製造現場の全体像の一例を示すと図 10-2 のようになっている。

第 10 章　生産技術の変革（造船産業）　203

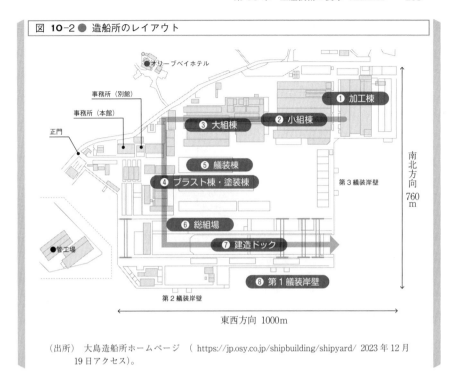

図 10-2 ● 造船所のレイアウト

（出所）　大島造船所ホームページ（https://jp.osy.co.jp/shipbuilding/shipyard/　2023 年 12 月19 日アクセス）。

　この工場は，東西に 1km，南北に 760m ととても広く，原材料の搬入から製品の完成まで各工程を同じ敷地内で賄えるようになっている。ただし，他社では一部の工程を外注する工場もある。また，図 10-2 の工場は，工程（仕掛品）の流れに沿った一筆書きのレイアウトとなっているが，もともとの敷地の広さや地形の制約により，レイアウトが工程の流れに沿っていない工場も多い。

　原料の鋼材から船 1 隻を完成させるまでの一般的な生産プロセスは，図 10-3 のようになっている。大まかにいえば，鋼板を切って，曲げて，徐々に大きくするようにつないでいき，船の形になったら海に浮かべ，試運転して完成である。このプロセス全体のリードタイムは，一般的に数カ月〜1 年程度かかる。

　まず，製鉄所から専用の運搬船で，長方形の平たい板状（長さ 10〜20m 程度，幅 4〜5 m 程度のことが多い）の鋼材（鋼板）が造船所に搬入される（水切りともいう）。搬入された鋼板は，錆取り処理と切断が行われる（図 10-2 の①）。さび止め処理は，ショットブラスト（小さい鉄球を打ち付けて鋼板表面の異物を取り

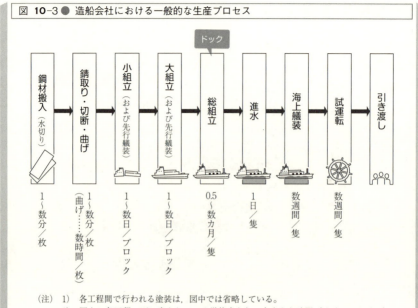

図 10-3 ● 造船会社における一般的な生産プロセス

(注) 1) 各工程間で行われる塗装は，図中では省略している。
2) 図中の各工程の下に書かれている単位当たりの大まかな時間（サイクルタイム）は，具ほか（2010）26頁，図12，および筆者の調査をもとにしたものである。

(出所) 日本造船工業会（2006），池田（2009），具ほか（2010）をもとに筆者作成。

除く）や塗装処理である。さび止め処理がされた鋼材は，コンベアで搬送され，切断機によってあとで使われるパネルや骨格の基礎となる形状の部材に切断される。この切断機は，数値制御（NC：Numerical Control）によるプラズマやレーザーの切断機である。船の設計段階で部材のサイズや形状が計算され，そのデータが工場内の情報システムを介して切断機に送信される。切断機は，そのデータに基づいて切断線や加工情報を鋼板に自動で書き込む（罫書き）。このとき，長方形からさまざまな形状の部材を切り出すことになるので，できるだけムダなく部材を切り出せるように工夫がなされる。ちょうど，洋服をつくる際，布地の切れ端ができるだけ出ないようにパーツを切り出すのと似たようなイメージである。

次は小組立と呼ばれる工程で，切断や曲げ加工が済んだ部材どうしを溶接でつなぎ合わせて小さなブロックをつくる（図10-2の②）。船は曲面の部分も多いため，さまざまな形状に切り出された部材は，必要に応じて曲げ加工が行われる。曲げ加工では，比較的大きくシンプルな形状の部材の場合，プレス機や

第 10 章　生産技術の変革（造船産業）　205

ベンディングマシンなどを用いて力を加えて曲げられる（冷間加工）。複雑で微妙な形状の部材の場合，ガスバーナーでの加熱と水での冷却を繰り返し，作業者が木型をあてながら慎重に少しずつ形作られる（熱間加工またはぎょう鉄ともいう）。また，完成状態の船では内部に入り込んでいて，後から作業しにくくなる部品の取り付けや配管や配線などの作業（先行艤装）や塗装も必要に応じて行われる（図10-2の④と⑤）。場合によるが，小さなブロックといっても数十トンの重量，寸法も10m以上になる。この段階での溶接は，工場の屋内での下向きの作業が多く，簡単な溶接ロボットや人による作業の組み合わせで行われる。

　小組立の次に，大組立という工程に移る（図10-2の③〜⑥[3]）。ここでは，小組立の工場から運ばれてきた複数の小ブロックと骨格を溶接でつないで大ブロックをつくる。比較的まっすぐな形状で，船体の中ほどになる部分は，大がかりな溶接機とコンベアを用いて自動で溶接される。ただし，細かい溶接作業は部材の上で作業者が行う。船の先端や後端など複雑な曲面形状の部分は自動化が比較的難しく，治具に固定して作業者が溶接を行う。こうしてできた大ブロックは，さらにブラストなどのさび止め処理と塗装や艤装が行われ（図10-2の④と⑤），屋外で次の工程（総組立工程）に投入されるまでストックされる。この大ブロックの重量は数100〜1000トン以上，寸法は数10mになるが，重量や寸法は後の総組立工程が行われるドック（あるいは船台）にあるクレーンの吊り上げ能力に合わせて決められる。

　1隻の船を構成する大ブロックが揃うと，今度は建造ドックにおいて総組立が行われる（図10-2の⑦，写真）。複数の大ブロックをクレーンで吊り上げ，建造ドック内のそれぞれの場所におろされる（写真の右）。この大ブロックどうしを溶接でつなぎ，さらに塗装も行い，1隻の船の形を完成させる。さらに，ここでエンジンやスクリューなども取り付けられる。外航船の場合，船の全長は数百m，幅や高さは数十mにもなる。そのサイズの船をつくるには，ドックの寸法も数百m×数十mが必要で，たとえば図10-2の大島造船所のドックは長さ535m，幅80mである。加えて，鋼鉄の塊である船の重量に耐えられるように，地盤が強化されていることも多い。また，総組立工程は，数週間から数カ月かかり，一般的に造船所の生産プロセスのボトルネックになっている。このため，いかにこの総組立工程の効率や能力を上げ，負荷を下げるかが重要となる（3.3項）。また，数百〜千トン以上にもなる大ブロックを宙づりで運び，

建造ドックの様子

（出所）大島造船所ホームページ（https://jp.osy.co.jp/shipbuilding/shipyard/ 2023年12月19日アクセス）。

正確につなぐには，ひずみまでも考慮した作業の管理が求められる。さらに，大ブロックが揃わないとそもそも作業に入れないため，精緻なスケジュール管理も必要になる。

こうして船の形が完成したら，進水に移行する。進水の作業は，ドックの中に徐々に海水を入れて船を浮かばせ，外の海水面と同じ高さまでドック内の水面が上昇したら水門を開き，船を牽引して艤装岸壁（図 10-2 の⑧）まで移動させる。進水にあたり，しばしば顧客（船主）や工場の地元住民が招待され，くす玉やシャンパンが用意され，華やかなセレモニー（進水式）が催される。

しかし，ここで完成ではなく，進水後に，造船所の脇にある岸壁で，乗員用のスペース（居住区）の内装や荷役装置などの装備品の取り付けが行われる（海上艤装）。それから，試運転を経て，顧客に引き渡される。

以上が一般的な工場の生産プロセスである。そのボトルネック（後述）となるのはドックでの総組立工程である。ゆえに，さまざまな工夫がなされる。通常，1カ所のドックで，同時に作業ができるのは1隻分である。よって作業に2週間かかるなら，4週間で2隻生産されることになる。しかし，たとえば図10-2の大島造船所では，1カ所のドックを縦横に2×2の4分割にして4隻の作業ができるようにし（4隻並列建造），そのうち2隻ずつ作業のタイミングをあわせることで，約2週間ごとに2隻ずつ同時に建造，進水させている[4]。したがって，4週間で4隻のサイクルで（ドック内の船が1カ月ですべて入れ替わる），1隻当たり1週間で総組立工程を終える計算になる。実際，同社では年間40隻程度の生産実績となっている。これは1工場の生産量として日本で1位，世界で10位である（2013年時点）。また，2隻ずつ同時に建造を進めるため，大

第 **10** 章　生産技術の変革（造船産業）　207

組立工程と総組立工程（建造ドック）の間に，2 隻分のブロックを置くための広いスペースが確保されている。また，同社では「定番地化」といって，仕掛品のブロックを置く場所を一定にすることで，仕掛品管理の混乱を抑止し，管理しやすくしている。[5]

　さらに，大島造船所では，総組立工程の効率を上げるため，2008 年に 1200 トンを吊ることができるクレーン 1 基を増設し，既存の 300 トンクレーンとあわせて 1000 トン以上にブロックを大型化することが可能となった。さらに，2014 年にもう 1 基 1200 トンクレーンを増設し，1 ドックで計 3 基のクレーンが設置された。上記の「4 隻並列建造」およびブロックのストック場所の確保とあわせ，クレーンの増設を進めたことにより，2000 年頃までは年間 20 隻程度だった生産能力が，2008 年以降に 40 隻程度まで増強することができたのである。

2.3　溶接・ブロック建造法

　以上の造船所の生産プロセスは，「溶接・ブロック建造法」を前提としている。この生産方法が確立，普及したのは第二次世界大戦後である（*2.1* 項）。それ以前は，主に鋲接工法を用いた「一体型建造法」という建造方法が用いられていた（図 **10-4** 参照。溝田，1997；粕谷，2012；川崎，2017）。これは，船の下部から上部に向かってまず骨組みをつくり，その後に鋲で外板を貼り合わせる方法であった（図 **10-5**）。この方法では，骨組みが出来上がるまで外板や甲板上の装備を設置できない。また，接続する鋼材どうしを重ね合わせる必要がある分，後述の溶接と比べると重量がかさんでしまう。

　ただし，戦時中にも，一部の日本の造船所における「戦時標準船」の建造にあたって，作業の容易化と生産性向上のためにブロック建造法が部分的に取り入れられていた。しかし，当時，溶接の強度が不十分だと考えられていたため，ブロックどうしの接合は主に鋲接によって行われ，溶接の導入は一部にとどまった（高柳，1993；粕谷，2012）。

　これに対して，戦後に普及した溶接・ブロック建造法は，部位ごとに複数に分割してあらかじめ陸上で大ブロックに組み立て（図 **10-3** の小組立・大組立の工程），ドックでの総組立工程ではその大ブロック同士を溶接でつなぎ合わせる方法である（図 **10-4**，図 **10-6**）。大ブロックには，たとえば平行ブロック（船側ブロックや船底ブロックなど），曲げブロック（船首ブロックや船尾ブロック），

図 10-4 ● 鋲接と溶接

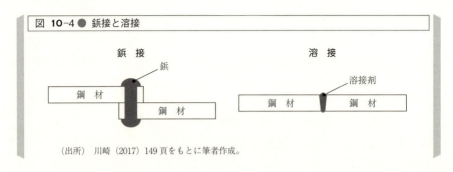

（出所）川崎（2017）149頁をもとに筆者作成。

図 10-5 ● 一体型建造法のイメージ

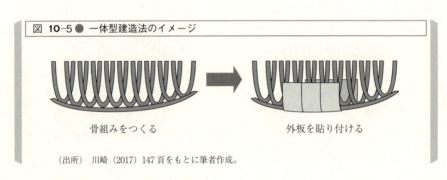

（出所）川崎（2017）147頁をもとに筆者作成。

図 10-6 ● ブロック建造法のイメージ

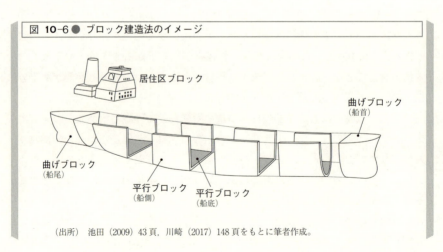

（出所）池田（2009）43頁，川崎（2017）148頁をもとに筆者作成。

第 **10** 章　生産技術の変革（造船産業）　209

居住区ブロックなどがある。こうすることで，異なる場所のブロックは同時並行でつくり置きすることができ，ブロックが出来上がってドックの総組立工程に投入するタイミングを揃えておけば，総組立工程にかかる時間を大幅に短縮できる。すると，一定期間内で1つのドックでより多くの船を建造することが可能になり，生産能力を上げることにつながる。

　ただし，こうしたブロック建造法の導入に当たり，ボトルネック（3.3項）となる総組立工程をスムーズにし，工場全体の納期短縮や生産能力を高めるために，より厳密な精度での作業の管理や厳格なスケジュール管理が必要となった。そこで，「工作図」という生産設計がつくられ，工場の工程の最初から最後まで作業の指示とスケジュールの管理が徹底されるようになった（溝田，1997；吉識，2007）。

　また，ブロック建造法の導入と同時期に，海外製の自動溶接機の導入も進んだ。これによって，部材どうしを効率よく，高い精度でつなぐことができるようになった。このような溶接工法の導入によって，鋼材どうしを重ねる必要がなくなり，重量も軽くでき，密閉性も高くすることができるようになった（図**10-4**）。

　あわせて，部材の切断も，より効率的かつ高精度に行う必要が生じた。これに対して，ガス自動切断機（それまでは機械切断）や，図面データを鋼板に直接焼き付ける罫書き方法（それまでは設計図をもとに木型やテープを用いた手作業）が採用された。

　このような一連の技術革新によって，生産性は飛躍的に向上した。たとえば，1950年代に鋲接工法から溶接・ブロック建造法に移行した播磨造船所では，移行後，最初の8年間で工数が4分の1になったといわれている（南崎，1996，63頁）。[6]

　さらに，戦後に日本各地の造船会社で普及した溶接・ブロック建造法は，1950年代からNBC呉造船所において真藤恒の主導で生まれた方式が原点である。当時，製品の設計図面はアメリカでつくられ，日本のNBC呉造船所は，その図面をもとに効率的な生産方法を検討し，作業指示や進捗管理のための工作図をつくるようになった。NBC呉造船所の操業の条件が技術を他の日本の造船会社に公開することであったため，管理方法を含む技術が国内に広く伝搬することとなった（溝田，1997；吉識，2007；粕谷，2012）。さらに，各現場において溶接・ブロック建造法に必要な多能工化を作業者が受け入れたことにより，

210   第Ⅱ部　変化する生産管理

この生産方法が普及した（粕谷, 2012）。

　こうして，戦後に普及し今日まで主流であり続けている溶接・ブロック建造法は，鋲接から溶接へという加工方法の変化と，一体型建造法からブロック建造法へというマネジメントの変化が揃ったことによって確立したのである。

3　ケースを解く

3.1　工程イノベーションのインパクト

　イノベーションとは，新たな技術やアイディアを生み出すだけでなく，それを用いた製品を生産し，市場で販売して付加価値を生み出す商業化を含むものであり，そのための組織，サプライチェーンの新たな組み合わせを生み出すことも含まれる（Schumpeter, 1934）。その中で，本項では製品イノベーションと工程イノベーション[7]に話を絞る。**製品イノベーション**とは，製品や部品への新技術の採用や，技術の新たな組み合わせ方の採用といった，製品および部品そのものの技術的進歩のことである。**工程イノベーション**とは，製品の生産工程において新たな技術や方法が採用されるような，工程に関する技術的進歩のことである。いずれも，製品の品質（第4章），コスト（第5章），納期（第6章）や生産性に影響する。

　*2.1*項や*2.3*項で見てきた造船産業の変遷は，船という製品をどのようにつくるのかに関する工程イノベーションといえる。それでは，工程イノベーションがものづくり現場にとってどのようなインパクトを持つのか，造船のケースに沿って考えてみよう。

　まず，工程イノベーションとして，鋲接から溶接へという加工方法の変化があげられる。これによって，鋼材に鋲を通す穴を開ける必要がなくなり，船体の密閉性をあげることができ，耐久性や性能の向上に寄与した。その分，溶接は鋼材どうしを直接つなげるので，罫書きや切断で高い加工精度が求められ，それに対応する新技術や設備の導入が順次進んでいった。また，鋼材どうしを重ね合わせなくてよくなり，船のサイズや種類などその他の条件を一定とすれば，製品の重量をより軽くできるようになった。これは，工程イノベーションによって，製品の設計品質，製造品質が向上した例として理解できる。

　さらに造船産業では，溶接といった技術だけでなく，一体型建造法からブロック建造法へという変化もあった。これは製造現場のマネジメントの変化であ

第 **10** 章　生産技術の変革（造船産業）　　211

る。たとえば，製品の設計図だけでなく，部材ごとにどのような作業をするの
かを示す工作図が使われるようになったことなどである。また，進水のタイミ
ングから逆算して総組立工程にブロックを投入するための厳密なスケジュール
管理と，それを可能にするために天候に左右されない屋内でブロック組立の作
業が行われるようになった。これもマネジメントの変化としてあげられるだろ
う。

　このように，造船産業では，工程イノベーションによって生産性が大きく向
上した。それはたとえば，その他の条件を一定とすれば，加工工数の削減とい
う労働生産性の向上や，必要な材料の量の削減という原材料生産性の向上など
であった（3.2 項，南崎，1996；吉識，2007）。

　こうして，日本の造船産業では，より効率よく，より大型の船が生産できる
ようになり，増大した海運需要に応えることが可能になった。たとえば前述の
NBC 呉造船所では，溶接・ブロック建造法によるタンカーやばら積み船の大
型化が，他社に先駆けて進められた。その後 1970 年代にかけて，日本各地で
大規模な設備を備えた広い工場が建設され，大型船が盛んに生産されるように
なった。2.2 項で参照した大島造船所の工場も，この時期に建設された工場で
ある。このように，日本の造船産業では，溶接・ブロック建造法の導入という
工程イノベーションが起こり，新たな製品イノベーションが促されたと理解す
ることができる。

3.2　生産性とは何か

　前項では工程イノベーションによる生産性の向上を取り上げた。その**生産性**
とは，「インプット（投入）に対するアウトプット（産出）の比率」のことであ
る。つまり，生産システムに投入される要素（労働力，資本，原材料）をどのく
らい利用して，どのくらいの製品を生産することができるのかという，生産シ
ステムの効率を表している[8]。そのため，「生産性が高い」状態とは，より少な
いインプットで，より多くのアウトプットを生み出せていることになる。

　上記の定義を踏まえると，生産性はアウトプットによる分類とインプットに
よる分類ができる。アウトプットによる分類としては，原料重量当たりどれだ
けの製品ができるのかといった物量でみる見方と，1 人当たり付加価値といっ
た金額でみる見方がある。

　一方，インプットによる分類としては，労働生産性，資本（設備）生産性，

212　第Ⅱ部　変化する生産管理

原材料生産性がある。資本生産性とは設備1台・単位期間（1時間，1カ月間，1年間など）当たりの製品生産量，原材料生産性とは投入する原材料1単位に対する製品の生産量のことで，歩留まり（yield）や原単位ともいう（藤本, 2001）。

　ここからは労働生産性に焦点を当てる。労働生産性とは，1人・1時間当たりの生産数量といった指標で，全体の生産数量というアウトプットを，延べ作業時間という労働のインプットで割って求めることができる。すなわち，以下の式となる。

$$労働生産性 = \frac{全体の生産数量}{延べ作業時間} \qquad ①$$

　たとえば，ある工場で作業者100人が100時間作業して20万個の製品を生産できたとすると，

$$\frac{200,000 個}{100 人 \times 100 時間} = 20（個／人・時）$$

となる。単に生産性という場合，この労働生産性を指すことが多い。

　なお，①式で求められる指標の逆数，すなわち製品1個当たりの延べ作業時間のことを「工数」という。式で表せば以下の②式のようになる。

$$工数 = \frac{延べ作業時間}{全体の生産数量} \qquad ②$$

　上記の数値でいえば，

$$\frac{100 人 \times 100 時間}{200,000 個} = 0.05（人・時／個）$$

が工数となる。ここで重要なのは，工数の単位が人・時であることである。

　さらに，作業者100人が同等の質とレベルのスキルを持ち，1時間当たりの賃金（時給）が平均2000円だとすると，

$$0.05（人・時／個）\times 2,000（円／人・時）= 100（円／個）$$

より，製品1個当たりの直接労務費が100円となる。つまり，工数（人・時）を削減することができれば，労働生産性が高くなり，直接労務費（第5章）を下げられる。

　ここで，②式に正味作業時間*を組み込んで展開すると，

$$工数 = 延べ作業時間 \div 全体の生産数量$$

$$= \frac{正味作業時間}{全体の生産数量} \div \frac{正味作業時間}{延べ作業時間}$$

$$= 製品1個当たりに要する正味作業時間 \div 正味作業時間比率$$

となる。つまり，工数を削減するには，製品1個当たりの正味作業時間を下げる（作業のスピードアップを図る）か，正味作業時間比率を上げる（作業効率を上げる）ことが必要になる。作業のスピードアップには技術革新が必要になり，作業効率を上げるには改善活動などによって付随作業時間やムダ時間の比率を下げる必要がある（序章参照）。ただし，無理なスピードアップは労働強化につながりうるので注意が必要である。また，本項の労働生産性の説明は，単純な状況を前提としている。実際に労働生産性を評価するには，残業時間を作業時間に入れるかどうか，作業者の熟練度をどう評価するかといった，測定精度の問題を考える必要がある。

さて，この労働生産性に注目すると，造船産業では溶接・ブロック建造法の導入という工程イノベーションによって，工数の削減，すなわち労働生産性の向上が実現していた（2.3項）。初期は鋲接から溶接への移行によって工数の削減が実現し，その後は生産設計（工作図）の導入や新組織体制の確立によって工数の削減が実現したとされる（南﨑, 1996）。つまり，加工方法の変革だけではなく，マネジメントの変革がともなって，工程イノベーションが実現したといえる。

ここでは主に労働生産性を扱ってきたが，最後に強調したいのは，生産性の向上はあくまでも企業や現場の競争力強化のための手段であり，何のために生産性を向上させるかという目的を持つことが重要である。生産性改善による成果を，生産能力の向上に振り向けるか，コスト競争力の向上に振り向けるか，といった企業や現場の目標や戦略を持つことが重要である。

3.3 ボトルネックへの対応

2.2項でみた大島造船所では，船1隻にかかる生産リードタイム*を削減するために，ドックで4隻同時に総組立を行うという工夫がなされていた。これは，ボトルネック対策によって工場全体の流れ，生産性を向上させた取り組みとして理解することができる。では，良い流れをつくるためには，ボトルネック対策をどう考えればよいだろうか。

214 第Ⅱ部 変化する生産管理

ボトルネック対策の有名な考え方としては，ジャスト・イン・タイム（JIT）と制約条件の理論（TOC）があるが，ここでは後者に絞る。制約条件の理論は，イスラエル出身の物理学者エリヤフ・ゴールドラットが提唱したもので，生産システム全体の中で最も生産能力が低いボトルネック工程を見つけ，その工程を最大限活用すること，負荷を減らすこと，能力をあげることが解決策となる。逆に，ボトルネック以外の工程の能力をいくら増やしても，全体の効率を考えると無意味である（Goldratt and Cox, 1992；藤本, 2001；富田・糸久, 2015）。

ここで富田・糸久（2015）の数値例を参考に，ボトルネック対策がどのようなものか簡単に見てみよう。たとえば，**図 10-7** の工程流れ図のように一連の工程 A~E を順番に経てある製品が完成する生産プロセスがあるとする。各工程では 1 個ずつ仕掛品が処理される。なお，不良やトラブルは発生せず，ある工程の処理が済んだら可能な限り直ちに次の工程の処理に入る（工程間に仕掛品在庫★を置かない）と仮定する。このとき，それぞれの工程で 1 個を処理するのにかかる最短の時間（サイクルタイム★）および 1 時間当たりの最大の処理能力が以下のようになっているとする。

- ●工程 A：サイクルタイム 　6 分 / 個　∴処理能力 10 個 / 時
- ●工程 B：サイクルタイム 　5 分 / 個　∴処理能力 12 個 / 時
- ●工程 C：サイクルタイム 10 分 / 個　∴処理能力 　6 個 / 時
- ●工程 D：サイクルタイム 　6 分 / 個　∴処理能力 10 個 / 時
- ●工程 E：サイクルタイム 7.5 分 / 個　∴処理能力 　8 個 / 時

まず，工程 A が能力をフルに発揮して，1 個当たり 6 分で処理するとする。工程 A で処理された仕掛品はただちに次の工程 B に入るが，工程 B はより速いペース（5 分 / 個）で処理できるので，流れてきた仕掛品を余裕をもって処理できる。ゆえに，工程 B からは 6 分につき 1 個ずつ仕掛品が出てくる。次に仕掛品は工程 C に入るが，工程 C は 1 個を処理するのに 10 分かかる。すると，1 時間経つと，工程 B からは 10 個出てきて，工程 C はそのうちの 6 個だけ処理できるので，工程 C の手前に仕掛品在庫が 4 個積み上がってしまう。次の工程 D は 6 分で 1 個（1 時間で 10 個）を処理できるので，工程 C から 10 分につき 1 個ずつ送られてきた仕掛品はすべて問題なく処理され，工程 E に送られる。工程 E は 7.5 分で 1 個を処理できるので，やはり 10 分につき 1 個ずつ送られてきた仕掛品を問題なく処理できる。すると，10 分で 1 個ずつ製品が完成することになる。つまり，この生産プロセスの生産能力は 1 時間当た

第 10 章　生産技術の変革（造船産業）　215

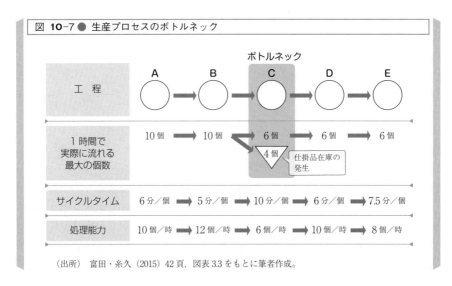

(出所) 富田・糸久 (2015) 42 頁, 図表 3.3 をもとに筆者作成。

り6個ということになる。そして，プロセスのボトルネックは，処理ペースが最も遅い工程Cとなる。逆にいえば，この工程Cが生産プロセス全体の生産能力を決定していることになる。

したがって，この生産プロセス全体の能力を上げようとするならば，ボトルネック工程のCについて，

①最大限活用すること

②負荷を減らすこと

③処理能力を上げること

を検討する必要がある。

このようなボトルネックの考え方を，造船のケースに応用して考えてみよう。

まず，造船所においてボトルネック工程はドックでの総組立工程で，一般的に1～数カ月かかることが多い (2.2 項)。そのため，ドックが1カ所，かつ1度に1隻ずつ総組立するような造船所の年間生産能力は数～十数隻となる。実際にこの程度の工場が多い。

では，どのようにこの状況を改善できるだろうか。まず，上記の①ボトルネック工程を最大限活用することを考えると，ドックをなるべくフル回転させることである。そのためには，総組立工程を行うのに必要な大ブロックを期日までにきちんと揃えられるように，緻密な計画を立て，それを遵守することが必

216 　第Ⅱ部　変化する生産管理

要となる。これは当たり前に思われるかもしれないが，数十〜数百トン，場合によっては千トン以上になるブロックができるまでには多くの工程があり，それぞれで溶接や塗装，艤装などさまざまな作業が行われる。しかも，各作業は広大な敷地で行われ，工程間仕掛品在庫の保管も広大な敷地のあちこちで行われる。そして仕掛品自体も相当なサイズとなるため，いつも合理的な場所で保管できるとも限らず，その都度空きスペースに保管せざるを得ず，工場の物流動線が錯綜しやすくなる。大島造船所の「定番地化」(2.2項) は，この問題に対する解決策でもある。

　さらに，ドックに十分なスペースがあることなどが条件となるが，同時に複数隻の建造を行うことも，最大限にボトルネック工程を活用する策となる。たとえば，1カ月で1隻ずつつくっていたところを，1カ月で2隻並行してつくるようにすれば，生産能力は2倍になる。このためには，総組立工程より前工程までの2隻分の大ブロックを揃える納期管理に加え，総組立工程において2隻分の作業スケジュールの管理を行う必要がある。このように，複数隻の同時建造を行うには，より複雑な管理ができる能力が必要になる。

　次に，上記の②ボトルネック工程の負荷を減らすことを考える。すなわち，総組立工程で行う作業を減らすことである。鋲接・一体型建造法から溶接・ブロック建造法への移行がこれに当たる。さらに，溶接・ブロック建造法以降のブロックの大型化もこれに該当する。船のサイズを一定とした場合，総組立工程で搭載されるブロックのサイズを大型化すれば，1隻当たりに必要なブロック数を減らすことができ，ブロックをつなぐ作業を減らすことにつながる。このためには，ブロックを吊り上げるクレーンの能力増強や，複数のクレーンを用いてより大きなブロックを吊り上げられるようにするといったことが必要になる。加えて，より大きなブロックをドックのそばまで運ぶ台車や，そのブロックをクレーンのそばに置くためのスペースも必要になる。実際に大島造船所では，2008年，14年にクレーンを増設し，生産能力を増強していた。また，「定番地化」やドック工程脇のブロック置き場の確保など，ブロックの搬送に関わる工夫もボトルネック対策であり，これも生産能力の向上に寄与していた。

　ただし，設計段階から製造作業のしやすさを考慮する必要もある。このような設計を製造性考慮設計 (DFM: Design for Manufacturing) という。ブロックは単に大型化すればよいわけではなく，溶接作業が軽減されるようなブロックの切り分け方にする必要がある。また，鋼板で覆われる前に行われる装備品の

搭載や配管・配線の作業がある（先行艤装）。総組立工程での艤装作業を減らし，先行艤装を増やすことも，総組立工程の作業負荷の軽減につながる。

最後に，上記の③ボトルネック工程の処理能力を上げることを考える。これには，やはりドックやクレーンの新設や拡張がある一方，大規模な設備投資のリスクがある。なお，日本の造船産業では1960年代の造船ブームの際にこうした設備投資が盛んに行われたが，その後に深刻な造船不況に直面したため，逆にドックの能力削減・廃止が進められてきた。

ここまで見てきたように，造船産業における溶接・ブロック建造法の導入は，鋲接から溶接へという加工方法の変化だけでなく，ブロックの採用という流れをよくしてボトルネックを解消する大きな工程改善をともなうものであった。個別の技術だけでなく，流れを管理・改善するマネジメント面の変革が加わることによって，企業は製造現場の競争力を高めることができたのである。

4 課　題

(1) 製品のつくり方の変革によって，製品の改良が促された事例をあげ，どのようにそれが実現できたのかを考えてみよう。

(2) アルバイト先など，あなたにとって身近な仕事のプロセスの流れを書き，どこがボトルネックになっているのか，ボトルネックを解消するためにどのような方策があるのか考えてみよう。

読んでみよう　　　　　　　　　　　　　　BOOK GUIDE

富田純一・糸久正人（2015）『コア・テキスト　生産管理』新世社。
　　本章のボトルネックの説明で参照したが，「流れをつくる」ためにどのような考え方や方法があるのか，生産管理の理論が端的にわかりやすく解説されている。

粕谷誠（2012）『ものづくり日本経営史：江戸時代から現代まで』名古屋大学出版会。
　　日本のものづくりのさまざまな分野のイノベーションが，どのように実現したのかを詳細に知ることができる。

注　　　　　　　　　　　　　　　　　　　　NOTE

1) 本項の記述は，向井ほか（2015）の記述を大幅に修正している。

2) 本項は，日本造船工業会（2006），池田（2009），具ほか（2010）をもとに記述している。
3) 図10-2の工場では，大ブロックをつくる「大組立」（図10-2の③）と，大ブロックを複数組み合わせてより大きなブロックをつくる「総組立」（図10-2の⑥）が分かれているが，必ずしもその区別や呼称は一般的ではないため，本文ではまとめて「大組立」と表記する。
4) 他社の工夫としては，たとえば，ドックで1隻分の作業が完了する前に同じドックの奥（水門と逆側）で次の船の作業を並行して開始する「セミタンデム方式」などがある。
5) 一定のものを一定の場所に置いておくのは当たり前に思われるかもしれない。しかし，造船所の場合，ブロックのサイズと敷地の兼ね合いという物理的な制約，生産スケジュール，天候などをも考慮する必要があるため，そう簡単なことではない。そのため，仕掛品在庫の導線が錯綜する工場は多い。
6) 南崎（1996）は重量当たりの加工に要する工数で説明している。当時，溶接・ブロック建造法の導入と同時に船のサイズが大型化したため，同等比較のために同じ量の鋼材を加工するのに必要な工数で示したものと考えられる。
7) 製品イノベーションと工程イノベーションの発生頻度と産業の段階の移り変わりを示した研究として，A-Uモデル（Abernathy and Utterback, 1978）が有名である。
8) 本項は個別要素生産性に話を絞る。全要素生産性については藤本（2001）などを参照されたい。

参考文献　REFERENCES

Abernathy, W. J., and J. M. Utterback (1978) "Patterns of Industrial Innovation," *Technology Review*, 80 (7), 40-47.

藤本隆宏（2001）『生産マネジメント入門Ⅰ・Ⅱ』日本経済新聞出版。

Goldratt, E.M. and J. Cox (1992) *The Goal: A Process of Ongoing Improvement, 2nd. ed.*, North River Press.（三木本亮訳『ザ・ゴール：企業の究極の目的とは何か』ダイヤモンド社，2001年。）

池田良穂（2009）『史上最強カラー図解：プロが教える船のすべてがわかる本』ナツメ社。

伊丹敬之・伊丹研究室（1992）『日本の造船業：世界の王座をいつまで守れるか』NTT出版。

粕谷誠（2012）『ものづくり日本経営史：江戸時代から現代まで』名古屋大学出版会。

川崎豊彦（2017）『図解入門：よくわかる最新船舶の基本と仕組み　第3版』秀和システム。

具承桓・加藤寛之・向井悠一朗（2010）「造船産業のダイナミズムと中手メーカーの製品戦略：国際競争構図の変化と新たな取り組み」東京大学MMRCディスカッションペーパー，No.286。

南崎邦夫（1996）『船舶建造システムの歩み：次代へのメッセージ』成山堂書店。

溝田誠吾（1997）『造船重機械産業の企業システム　第2版』森山書店。

向井悠一朗・新宅純二郎・朴英元・辺成祐（2015）「高付加価値船に集中する韓国造船業」『赤門マネジメント・レビュー』14 (3), 169-188頁。

日本造船工業会（2006）『Shipbuilding』（http://www.sajn.or.jp/files/view/articles_doc/src/shipbuilding.pdf）。

日本造船工業会「造船関係資料」（http://www.sajin.or.jp/data）。

大島造船所30年小史編集委員会（2004）『明るく強く面白く　大島造船所30年小史』大島

造船所。

大島造船所ホームページ（https://jp.osy.co.jp/shipbuilding/shipyard/ 2023 年 12 月 19 日，2024 年 3 月 17 日アクセス）。

Schumpeter, J. A.（1934）*The Theory of Economic Development: A Inquiry into Profits, Capital, Credit, Interest, and the Business Cycle*, Harvard University Press.（塩野谷祐一・中山伊知郎・東畑清一訳『経済発展の理論（上）：企業者利潤・資本・信用・利子及び景気の回転に関する一研究』岩波書店，1977 年。）

高柳暁（1993）『海運・造船業の技術と経営：技術革新の軌跡』日本経済評論社。

富田純一・糸久正人（2015）『コア・テキスト　生産管理』新世社。

吉識恒夫（2007）『造船技術：世界を制した専用船』成山堂書店。

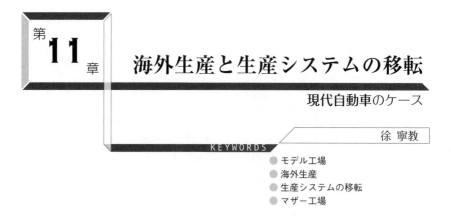

第11章 海外生産と生産システムの移転

現代自動車のケース

徐 寧教

KEYWORDS
- モデル工場
- 海外生産
- 生産システムの移転
- マザー工場

1 本章のねらい

　本章では，企業が海外で生産を行う際に，企業の競争力の源泉となる生産システムをいかに移転するかについて学ぶ。企業が海外で生産活動を通じて競争力を確保するためには，さまざまな難関を克服し，生産システムを移転する必要がある。しかし，それは決して簡単なことではない。生産システムを移転するためには，生産システム自体の性質，移転すべきシステムの知識量，送り手と受け手の性質および関係などを考慮しなければならない。また，海外拠点に生産システムを移転して生産活動を行うためには，国家間の違いも克服していかなければならない。

　韓国の自動車メーカーである現代自動車は，グローバル市場にビジネスを展開しており，半分以上の車を海外工場で生産している。本章では，現代自動車の中国合弁事業である北京現代汽車について扱う。現代自動車は，本国の工場から北京現代汽車の工場に生産システムを移転するために，**モデル工場**制を採用していた。これは，日本企業が多く採用しているマザー工場システムとは異なるもので，本国工場はあくまでも海外工場のモデルとして，生産のコンセプトと立ち上げサポートの一部分だけを担当し，その後のサポートは本社に任せられていた。現代自動車は，韓国で持つ生産システムを効率的に移転するためにモデル工場制を工夫したのである。

第 11 章　海外生産と生産システムの移転（現代自動車）　221

2　ケース：現代自動車

2.1　現代自動車と海外生産

　現代自動車（以下，現代）は，韓国の財閥系企業である現代グループの1つの系列会社（現在は現代車グループ所属）である。現代グループは，現代建設という会社から始まった。朝鮮戦争後の建設ブームとともに急成長した現代建設は，多角化の一環として自動車工業への本格的な進出を決定する。その当時の韓国では，ソウルと釜山をつなぐ京釜高速道路が建設されるなど自動車産業における需要拡大が予想されていた。1968 年，フォードと現代自動車はノックダウン（KD）方式で自動車を韓国国内で生産する契約を結んだ。KD 方式とは，車の部品を輸入して，組立だけを現地で行う方式である。

　フォードとの提携が進むにつれ，現代は韓国の蔚山に工場を建設し，現代の生産技術チームはフォードからの生産マニュアルを手本に，組立手順や工場レイアウト，KD 部品の分類作業などを学習するなど，フォード生産システムを取り入れていく。また，現代では生産技術および A/S（アフターサービス）・販売技術の習得のために複数の技術者を海外のフォード社に派遣した。

　その後，現代は，独自モデルを開発する計画を立案し，海外メーカーとの技術導入契約の交渉を進めた。そして，日本の三菱自動車と契約を結び，現代の独自開発モデル，PONY が誕生したのである。この PONY を生産するために，新しい総合自動車工場を蔚山に建設することになった。生産設備の多くをヨーロッパから輸入したが，実際に製品をつくるためのノウハウ・金型・組立用溶接機・治工具などの設備は日本からのものが多かった。また，工場建設における各工場の配置設計，作業場設計なども三菱に任せられた。この工場は，1975 年に生産を開始した。

　現代は 1980 年代から本格的に海外進出に乗り出す。韓国の国内市場はその規模に限界があるため，国内市場だけでの競争では，競争力・技術の蓄積は難しいとの判断からだった。とくに北米市場への進出に強い意志を持っていた経営陣は，まず，カナダ市場に進出することにした。カナダ現地での現代製品に対する反応は良かったという。カナダ市場での成功から，現代はアメリカ市場への進出に着手した。その当時アメリカでは，ビック3メーカーが低迷していて，小型車を中心とする日本車が売れていた。アメリカ政府は日本の乗用車の輸出数量を自主規制するようにするなど，市場の状況は現代にとって望まし

222 第Ⅱ部 変化する生産管理

いと思われていた。現代は，販売開始 1 年で累積販売 20 万台を突破し，1987
年には 26 万 3000 台を売り，輸入車市場の 7.6% を占めた。この勢いに乗って，
現代は海外現地生産を決定し，1989 年にはカナダ工場で生産を開始して，北
米の市場に車両を現地供給しようとした。しかし，現代が北米現地生産を始め
た 1989 年は，北米市場が全般的に縮小していく中で，日系メーカーの現地生
産が急増した時期でもあった。その結果，北米市場は深刻な供給過剰の状態に
陥っていた。その後，販売不振が続き，カナダ工場は 1993 年末に閉鎖される。

　カナダ工場の失敗から，現代の海外市場に対する戦略は大きな転換を迎える
ことになる。現代は海外市場に大規模な投資をしてリスクを負うより，小規模
市場での KD 生産に重点を置いて推進していくようになる。そして，現代は，
途上国を中心に小規模の KD 工場を建設することに集中したのである。具体的
には，1993 年にボツワナとタイに，94 年にジンバブエとフィリピンに，95 年
にエジプトとインドネシアに，96 年にベネズエラに，そして 97 年にはトルコ，
ブラジル，マレーシアに KD 工場が建設された。

　1990 年代後半から現代は再び海外生産体制の構築を試みる（表 11-1）。1998
年には現代自動車 100％出資で，インドに現地法人 HMI（Hyundai Motor India）
を設立した。ここでは年産 10 万台規模の工場が建設された。2000 年代に入
ってから，2002 年北京汽車との合弁で，北京現代汽車（Beijing Hyundai Motor
Company）を設立して中国市場に進出する。2003 年には，アメリカのアラバ
マに年産 30 万台規模の工場を建設し，HMMA（Hyundai Motor Manufacturing
Alabama）を設立する。その際は，韓国の牙山工場をモデルにしたという。モ
デルとなった牙山工場をもとに，グローバル工場標準をつくり，その後の海外
工場展開に活用していく。

　そして 2009 年には，チェコに進出し，年産 30 万台規模の工場を建設し，
HMMC（Hyundai Motor Manufacturing Czech）を設立する。このように，現代
は積極的に海外市場に進出してきた。とくに 2000 年代から本格的に始まった
海外生産を急速に展開している。中国の第 2，第 3 工場，インドの第 2 工場も
追加された。この時期の特徴は，急速な海外生産展開とその方法にある。現代
はグローバル工場標準を用いて，各国に 30 万台の生産能力を持つ工場を展開
したのである。それとともに現代の海外生産量も急激に増えていった。

　2010 年代になると，新規工場の建設は落ち着く。2010 年代に新たに生産拠
点を建設したのは，ブラジルだけである。2012 年には，中国に第 4 工場を建

第 **11** 章 海外生産と生産システムの移転 (現代自動車) 223

表 **11**-1 ● 現代自動車の海外工場

生産国	生産開始年月	生産能力 (万台)
トルコ	1997 年 7 月	20
インド	1998 年 9 月	30
中 国	2002 年 11 月	30
アメリカ	2003 年 3 月	30
中国第 2	2007 年 9 月	30
インド第 2	2008 年 2 月	30
チェコ	2009 年 3 月	30
ロシア	2010 年 9 月	30
中国第 3	2012 年 6 月	35
ブラジル	2012 年 11 月	18
中国第 4	2016 年 1 月	30
インドネシア	2022 年 3 月	15

(出所) 現代自動車ホームページをもとに筆者作成。

設するが，さまざまな原因により中国での販売状況は芳しくなかった。2010
年代を通して，現代のグローバル生産量は大きく伸びることなく，生産量が安
定することになる。その後，長い間を経て，2022 年には，インドネシアに新
たな工場を建設している。

　図 **11**-1 は，現代の 2000 年代以後の国内生産と海外生産台数の推移を表し
たものである。これを見ると，2000 年代に入ってから急激に海外生産が増加し，
2010 年には海外生産が国内生産よりも多くなっていることがわかる。しかし
海外生産は，2016 年をピークに減少傾向となり，海外生産比率も下がっている。
これは中国市場における販売不振がその原因と考えられる。

　このように現代は，21 世紀に入ってから急激に海外生産を増やしてきた。
しかし，それは決して簡単なことではなく，さまざまな難関を克服しなければ
ならなかった。

2.2　現代自動車の中国進出：北京現代汽車

2002 年 2 月，現代自動車と北京汽車集団は，合弁会社，北京現代汽車（以下，

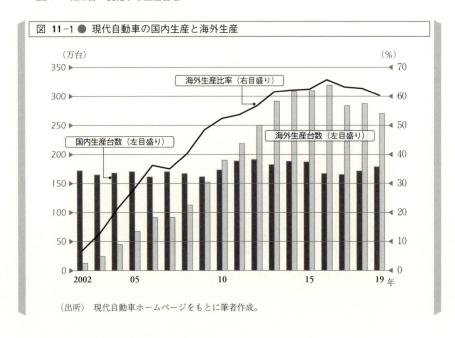

図 11-1 ● 現代自動車の国内生産と海外生産

(出所) 現代自動車ホームページをもとに筆者作成。

北京現代)を設立する正式な契約を交わした。最終的に北京現代が設立されたのは2002年の10月だった。登録資本金は，2億1700万ドルで，合弁期間は30年である。このとき，北京汽車は，投資金の一部を土地や工場などの現物で出資している。資本投資比率は現代自動車が50，北京汽車集団が50である。自動車の製造・販売のため中国で合弁会社をつくるときの持株比率は50%までに制限されているからである。そのため，現代自動車と北京汽車集団は，どちらかが支配権を握るということはない。このような関係は，資本比率や支配権だけではなく人事・組織にも適用されている。実際に部長級以上の職に関しては韓国人と中国人の比率が1対1になるようにしている。しかし，配置などは，人事労務関係の部署に中国人管理者の比率が高いという。北京現代は，中国進出3年目の2005年に業界シェアで4位になるなど，速い速度で成長した。

北京現代は，北京市内にある北京現代本社と第1工場，第2工場，第3工場，そして河北省滄州市の第4工場を持っている。本社ビルは「現代汽車ビル」と呼ばれ，北京現代の本社機能だけではなく，韓国で生産された現代の輸入車の販売などを行うHMIC（Hyundai Motor Investment Company）も入っている。

工場は北京市内中心街から約50kmのところ，市内から見ると，北京首都空

第 11 章　海外生産と生産システムの移転（現代自動車）　225

港の先に位置している。空港から 10km しか離れておらず，高速道路と鉄道も近く，物流には有利な立地である。工場は，北京郊外の工業団地に立地している。第 1 工場と第 2 工場は，同じ工業団地内にあるが，その位置関係は，トラックで 5 分くらいの距離がある。その中には，完成車生産工場以外にもエンジン生産工場と技術センターも入っている。第 3 工場は，第 2 工場から約 20km 離れたところに建設されて，2012 年から年産 40 万台の規模である。第 4 工場は，北京から離れた河北省の滄州市に建設された年産 30 万台規模の工場で，2014 年から量産を始めた。しかし，第 1 工場は，2021 年に別のメーカーに売却している。

　第 1 工場は，北京汽車が運営していたトラック工場を北京現代が引き取り，乗用車の量産工場に改造して，稼働した。このような工場の建て方は，いわゆるブラウン・フィールドといわれる方式で，まったく新しい生産拠点をつくるグリーン・フィールド工場とは対比される。2002 年 11 月から量産が始まったが，これはセミ・ノックダウン（SKD）[*] 方式での生産であった。SKD 生産をしながら，工場を改造し，一部は新しく建てた。

　第 2 工場の中には技術センターと現代 MOBIS の工場も入っている。その生産能力は年間 30 万台である。第 2 工場は，着工してから 19 カ月後，2007 年 9 月から量産を始めた。この 19 カ月という期間は，新しい工場の立ち上げとしては速いといえる。2012 年には，北京の第 3 工場が生産を開始した。年間生産能力は 40 万台であり，北京現代は，年間 100 万台の生産能力を持つようになったのである。

　2007 年，北京現代は販売不振に陥る。新車種がなかったり，過度な値引き販売が行われたり，市場で悪い噂が広がったりしたことなどが理由だった。以下，それらの原因を見ていこう。まず新車種について，北京現代は 2006 年 3 月に小型車の ACCENT を発売してから，08 年 4 月に ELANTRA YUEDONG が発売されるまで約 2 年間，新モデルを投入しなかったのである。自動車販売において新モデルが持つ意味は大きい。新モデルを投入できなかった分，販売が落ち込んだといえる。

　他社との価格競争で優位を占めることができなかったことも原因の 1 つである。2006 年の販売台数，約 29 万台のうち，主力車種の ELANTRA は約 17 万台販売されていた。このような主力車種 ELANTRA は 2007 年当時，繰り返された値下げによって，それ以上値下げができない状態にまでなっていたと

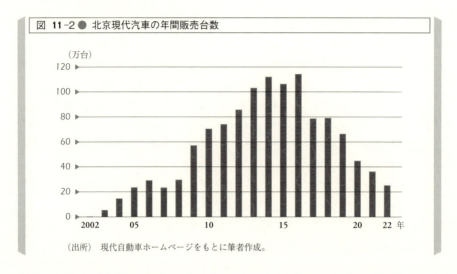

図 11-2 ● 北京現代汽車の年間販売台数

(出所) 現代自動車ホームページをもとに筆者作成。

いう。そのような状態の中，VW，GMなどの競争者は値下げ合戦を始めたが，現代はそれに参加することができなかった。

また，消費者が北京現代の価格に対して持っている信頼性もかなり低かったという。北京現代の車は割引をして販売する場合が多かった。そのため，消費者は北京現代の車は，もう少し待てば，もっと安くなるだろうという認識を持ってしまったという。

そして，消費者の北京現代に対する印象も良くなかったという。現代のブランド・イメージが低いというのは，以前から指摘されてきたものだが，それに加えて悪い噂が立ったのである。現代のELANTRAは当時タクシーとして多く供給されていたが，タクシードライバーから，現代の車は燃費が悪いとの噂が流れた。実際にELANTRAの燃費は悪いというほどの水準ではなかったが，その当時，同じタクシーとして競争していたVWのJETTAという車種が，相対的に燃費が良かったため，そのような噂が立ったという。このようなさまざまな要因が重なり，2007年，北京現代の販売は大幅に悪化したのである。

北京現代を救ったのは，新モデルのELANTRA YUEDONGという車種だった。ELANTRA YUEDONGは，現代自動車のELANTRAというモデルをベースにし，社運をかけて中国専用に開発したモデルである。ELANTRA YUEDONGは中国人の好みに合わせて設計されている。中国人は大きい車が好きなため，既存のELANTRAより車の全長を大きくした。中国人が好きな

クロームメッキの部分も多くした。デザインの面だけではなく，前から指摘されていた燃費の向上も実現されている。旧型 ELANTRA と比べて YUEDONG は燃費が 7% 向上している。デザインが良くて，その割には価格が安いとの評判で，中国で爆発的な売れ行きを記録し，北京現代の販売台数回復の要因となっている。

その後 2014 年には，第 4 工場を北京から離れた河北省に建設した北京現代は，中国自動車市場とともに成長し，16 年には 114 万台を生産販売した。しかし，2017 年には，中韓の政治問題に巻き込まれ，大きな打撃を受け，コロナ禍の影響でさらに販売台数が減少している（図 11-2）。前節でも述べた通り，中国市場は，現代の戦略上，最も重要な市場であり，中国市場での不振はグローバルの生産台数と販売台数全体に大きな影響を与えている。

2.3 現代自動車の生産システム移転

海外工場が，現地で生産活動を行うためには，工場を建てて，労働者を雇うこともももちろん大事であるが，最も重要なのは，本国で持っていた生産システムをどのように移転するかである。生産システムは，企業が長い時間をかけて構築してきた企業競争力の源泉である。海外に移転して活用することで，現地市場での優位を確保することができる。しかし，生産システムは非常に多くの要素が複雑に入り混じって動いているため，これを移転することは簡単ではない。移転しにくい生産システムを移転するためには，生産システムを最もよく熟知している本国工場とそれを新しく使っていく海外工場が緊密に連携をしなければならない。

現代は海外に生産システムを移転する際にどのような方式を使っているのだろうか。現代は本国工場を生産システムのモデルにして，海外工場でその生産システムを再現する方式を採用している。これをモデル工場制と呼ぶ（徐，2021）。モデル工場制は本国工場がモデルとなり，海外工場の立ち上げの際にコンセプトを提供する。しかし海外工場が立ち上がってからは本国工場との関係は薄くなり，海外工場のサポートとコントロールは本社が担当することになる。

海外工場の生産立ち上げ準備の段階では，モデル工場が関わっている。*2.1* 項で述べたように，現代は海外工場を立ち上げる際に，グローバル工場標準を用いている。グローバル工場標準は，アメリカのアラバマ工場をもとにつくら

228　第Ⅱ部　変化する生産管理

れたが，アメリカ工場はそのコンセプトの多くを韓国の牙山工場から持ってき
ているため，グローバル工場標準の基本コンセプトは牙山工場であるといえる。
工場標準は 10 万，15 万，20 万，30 万台のように，生産規模によって分類さ
れた標準を本社の生産技術研究所が作成している。工場の標準は，たとえば，
工場は F 字レイアウトにして，車にモジュール部品を何 % 入れるのか，自動
化率は何 % にするのか，生産設備の標準化，休憩室，その他付帯施設の位置
まですべての事項を標準化している。またこの標準は海外工場の成功例を受け
て少しずつ改訂される。

　北京現代の工場では，どのようにモデル工場制による生産システムの移転が
行われたのか。ここでは，北京汽車の従来の工場を受け継いで建てられた第 1
工場ではなく，現代の海外工場として新しく建てられた第 2 工場をケースに取
り上げることにする。まずは，モデル工場である韓国の牙山工場から受け継い
だコンセプトについて説明しよう。前述の通り，現代の海外工場は，牙山工場
をそのモデルとしてつくられた工場標準に基づき建設される。そのため，北京
現代第 2 工場の多くの部分は，牙山工場と共通している。両工場は，生産能力
が 30 万台と同一で，同じ組立生産レイアウトであり，自動化率もほぼ同じで
ある。労働者の作業マニュアルも牙山工場と同様のものを使用している。サプ
ライヤーに関しても韓国と同じく，系列社が北京工場の近くに進出して部品を
納入している。このような部分では，モデルとなった牙山工場の生産システム
がそのまま北京現代第 2 工場で再現されたと見てよい。

　しかし，実際の生産システムの運用に関しては，かなり異なる面も多い。最
も違うのは，作業組織と労使関係である。韓国での現代は労働組合が強いこと
で有名である。労働組合がストライキを起こし，工場での生産が中止されるこ
とも多々ある。そのため，労使関係はかなり敵対的である。そのため，現代は
国内では作業組織を柔軟に運営することができなかった。ここでいう作業組織
の柔軟性というのは，作業者を必要に応じて組・班・工場などの間でローテー
ションさせることや，労働者が自分の工程だけではなく他の労働者の工程を助
けることなどを意味する。牙山工場では，ジョブローテーションがあまり行わ
れておらず，あったとしても組の中という限定された範囲で年功序列的に行わ
れているのが現実である（呉，1998）。現場では作業標準が守られず，多能工の
育成もあまり進んでいない。これに比べて，中国では労働組合と会社の関係が
良好で，労使関係は協調的である。また，作業現場におけるローテーションが

第 11 章　海外生産と生産システムの移転（現代自動車）　229

円滑に行われており，標準作業が守られ，多能工の育成も韓国国内よりは進んでいる。

　組長・班長の役割もこのような労使関係と関連している。韓国国内では組長・班長は現場統率力をあまり持っていない。なぜなら，作業者は本来ならば組長・班長に相談すべき生産現場での問題を労組の委員長に相談してしまうからである。そのため牙山工場における組長・班長は労働者と距離があり，生産現場における作業者の指導・管理の役割はかなり制限されていると考えられる。反面，北京現代工場の組長・班長はこのような労働組合との問題がないため，本来の現場の管理者としての機能を発揮している。

　また，海外工場に対する持続的なサポートに関しては，モデル工場は関与しない。サポートを担当するのは本社組織である。現場の生産で問題が発生した場合，それをサポートするのは，本社のグローバル総合状況室である。ここでは，海外工場に設置されているリモートコントロールシステムを利用して，海外工場で問題が発生すると瞬時にそれを察知して，遠隔で解決方法を指示している。新モデルが登場して，新たな生産方法を導入する必要がある場合も，それをサポートするのは，本社の研究所所属の組織なのである。

3　ケースを解く

3.1　国家間の違いと生産システムの海外移転

　本章の第2節では，現代自動車の歴史とともに，中国の北京現代汽車とその工場への生産システム移転のケースをみてきた。本節では，企業の生産システムの海外移転に関して説明していく。

　まず，企業が海外に生産システムを移転する際に考えなければならないのは，国の違いである。同じ国の中で，たとえば，もともと関東地方に工場があった会社が関西地方に新たな工場を設立することになっても，その移転は海外への移転ほど難しくはない。もちろん国内での移転であっても，1つの工場を建て，生産システムを移転していくことは難しいことであるが，それに国家間の違いという課題が重なると，問題はいっそう複雑になる。

　国家間の違いは，国際経営を学ぶ際に，避けては通れない重要な問題である。その違いを体系的に整理したのが，P. ゲマワットが提唱した4つの隔たり（4 distances）である（Ghemawat, 2007）。企業が国境を越えてビジネスをする場合，

230 第Ⅱ部 変化する生産管理

どのような違いに直面するのかを，文化的隔たり，制度的隔たり，地理的隔たり，経済的隔たりの4つに分けている。

　まず，文化的隔たりとは，それぞれの国が持っている文化的な特徴の違いである。言葉，倫理観，宗教など，その国独特の文化的な側面から生じる問題である。日本に住んでいる日本人は，日本語を使い，日本独特の宗教観と倫理観を持っている。日本人が海外に行って，仕事をするためには，まず現地の言葉を使って，現地の人とコミュニケーションをとる必要がある。日本語を話せる人は限定されるし，通訳を雇うことはお金がかかったり，微妙なニュアンスまで汲み取れなかったりする場合がある。生産現場で指示を出そうとしたとき，現地の人にどの言語で話したらよいのか悩んでしまうのは，多くの海外工場で起きている問題である。

　次の制度的な隔たりは，それぞれの国が持つ法律，税制，労使関係など社会的な制度の違いを指す。海外では日本とは違う法律が存在し，現地で経営活動を行うためには，現地の制度に従わざるを得ない。北京現代のケースでも，現代が中国に進出する際に現地企業である北京汽車と合弁事業で進出せざるを得なかったのは，中国の制度上，外資の自動車企業は単独で中国市場に進出することができず，かつ50％以上の出資が許されなかったためである。

　地理的隔たりとは，国家間の距離が地図上でどれだけ離れているかという単純な話だけではなく，気候の違い，時差，物理的な移動の便などをも含む概念である。海外で経営活動を行うためには，地理的隔たりを考慮せざるを得ない。最も代表的な事例は，やはり時差問題である。アメリカの東海岸は，日本と14時間の時差がある。日本時間の朝4時は，アメリカ時間の14時になる。たとえば，アメリカの工場で昼間に機械が故障し，日本工場にその対処法を聞くために電話をしても工場には誰も残っていないだろう。

　最後の経済的隔たりは，国家間の経済的な格差を表す概念である。国の経済力には差があり，ある国のGDPは高く，そうでない国もあり，1人当たりGDPでも国ごとに多くの差がある。もし，ある国の工場の作業者に日給で50ドルを支払うとしたら，それは高い給料になるのだろうか，それとも低い給料になるのだろうか。もちろんそれは国の経済水準によって異なるだろう。日給50ドルといったら，日本では高い給料とはいえず，なかなか働きたい人を集めることは難しいだろう。ただし，新興国では，高い給料となり，多くの労働者を採用することができるだろう。

第 11 章　海外生産と生産システムの移転（現代自動車）　231

　このように，国家間の違いは企業の経営活動に大きな影響を与える。企業が
海外で経営活動を行うためには，このような隔たりを熟知し，克服しなければ
ならない。それでは，国家間の違いは生産システムの移転にどう影響するのだ
ろうか。生産システムは，企業の中で構築されるが，企業は常に外部環境と相
互作用する存在である。そのため，生産システムは，社会のさまざまな要素と
深く関係しているといえる。たとえば，トヨタ生産システムは，フォードシス
テムの流れ生産を導入しようと試みたが，日本の社会背景としての資源不足と
日本市場の需要の多様性からフォードシステムとは異なる面も合わせ持つ独特
の生産システムになったのである（序章参照）。

　生産システムが社会システムの影響を受けて形成されるのであれば，その
中には社会の特徴が反映されているのも当然である。そして，海外という環
境でうまく機能する側面とうまく機能しない側面があるはずである。安保ほ
か（1991）は，日本企業の持つ日本的経営・生産システムは海外で活用できる
優位性だと捉え，その移転を「適用」と「適応」という概念で説明した。適用
とは日本的経営・生産を最大限海外拠点に持ち込もうとする側面であり，適応
とは現地のさまざまな環境条件に合わせて経営・生産システムを修正すること
を指す。日本企業が持つ海外の拠点は，完全な適用にも，完全な適応にもなら
ず，その中間のどこかのシステムを持つようになる。つまり，自社が本国で持
つ生産システムをそのまま移転しようとしても，国が違えば完全な移転は難し
く，現地環境に合わせてある程度修正せざるを得ないということになる。

　現代のケースでもこのような生産システムの修正が見られた。先述したよう
に，現代の牙山工場と北京現代の第2工場の違いとして，作業組織と労使関係
の違いをあげた。韓国の労使関係は硬直的・非協力的なのに対して，中国での
労使関係は協調的だった。そのため，中国では，作業組織を柔軟に運営するこ
とができた。この場合は，国の違いを利用して，生産システムをより効率的に
運営することができたことになる。

3.2　生産システムの海外移転を助ける要因，妨げる要因

　上述したように，企業が海外に生産拠点をつくり，生産システムを移転する
ことは容易ではない。それでは，このような移転を促進する要因，逆に妨げる
要因には何があるのだろうか。ここでは，企業の持つ生産システムは，一種の
知識体系であるとみなし，その移転について説明する。つまり長い間の生産活

232 第Ⅱ部 変化する生産管理

動を通じて企業が構築した生産システムは，生産に関するノウハウが詰まっており，各種の知識が現場に具現化されたものとみなすのである。

知識の移転に影響を与える要因としては，移転する知識の性質，知識の量，そして知識の送り手と受け手の性質および両者の関係をあげることができる。移転を妨げる要因が働くと，生産システムという知識の移転には，時間・労力・費用が多くかかることになる。逆に移転を促進する要因が働くと，移転にかかる時間・労力・費用は少なくなる。

知識の性質としては，その知識を言語にすることができるかが重要になる。われわれは何かを学んだり，他人に教えたりするときに言語を使う。文字を書いて他人に伝えたり，話をすることで意思を伝達するなど，言語は知識を移転するためになくてはならないツールである。しかし，知識の中では言語化できないものも多い。自転車の乗り方を例にしてみよう。自転車に乗ってどのようにバランスをとればいいのか，そしてペダルをどのように漕ぐのか，ハンドルはどのように握るのかについて，自転車に乗れる人なら，誰でもある程度は説明することができるだろう。しかし，文字と話だけで自転車の乗り方をすべて伝えるのはなかなか難しい。なぜなら言語化できない微妙な体の感覚は，学ぶ側が実際に自転車に乗ってみたり，教える側が実演して見せたりしないとわからないからである。知識の中でも言語化できる知識を形式知（explicit knowledge），言語化できない知識を暗黙知（tacit knowledge）と呼ぶ。生産システムの中にも暗黙知はたくさんある。暗黙知の要素が多い生産システムは，移転することが難しくなる。

次は，知識の量である。容易に想像できるように量の多い知識は移転しにくい。10ページある本と300ページある本のどちらが教えやすいか，あるいは覚えやすいかといえば，もちろん前者であろう。生産システムは生産活動全体に関わっており，比較的その量が多く，それを海外に移転することは簡単ではないといえる。

最後に，知識の送り手と受け手の性質および両者の関係である。ここでいう送り手とは，知識を移転する側，すなわち知識を教える側を意味し，受け手とは，知識を移転される側，つまり知識を学ぶ側になる。生産システムの海外移転では，本国工場が送り手，海外工場が受け手となる。順を追って，送り手の性質，次に受け手の性質について説明しよう。送り手としての教育能力は，移転に大きな影響を与える。これは，個人のレベルで教えることが上手な人と下

第 11 章　海外生産と生産システムの移転（現代自動車）　233

手な人があるのと同時に，組織の中で知識の移転プロセスが体系化されている
かどうかも影響する。受け手の性質としては，知識を学ぶ際の吸収能力が重要
である。これは，知識を受け入れて，自分の中に定着させる能力であるが，重
要なのは既習の知識である。たとえば，本書の内容を教えるときに，基本的な
経営学を学んでいる読者とそうでない読者がいたとしたら，経営学を学んでい
る読者の方がより多くの知識を吸収することができるだろう。また，この送り
手と受け手が知識移転に持っているモチベーションも移転プロセスに大きく影
響を与える。送り手と受け手の性質のほかに，両者の関係性も重要である。も
し両者の間に信頼関係がなければ，知識を移転し，それを学んでいく過程の中
で，多くの摩擦が起きることが予想される。さらに信頼関係があったとしても，
両者の間で適切なコミュニケーションチャネルがあることが望ましい。知識移
転は，密なコミュニケーションの上に成り立っているためである。

　知識移転には，さまざまな難関があり，企業はこれらを克服し，さらに国家
間の差をも克服していかなければならない。そうすることで，海外で効率的な
生産活動を行い，市場での競争力を確保することができるのである。見てきた
ように，現代自動車は，モデル工場制というシステムで，自国の生産システム
を海外に移転していた。それでは，日本企業はどのように海外に生産システム
を移転しているのだろうか。

3.3　日本のマザー工場制との比較

　日本企業は，本国工場が海外工場をサポートするためにマザー工場システム
を採用することが多い。マザー工場制の場合，海外工場の立ち上げとその後の
サポートも国内工場が担当することになっている。それでは，そのシステムに
ついて，トヨタ自動車（以下，トヨタ）を例にして説明しよう。

　トヨタは，海外に生産工場を展開する際に，国内のどの工場がその海外工場
を支援するのかを明確にしてきた。このように，海外の工場に対する支援を担
当する国内工場をマザー工場，または親工場と呼び，マザー工場が海外工場を
支援するシステムをマザー工場制度と呼ぶ。このマザー工場制度こそトヨタの
海外生産展開のコアとなる制度である。**表 11-2**はマザー工場と支援される海
外工場の関係を表したものである。これを見ると海外の工場が国内のマザー工
場とどう結ばれているかがわかる。

　マザー工場は海外工場に対してどのような支援を行うのか。まずそれを機能

234　第Ⅱ部　変化する生産管理

表 11-2 ● トヨタのマザー工場

マザー工場	元町工場	高岡工場	堤工場	田原工場
海外工場	ロシア インドネシア フィリピン タイ マレーシア 台湾 ベトナム インド パキスタン オーストラリア	NUMMI カナダ フランス チェコ 四川 天津	米ケンタッキー イギリス トルコ 広州	米インディアナ ブラジル ベネズエラ アルゼンチン 南アフリカ

（注）　トヨタは「親工場」と表記しているが，本章では，学術的に定着しているマザー工場
　　　という用語を用いる。
（出所）　トヨタ自動車ホームページを参考に筆者作成。

面から見ることにする。大きく分けると，生産立ち上げ準備，モデル切り替え，技能育成，問題解決支援，改善支援となる。

　まず，生産立ち上げ準備については，海外工場を立ち上げるために，マザー工場は海外工場のベースとなる。工場のレイアウトや生産の流れなどは，マザー工場をそのまま再現することになる。もちろん現地の事情や市場状況により，現地に合わせた形の変形はありうる。

　モデル切り替え時にも海外工場に対するマザー工場の支援は欠かせないものである。日本国内の開発部門で開発された新車は，まず本国マザー工場において試験的に量産される。そこで，その車に適した生産の仕方やラインレイアウトなどが決められる。本国マザー工場において決められた新車に対する生産システムが海外工場に移転される。つまりマザー工場は新車切り替えのときに，海外工場に先駆けて生産を行い，そこで得られた経験と知識を海外工場に移転するのである。

　技能育成，問題解決支援，改善支援などは日常的に行われる支援である。技能育成は，技能員が車をつくるときの技能をマザー工場から派遣された支援者が指導する，もしくは海外工場からマザー工場に労働者が派遣されて研修を行うものである。これは単純な製造業務研修だけではなく，現場のリーダークラ

第 11 章　海外生産と生産システムの移転（現代自動車）　235

スの技能研修も含むものである。問題解決支援とは，海外工場において何らか
の問題が起き，これを海外工場自ら解決することができなかった場合，マザー
工場が支援を行うものである。改善支援は，マザー工場で行った改善を海外工
場にも適用させ，海外工場の生産性を向上させていくことである。

　このようなマザー工場による海外工場への支援は，主に人を介在して行われ
る。マザー工場から支援者が派遣されて，海外工場で指導を行う，もしくは海
外工場の労働者・管理者がマザー工場に派遣され研修を行うというのが支援の
主な形となる。

　それでは，トヨタのマザー工場制と現代のモデル工場制を比較するとどうな
るのだろうか。マザー工場は海外工場にコンセプトを提供し，海外工場を立ち
上げ，そして立ち上がった後も持続的なサポートを担当する。この持続的なサ
ポートにより少しずつ本国の生産現場における知識が海外に移転されると考え
られる。モデル工場は海外工場にコンセプトを提供し，立ち上げとその後のサ
ポートは本社が担当することになる。立ち上げ時にモデル工場が支援を行うこ
ともあるが，限られた役割にとどまる。モデル工場制では本国工場と海外工場
の関係が薄くなる。

　マザー工場もモデル工場も，本国工場が持つ生産に関する知識を海外工場に
移転するために用いられた移転方式である。両社は，なぜこのように違う方式
で知識移転を行っているのだろうか。

　それは，両者の持つ生産システムの違いに由来する。トヨタの工場は，現場
の効率性が高く，常に現場の生産性改善が進められている。労働者には複雑な
役割が要求され，現場では緊密なチームプレイが必要である。つまり相対的に
移転しにくい生産システムであるといえる。トヨタの生産システムの移転には
時間と労力がかかるため，マザー工場が立ち上げだけに関わるのではなく，長
い時間をかけてサポートし続ける必要がある。反面，現代の生産システムは，
非協調的な労使関係により，労働者に複雑な役割を要求していない。また生産
システム全体の自動化率が高く，相対的に移転しやすい生産システムになって
いる。そのため，本国工場は最初の立ち上げだけに関係していてその後は関係
が薄くなっても問題はないのである。その後のサポート・コントロールに関し
ては，本社で集中的に管理することになる。つまり，両社の生産システムの海
外移転方式は，本国で持っている生産システムを最も効率的に海外に移転する
ための工夫から生まれたものなのである。

4 課　題

(1) 企業が海外に工場をつくることは，本文でも説明したように，「4つの隔たり」などを克服しなければならず，容易なことではない。それにもかかわらず，企業が海外に生産活動を行うことで得られるメリットは何かについて考えてみよう。

(2) 本文中で，言語化できる形式知と言語化できない暗黙知について学んだ。自身のアルバイトの経験で得た知識を形式知と暗黙知で分けてみよう。具体的には，仕事の中で，マニュアル化ができるものとできないものは何かについて考えてみよう。

(3) 本文では，国内のマザー工場が海外工場へ知識移転を行うことについて説明した。最近は，操業歴が長く，生産現場の実力のある海外工場が別の海外工場のマザー工場になる事例も現れてきた。このような海外工場のマザー工場化の事例について調べてみよう。

読んでみよう　BOOK GUIDE

徐寧教（2021）『多国籍企業の知識マネジメント：トヨタと現代に見る知識ネットワークの形成』有斐閣。
　▶現代自動車の生産システムの海外移転をトヨタ自動車と比較しながら詳しく説明している。両社がどのような社内ネットワークを通じて知識を移転しているのかを，集権的な現代自動車と分権的なトヨタの違いから解説している。

塩地洋・中田徹編著（2012）『現代自動車の成長戦略』日刊自動車新聞社。
　▶韓国の自動車企業としてスタートした現代自動車がどのようにグローバルに活躍できるまで成長したのかについて説明している。生産だけではなく，開発・販売など幅広い領域での戦略を紹介している。

山口隆英（2006）『多国籍企業の組織能力：日本のマザー工場システム』白桃書房。
　▶日本のマザー工場システムを体系的に説明している。マザー工場システムは，生産現場の暗黙知を形式知に変換せず，暗黙知のまま移転するシステムと解釈している。

参考文献　REFERENCES

安保哲夫・板垣博・上山邦雄・河村哲二・公文溥（1991）『アメリカに生きる日本的生産システム：現地工場の「適用」と「適応」』東洋経済新報社。

Ghemawat, P.（2007）*Redefining Global Strategy: Crossing Borders in a World Where Differences Still Matter*, Harvard Business Press.

呉在烜（1998）『韓国自動車企業の生産管理と作業組織：日本の生産システムの導入と限界』東京大学経済学研究科博士論文。

徐寧教（2021）『多国籍企業の知識マネジメント：トヨタと現代に見る知識ネットワークの形成』有斐閣。

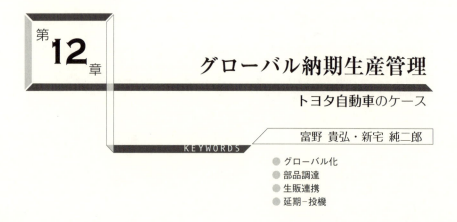

第12章 グローバル納期生産管理

トヨタ自動車のケース

富野 貴弘・新宅 純二郎

KEYWORDS
- グローバル化
- 部品調達
- 生販連携
- 延期−投機

1 本章のねらい[1)]

　経済のグローバル化とともに，日本企業が構える生産拠点と販売拠点の立地も世界的な拡がりを見せている。1990年代以降，「日本国内でものづくりのサプライチェーンを完結させ，最終製品を世界各国に向けて輸出する」という産業構造が大きく変貌を遂げてきた。今では，サプライチェーンが世界各地に分散し，それらが相互に結びついたものづくりのネットワークが形成されるようになってきたのである。自動車や家電製品を見ても，完成品を構成しているさまざまな部品や材料の生産が1企業，1国内で完結しているということはほとんどない。

　こうして，1つの製品のサプライチェーンが複数の国や地域にまたがっていることが常態化している現在，ものづくり企業に求められるのが，世界中に点在する完成品と部品の生産拠点と，各地域市場の販売拠点との間での活動連携である。各部品と完成品の生産立地を決定したうえで，適切なタイミングで部品を生産あるいは調達し，世界各地域それぞれに異なる市場特性に応じた完成品を効率よく送り出せるような，ものづくりの仕組みを構築しなくてはならない。つまり今日の製造業では，グローバルな視点での納期生産管理（グローバル・サプライチェーンマネジメント）が不可欠となっているのである。

　そこで本章ではトヨタ自動車のケースをもとに，グローバル納期生産管理の実際について学ぶ。

2 ケース：トヨタ自動車

2.1 グローバル化と日本のものづくりの変容

　まずは，グローバル化の進展が日本の製造業のものづくりにどのような影響を及ぼしてきたのかという事実確認を行おう。1990年代に入り，自動車や電機メーカーに代表される多くの製造企業が，工場の海外移転を進めてきた。日本全体の海外生産比率が輸出を上回ったのが1996年頃であるといわれる。その背景には，貿易摩擦の解消，円高進行，中国市場の改革開放等いくつかの要因が重なるが，経済産業省の調査[2]（2022年7月）によると，今では日本の製造業の海外生産比率は25％以上にまで及んでいる。ただし海外生産が増加したからといって，単純にその分の輸出が減ったわけではない点に注意してほしい。むしろ1990年代後半から2000年代にかけて，日本企業の輸出額は増加したのである。図12-1からも，円高と輸出の増加がほぼ同時進行していることが確認できる。

　こうした状況下で輸出先と輸出品目にも大きな変化が生じてきた。図12-2は，過去25年間の日本からの輸出先地域の変遷を示したものである。かつては輸出先国の1位はアメリカだったが，今では中国が最も多くなっている。

　次に，東アジア域内でどのような種類の部材の貿易がなされているのかについ

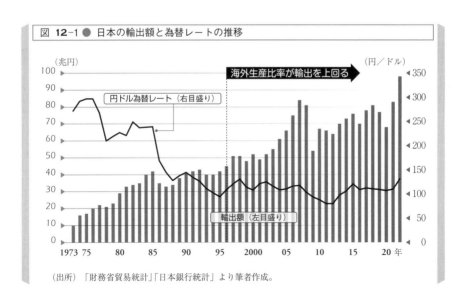

図 12-1 ● 日本の輸出額と為替レートの推移

（出所）「財務省貿易統計」「日本銀行統計」より筆者作成。

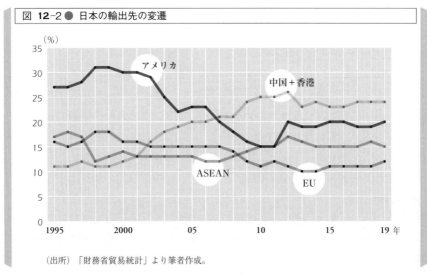

図 12-2 ● 日本の輸出先の変遷

(出所)「財務省貿易統計」より筆者作成。

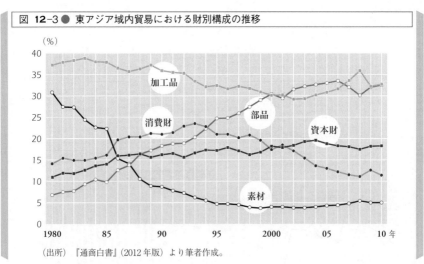

図 12-3 ● 東アジア域内貿易における財別構成の推移

(出所)『通商白書』(2012年版)より筆者作成。

いて見てみると，部品や加工品などのいわゆる中間財と呼ばれる製品の取引が増加し，最終製品である消費財の割合が減少していることがわかる（図 **12-3**）。さらにその消費財の輸出先に目を転じると，図 **12-4** が示すようにアメリカとEU（欧州統合）向けが 2000 年代に入って増加している。ここから読み取れるのは，東アジアでつくられた完成品が欧米各国へと送られるという貿易構造

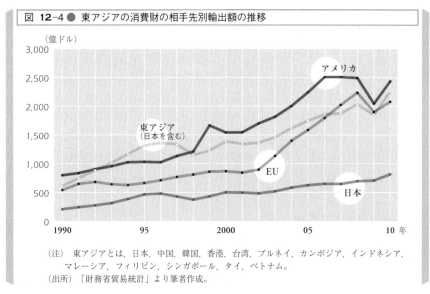

図 12-4 ● 東アジアの消費財の相手先別輸出額の推移

(注) 東アジアとは, 日本, 中国, 韓国, 香港, 台湾, ブルネイ, カンボジア, インドネシア, マレーシア, フィリピン, シンガポール, タイ, ベトナム。
(出所)「財務省貿易統計」より筆者作成。

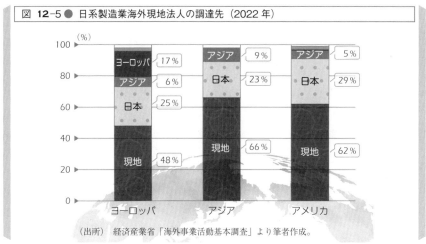

図 12-5 ● 日系製造業海外現地法人の調達先 (2022年)

(出所) 経済産業省「海外事業活動基本調査」より筆者作成。

が，1990年代後半から2000年代にかけて構築されたということである。

また図 12-5 によれば，日本企業の海外現地製造拠点では，いずれの地域においても日本からの材料や部品の調達が20%以上を占めていることがわかる。

以上のように1990年代後半以降，日本企業の海外生産と輸出が並行して増

242 第Ⅱ部 変化する生産管理

えた背景には，海外の生産拠点で必要となる材料と部品を日本から送り，そこでつくられた完成品を世界中へ輸出するというグローバル・サプライチェーンの出現があったことが見てとれる。多くの場合，海を越える輸送にはコストの安い船便が利用されるため，サプライチェーンが世界中に跨るようになると，それに応じて市場供給できるまでの時間（リードタイム★）が物理的・必然的に伸びていく。そうなれば当然，販売機会損失あるいは在庫滞留という問題が肥大化する（第6章参照）。これが，今日のグローバル化した製造業に突きつけられている現実である。それでは実際のものづくりの現場で，企業はこの問題にどのように対峙しているのだろうか。

2.2 トヨタ自動車のケース

本章ではトヨタ自動車（以下，トヨタ）のケースを取り上げ，世界中の生産拠点と販売拠点間を結ぶ納期生産管理の実態を見ていくことにする。図12-6に見るように，現在トヨタは，年間約900万台の車を日本を含む27カ国で生産し，170カ国以上の国で販売している（2022年）。

以下で具体的に取り上げる市場は，日本，アメリカ（カナダとメキシコを含む），ヨーロッパ，中国である。これら4つの市場が，トヨタの世界生産台数（902万台）の78.9%，世界販売台数（956.8万台）の70%を占めている（2022年）。したがってこの4地域を対象とすれば，トヨタのグローバル納期生産管理のほぼ全体像を把握することができる。以下では各市場の販売情報が処理され，それが生産計画へと変換された後，車両の生産・販売へと結びついていくプロセスを紹介する。

トヨタのグローバルでの生産・販売パターンは大きく，日本国内で車両を生産販売する「国内完結型」，日本国内で生産し海外市場へ輸出する「輸出販売型」，海外で生産・販売する「現地生産販売型」の3つに分けられる。[3]

(1) 日本市場：国内完結型

最初に，国内でものづくりを行う「国内完結型」について見ていく。現在，われわれが販売店（ディーラー）に車を注文してから手元に届くまでのリードタイムは，よほどの人気車や特別な車種でもない限り，おおむね1カ月である。その背後には，どのような仕組みが隠れているのであろうか。

1台の車のものづくりには，数百の部品メーカー，それらを集約し完成車へと仕立て上げる自動車メーカー，物流企業など実に数多くのプレーヤーが関わ

第 12 章　グローバル納期生産管理（トヨタ自動車）　　243

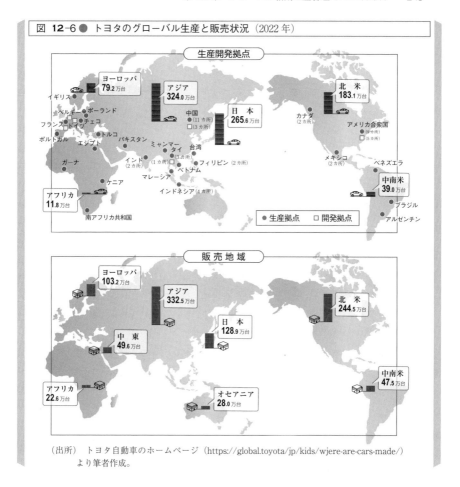

図 12-6 ● トヨタのグローバル生産と販売状況（2022 年）

（出所）　トヨタ自動車のホームページ（https://global.toyota/jp/kids/wjere-are-cars-made/）より筆者作成。

っている。今，発注から納車までは 1 カ月といったが，それぞれの企業はもっと早くから始動している。トヨタ自動車が N 月に日本で生産・販売する車両の生産計画を策定するのが 1 カ月前の N−1 月である。N−1 月初旬に日本全国のディーラーからトヨタ本社にある販売部門へと，N 月に販売する車両の注文が集まる。ディーラー側から見れば，N 月に販売したい車両の仕入れ要望ということになる。こうして集約された数値にトヨタ自身が持つ需要予測を加味し，車両組立工場の生産能力，各ディーラーの販売能力に関するトヨタ自身の評価も適用しながら，車種別および大分類（ボディタイプ・エンジンタイプ・トランスミッションタイプ・駆動タイプの組み合わせ）の仕様別に N 月の生産計画

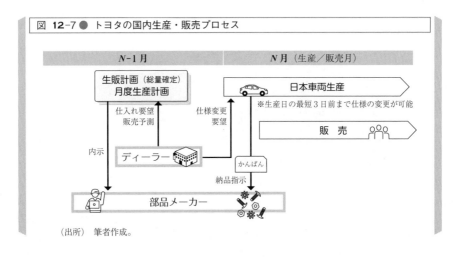

図 12-7 ● トヨタの国内生産・販売プロセス

（出所）筆者作成。

を策定していく。これは「月度生産計画」と呼ばれており，後述するようにトヨタのグローバル納期生産管理における要諦となっている。全国のディーラーとも，N月に配車する車両数量に関して交渉を繰り返す。こうして，$N-1$月20日過ぎにN月の車種別生産総量が決定され，この時点で原則としてディーラーには車両の引き取り責任が課される（レクサスのような高級車や少量生産モデルは除く）。同時に，月度生産計画をもとに所要量展開された部品の発注予告情報（内示と呼ばれる）が部品メーカーに伝達される。

その後ディーラーは，N月に配車される予定の車の注文を最終仕様レベルでトヨタ側に旬単位で月に3回送る。N月に入ると実際に車両生産が始まるが，ディーラーは組立工場の生産日の最短で3日前までなら，車の色やオプションに関する仕様の変更要望をトヨタに出すことができる（デイリー変更と呼ばれる）。とはいえ，すべての仕様変更が可能なわけではなく，部品発注内示量の±10％に収まる範囲内での生産計画変更に限られる。こうしたプロセスを経た後に確定した生産日程計画に基づき車両を順次生産し，工場から各ディーラーへと輸送する（図12-7）。

以上のように，国内の納期生産管理は，販売予測をもとに部品調達をはじめとするさまざまな準備を1カ月以上前から行い，実際の生産が進むにつれて可能な限り需要に適応していくというプロセスになっている。

(2) **アメリカ市場：輸出販売型**

次にアメリカ市場における生産・販売プロセスを紹介する（図12-8）。アメ

第12章 グローバル納期生産管理（トヨタ自動車） 245

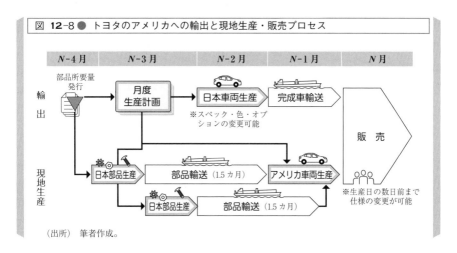

図 12-8 ● トヨタのアメリカへの輸出と現地生産・販売プロセス

（出所）筆者作成。

リカの自動車販売の特徴は，ほとんどの車両がディーラー保有の在庫から販売される点にある。客はまるでスーパーマーケットで食料品を買うように，ディーラーの店頭にある車両に試乗し，気に入ったらその場で購入し自ら運転して帰る。客の約80％が当日納車を希望し，もし望む車が販売店にない場合には，別の店に行ってしまうこともある。そのため販売機会を逃さないためには，幅広い種類と仕様の車を各ディーラーにどれだけ在庫しているかが営業戦略上重要となる。トヨタのディーラーでは，通常40〜60日分の在庫を保有している。こうした販売方法が一般的であるため，アメリカ市場への車両供給は，店頭在庫量に応じた補充生産という色彩が強い。

　アメリカ市場への販売として，最初に紹介するのは，日本国内の工場で生産し，それを輸出し販売する「輸出販売型」のパターンである。北米で1年間に販売されるトヨタ車245万台の中で，日本からの輸出分が約23％を占める（2022年）。

　日本で生産するアメリカ向けの輸出車両の注文は，販売統括会社であるTMS（Toyota Motor Sales USA）を通じて集約される。アメリカ市場は州を跨いだいくつかの地域に分割されており，各地域のオフィスが車両の販売月をN月とすると，その3カ月前の$N-3$月に車種別の配分要望をTMSへと提出する。その数値にTMSが過去の販売実績，需要予測，販売計画等の要素を加味し，日本本社に最終仕様レベルで日本工場生産分の発注をかける。したがって，日本のようにディーラーが直接トヨタに車両を発注するわけではなく，各地域

246　第Ⅱ部　変化する生産管理

オフィスが管轄ディーラーの車両在庫状況を見ながら，その過不足を埋めるように毎月 TMS に発注希望を提出し，最終的に TMS が日本本社に発注を行うというプロセスになっている。各ディーラーへの配分は，過去の売上実績や在庫状況に基づいて不公平感が生じないよう客観的な基準のもとに行われる。

　その後，日本側では日本国内市場向けの車両生産分との兼ね合いを図りながら組立工場ごとの生産計画を練り，$N-3$ 月中旬に TMS に配分回答を行う。それを受け TMS は，各地域間の配分調整を実施する。こうして，$N-3$ 月 20 日過ぎに月度生産計画が策定され次月の生産総量が決まり，各地域への配分数が決定する。この時点で車種ごとの仕様も詳細になっている。

　ディーラーの在庫車が顧客の要望に合わない場合，まずは地域内のディーラー間で在庫交換が行われる。それでも品揃えに問題がある場合には，最後の手段として，日本の工場の生産日の数日前までなら色やオプションの変更を行うことができる。

　以上のようにして生産計画が決定し $N-2$ 月に車両が生産され，その後約 1 カ月の海上および陸上輸送を経て，N 月にディーラーへと到着する。したがって，TMS による日本本社への発注からディーラー店頭到着までに要するリードタイムは約 3 カ月である。

(3)　アメリカ市場：現地生産販売型

　次に，アメリカでの現地生産・現地販売のケースである。北米（アメリカ，カナダ，メキシコ）にある完成車組立工場の統括を行っているのが TEMA（Toyota Motor Engineering & Manufacturing North America）である。

　アメリカの各地域の販売統括会社からの発注要望を受け，それを TMS 内で集約し各種検討を行った後，TEMA を通じて各工場の生産計画へと反映させるまでのプロセスは，輸出販売型とほぼ同じである。ただしここで注目すべきは，アメリカ現地生産の場合，$N-3$ 月に受注した分の車両生産が行われるのが翌月ではなく，2 カ月後の $N-1$ 月という点にある。したがって，月の後半にアメリカで生産される車両に関しては，発注からディーラーの店頭到達までのリードタイムが日本から輸出される車両とそれほど変わらない，場合によってはそれより長くなるケースが存在する。

　現地生産車であってもリードタイムが長くなる要因は，**部品調達**にある。アメリカで生産される車両に必要な部品の一部（主にエンジン，駆動系の部品，ハイブリッド車のバッテリーなど）が日本やその他の地域から調達されており，そ

れらの生産と輸送に1カ月以上のリードタイムを要する。その時間分が加算されるため，どうしてもリードタイムが長くなってしまうのである。日本で部品を生産する理由には，品質管理や生産技術上の問題，生産集約化によるコスト低減などがあげられる。

いずれにせよ，アメリカの完成車組立工場では，必要な部品が日本その他の地域から届くまで生産を待つことになる。当たり前であるが，車1台当たり2万〜3万点といわれる部品の1つでもなければ完成車をつくることはできない。したがってアメリカ現地生産の車であっても，発注から納車までには3カ月以上という長いリードタイムを要するのが現実である。この問題は，次に紹介するヨーロッパと中国の現地生産のケースでも同様に当てはまる。

(4) ヨーロッパ市場：輸出と現地生産販売型

トヨタが事業対象としているヨーロッパ市場は50カ国以上に及ぶ。ヨーロッパの販売統括本部であるTME（Toyota Motor Europe）は，ベルギーのブリュッセルに拠点を構えている。車両の組立工場は，イギリス，フランス，トルコ，ポルトガル，チェコにある（2023年）。

ヨーロッパ市場の大きな特徴は，全体で見ると大きな市場ではあるが，アメリカのように単一の性格を持った市場ではなく，さまざまな国の集合体であるという点にある。同じ車種であっても各国の法規制などで国ごとに仕様が異なっており，右ハンドルと左ハンドル車が混在している。また，それぞれの市場特性に応じた販売スタイルをとる必要がある。日本と同じく受注販売を主体とする国もあれば，アメリカと同じように在庫販売を主体とする国もある。

現在，ヨーロッパで販売されている車両103万台のうち約20％が日本から輸出されている（2022年）。日本で生産してからヨーロッパに輸出するまでのプロセスは，アメリカ市場のケースとほぼ同じである。N月にヨーロッパで販売する車両の受注は，各国の販売会社を通じて，$N-3$月初旬までにTMEに集約される。TMEが数値を調整した後，最終仕様レベルで日本本社に発注し，生産台数の交渉を行う。

日本では$N-2$月の国内総生産台数が，$N-3$月の20日頃に決定する。その後，TMEは各国の販売会社に割り当てられた車両数を伝達する。この時点で最終的な仕様が確定する。車両は1.5カ月の海上輸送期間を経てN月に到着し，各国の市場に順次送られていくことになる。そのため，受注から納車までのリードタイムは3カ月である。

248　第Ⅱ部　変化する生産管理

　ヨーロッパの各組立工場で現地生産される車両も，生販プロセスはアメリカのケースと近似している。$N-3$月に TME で各国の注文を処理し，各工場の$N-1$月の生産台数を決定する。間に1カ月を挟む理由は，ここでも日本からの支給部品（多くがエンジンやトランスミッション，ハイブリッド車関連部品）の生産と輸送を待たなければならないためである。そのため，注文から納車までのリードタイムは日本生産・輸出車両とほぼ同じとなっている。なお，オプションと色の仕様変更を生産日の数日前まで行うことができるが，これには基本的に工場側で部品在庫を持つことによって対応している。

(5)　中国市場：現地生産販売型

　中国における車の売り方はアメリカ市場と同様，ディーラー店頭での在庫販売が基本である。顧客は展示車両を見て気に入るものがあれば，その場で購入し乗って帰る。したがって，店頭に売れ筋の車両を的確に品揃えする必要がある。現在，中国には完成車の組立工場が3拠点（天津市，成都市，広州市）あるが，以下で取り上げるのは，中国の広州汽車集団との合弁企業である広汽トヨタ（広州市）のケースである。ここでは，現地生産販売型を紹介する。

　N月に販売される車両生産の計画策定は，広汽トヨタ管轄のディーラーから注文（配車要望）を受け取る3カ月前の$N-3$月から始まる。各ディーラーは，在庫車両の状況と今後の売れ行きを勘案しながら見込みで車両の発注を最終仕様レベルで行う。この時点で$N-1$月分の生産総量を確定し，各ディーラーへのN月分の配車数が決まる。原則として，広汽トヨタ自身は在庫車を保有しない。

　その後，ディーラーはすでに注文した車両の仕様（色とグレード）に関しては必要に応じて毎日変更要請を出すことができる。変更の多くは，色に関するものが多い。

　広汽トヨタでは，ディーラーから受け取った注文変更情報を集約し1週間単位の生産計画の中に反映させていく。車両生産日の4日前までなら，ディーラーは色とグレードに関する仕様の注文変更を行うことができる。どこまで仕様の変更，つまり生産計画の修正を行うことができるのかは，部品の調達状況に依存する。他国と同じように，購買部品の一部が日本等から海上輸送されており，調達に約20日を要する。中国の現地調達部品であっても，その子部品や材料を日本からの調達に頼っているケースもある。このように，アメリカとヨーロッパのケースと同じように，日本由来の部品が生産計画策定の際のボトル

第 12 章 グローバル納期生産管理（トヨタ自動車） 249

ネック（障壁）となっている。ディーラーからの注文変更要望に対しては，アメリカ，ヨーロッパと同じように工場が部品在庫を保有することで対応している。

　以上のように，中国における納期生産管理の仕組みは，アメリカ的なディーラー店頭での在庫補充生産を基本としながら，ディーラーには発注権限を与えて在庫責任を明確にするという日本的な仕組みとのハイブリッド方式になっている。

3　ケースを解く

3.1　グローバル生産と長納期問題

　納期生産管理の課題は，「ものをつくって顧客のもとに届けるためには物理的な時間（リードタイム）を要するが，それが長くなると販売リスク（機会損失と在庫過多）が比例して増大する」というトレードオフ問題の解決にある。このトレードオフ問題の本質は，第6章でも紹介した「延期－投機の原理」（Bucklin, 1965）で説明できる。ものづくりの時間的進行において，実際の需要発生時点に先立って各種活動を開始するのが投機生産に当たり，逆に実需に近い時点まで活動を引き付けるのが延期生産である。投機の程度が高まるほど（図12-9で右側に行くほど），あらかじめ計画した通りに余裕を持って生産を進めることができるため効率が上がり，生産コストが低下していく。しかし，実需時期から生産開始が離れれば離れるほど計画の精度は落ちていく。これは，明日の需要予想よりも3カ月先の予想の方がはるかに難しくなるからである。生産計画時の予想がはずれれば，販売の現場では必要以上の製品在庫が溢れ返るか，あるいは顧客が欲しいものが店頭にない欠品という事態を招く。欠品を恐れてあらかじめ大量に在庫を抱える場合もある。その結果，投機の程度が高まるほど，販売のコストは上がっていく。したがって，販売側は実需に沿った小刻みな延期生産と配送を望むわけであるが，それは生産コストの上昇を意味する。たとえば，発注があった時点で生産出荷するためには，多数の部品在庫を抱えておくコスト，最終組立工場を市場の近くに分散配置するコスト，迅速な配送のための輸送コストなどがかかるようになる。このように，延期生産と投機生産の間には両立し難いトレードオフ問題が横たわっているのである。

　今日のグローバル生産の進展は，リードタイムの中でもとくに部品や完成品

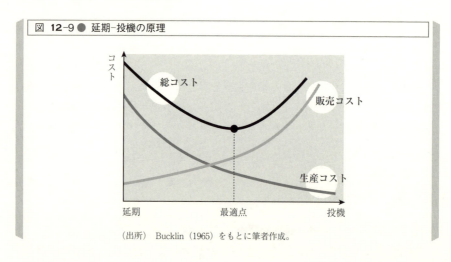

図 12-9 ● 延期-投機の原理

(出所) Bucklin (1965) をもとに筆者作成。

の物理的な輸送（ロジスティクス）時間の長期化を促すため、どうしても需給不一致問題を増大させる。第2節のケースで解説したように、輸出型の場合は完成品の海上輸送、現地生産の場合でも部品の海上輸送、さらに貿易手続きなどを加味して、生産のタイミングは投機の方に約2カ月シフトしている。図12-9のフレームワークで説明すると、生産側のコストカーブが右上にシフトし、最適点が投機側に変わったことになる。ただし、部品の輸送コストや在庫コストが軽微な場合は、生産コストカーブのシフトは小さいので、ほとんど変化なく対応することも可能である。自動車産業は、そのコストが大きいこともあり、投機生産の方にシフトしたのである。パソコン産業におけるデル（Dell Technologies）のように、顧客が発注した時点で最終組立を始めるBTO（Buit to Order：受注生産）という延期生産のケースもある。この場合、デル自身ないしは部品メーカーが、デルの最終組立工場の周辺に部品を在庫として抱えている。一方、半導体産業では、生産のリードタイムが長いこともあり、グローバル化の進展によって投機生産の方向に進んでいる。半導体を発注する企業は、1年から2年前に発注情報を半導体メーカーに伝える必要があるという。

3.2 生販連携による精度の高い月度計画策定

投機生産がもたらす問題を解決する1つの手段は、需要予測（＝生産販売計画）の精度を高めることである。仮に、製品を市場に届けるまでのリードタイムが長くなったとしても、事前の予想通りの数を売ることができればよい。そ

して，この点に注力してグローバル納期生産管理を行っているのがトヨタだといえる。

トヨタのものづくりにおいて国内完結型と海外販売型を比べると，国内の場合は発注から納車までのリードタイムも約1カ月と短く，受注生産的な色彩が強い。それに対して海外市場ではそれが輸出販売であっても現地生産販売でも，ともに納車まで3カ月以上という長いリードタイムを要する。したがって，どうしても投機型生産にならざるを得ない。その背景には，日本やその他の地域からの部品調達の問題がある。

日本・アメリカ・ヨーロッパ・中国市場それぞれにおいて共通しているのが，生販が一体となり毎月20日過ぎに策定する月度生産計画を軸に，各市場の特性と需要動向に応じて微調整（計画修正）を施す**生販連携**の仕組みである。月度生産計画において世界中の車両組立工場の生産総量が決定され，部品サプライヤーを含めた実際のものづくりが動き出す。この計画のことを，浅沼（1997）は「維持可能な月間生産計画」と呼んだ。ここに記された数字の信頼性と安定性，換言すれば販売予測精度の高さが，トヨタのグローバル納期生産管理を根幹から支えている（**図12-10**）。この月度生産計画をつくり上げるまでに何度も繰り返される販売側と生産側の組織連携力がトヨタのグローバル納期生産管理の鍵を握っている（浅沼，1997；Iyer et al., 2009；Tomino et al., 2009）。月度生産計画で決定された総生産台数が当該月内中に変更されることは原則なく，生産・販売双方が一体となり，その数字にコミットし計画実現に向けて最善を尽くす。ただし，これは販売側（市場）への一方的な車両の押し込みを意味しているわけではない。月度生産計画の策定後，仕様に関しては生産日の直前まで計画を修正する延期型の仕組みによって，販売側の機会損失と在庫リスクを軽減している。

3.3　投機生産と延期生産の支え合い

生産日の直前まで最も柔軟に計画調整を行っているのが日本市場である。それを可能にする背景には，部品メーカーの組立工場に近い立地と生産現場力，在庫販売ではなく受注販売に近い販売特性などがあげられる。

それと対照的なのがアメリカ市場で，ディーラーが常に40～60日分の在庫を店頭に並べ即納する。販売員も満足度を低下させない範囲内で顧客が店頭在庫車両から購入するように誘導し，生産側は店頭在庫が減った分を補充生産す

第Ⅱ部　変化する生産管理

図 12-10 ● トヨタの納期生産管理

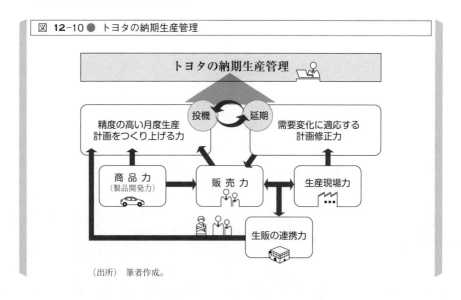

（出所）　筆者作成。

　るという比較的シンプルな仕組みである。ただし繰り返しになるが，現地生産であっても日本からの調達部品の存在がボトルネックになっており発注から納車までのリードタイムは3カ月と長い。顧客の要望に対して，店頭在庫で対応できないものに関しては，ディーラー間での車両交換と，仕様の発注変更を組み合わせながら，最大限応える。

　中国は，アメリカ的な在庫販売モデルを基盤としながら，一部仕様変更の仕組みを取り入れている。ヨーロッパは多様な市場の集合体という性質上，受注販売と在庫販売が重なり合っているため一様ではないが，計画生産を軸としながらも，可能な限り生産日直前まで計画修正を行う。

　部品メーカーへの発注内示（発注予告）も月度生産計画がベースとなって行われるため，その精度が非常に重要となる。これが高ければ高いほど，部品メーカーの生産効率も上がる。内示の精度が高いからこそ，ジャスト・イン・タイム（JIT）で必要量だけ部品を引き取る「かんばん方式」も成り立っている。トヨタでは，内示と実際にかんばんで引き取られる数字とのズレは，±10％を目安としている。

　なお日本国内での生産（265万台）のうち63％（167万台）を輸出車両が占めており（2022年），その分の台数計画は国内販売分よりも早期に固定される。これが国内生産における月度生産計画の安定化に寄与していることも付け加え

ておこう。

　生産計画の精度を維持するためには，販売側が売り切ることのできる強い商品力の存在も不可欠となるが，この点においてもトヨタは強い開発力を持っていることが知られている（藤本・クラーク, 2009）。

　以上をまとめると，トヨタのグローバル納期生産管理は，「生販の連携力」「販売力」「商品力」が精度の高い月度生産計画実現の土台になっており，同時にトヨタ生産方式（かんばん方式を含む）として有名な「生産現場力」（部品メーカーを含む）が需要変化に対する計画修正を可能とし，その力が月度生産計画の達成をさらに下支えしている。こうして各要素がつながり，競争力を循環創出する仕組みをトヨタは構築している。投機生産と延期生産が相互に支え合っているといえよう。

4　課　題

(1)　第6章で取り上げたアパレル産業と本章で取り上げた自動車産業を，延期−投機の観点から比較して，共通点と異なる点を整理しよう。また，異なる点については，その違いが生じる理由について考察してみよう。

(2)　図12-9は国内完結型の場合を表しているとして，輸出型，現地生産販売型の場合はどのように変わるか，図示してみよう。

(3)　2020年の新型コロナウイルスの世界的流行によって，さまざまな部品の供給がストップした。自動車業界では，とくに半導体の調達が困難になった。これによって自動車業界の生産計画のあり方がどのように変わったか調べてみよう。

読んでみよう　　　　　　　　　　　　　　　　　BOOK GUIDE

富野貴弘（2012）『生産システムの市場適応力：時間をめぐる競争』同文舘出版。
　📖自動車と家電製品のケースをもとに，国内における納期生産管理の実態について考察している。

横田一彦編（2024）『グローバル・サプライチェーン・マネジメント入門』有斐閣。
　📖納期生産管理に限らず，グローバル・サプライチェーンマネジメントについてさまざまな視点（顧客満足，リスク管理，持続可能性，パートナーシップなど）から包括的に解

説したもの。

注 NOTE

1) 本章は，吉原・新宅（2013），新宅（2014），富野ほか（2016），富野（2022）をベースにしている。
2) https://www.meti.go.jp/press/2023/05/20230530003/20230530003.html（2023年11月23日アクセス）
3) 海外の工場で生産し異なる地域へと輸出するパターン（たとえば，アメリカで生産し，それをヨーロッパへと輸出するパターン等）も存在するが，ここでは取り上げない。

参考文献 REFERENCES

浅沼萬里（1997）『日本の企業組織 革新的適応のメカニズム：長期取引関係の構造と機能』菊谷達谷編，東洋経済新報社。

Bucklin, I. P. (1965) "Postponement, Speculation and the Structure of Distribution Channels," *Journal of Marketing Research*, 2(1), 26-31.

藤本隆宏・キム B. クラーク（2009）『増補版 製品開発力：自動車産業の「組織能力」と「競争力」の研究』田村明比古訳，ダイヤモンド社。

Iyer, A. V., S. Seshadri, and R. Vasher (2009) *Toyota's Supply Chain Management: A Strategic Approach to the Principles of Toyota's Renowned System*, New York, NY: McGraw-Hill Education.（西宮久雄訳『トヨタ・サプライチェーン・マネジメント』マグロウヒル・エデュケーション，2010年。）

新宅純二郎（2014）「日本企業の海外生産が日本経済に与える影響」『国際ビジネス研究』6(1), 3-12頁。

富野貴弘（2022）「グローバル・サプライチェーンマネジメントの現状と課題」『同志社商学』72(5), 115-135頁。

富野貴弘・新宅純二郎・小林美月（2016）「トヨタのグローバル・サプライチェーン・マネジメント」『赤門マネジメント・レビュー』15(4), 209-230頁。

Tomino, T., Y.W. Park, P. Hong, and J. Roh (2009) "Market Flexible Customizing System (MFCS) of Japanese Vehicle Manufacturers: Analysis of Toyota, Nissan and Mitsubishi," *International Journal of Production Economics*, 118(2), 375-386.

吉原英樹・新宅純二郎（2013）「国際経営戦略：トヨタ自動車のケース」吉原英樹・白木三秀・新宅純二郎・浅川和宏編『ケースに学ぶ国際経営』有斐閣，22-52頁。

第**13**章

ファクトリーオートメーション

富士電機のケース

朴 英元

KEYWORDS

● ファクトリーオートメーション（FA）
● スマートファクトリー
● 自働化戦略

1 本章のねらい

　現代のビジネス環境は急速に変化しており，企業は戦略的かつ効率的な運営を追求する中で，情報の共有と統合がますます重要となりつつある。とくに製造業は，先進国が生産技術と情報技術を結びつけ，**ファクトリーオートメーション**（FA：Factory Automation）や**スマートファクトリー**の概念を追求する中で，新たな課題と可能性に直面している。この背景のもと，本章では，ものづくり企業の自働化戦略の一環としてFAの定義と具体的なプロセスを富士電機株式会社三重工場の自動販売機（以下，自販機）の事例を通じて見ていく。

　また，自動化と自働化の２つのアプローチを取り上げ，日本企業におけるこれらの手法の展開と影響に焦点を当てて説明する。激動するビジネス環境下で製造業が直面する課題や可能性において，自動化と自働化は重要な要素となっているといえよう。とくに日本企業は，伝統的なものづくりの価値観と技術の進化を組み合わせ，独自のアプローチで競争力を維持しているため，将来的には，技術革新と人間の技能を融合させ，柔軟性と効率性を両立させる「人を活かす自働化」が，持続可能な成功の鍵となる。そのため，本章では，日本ものづくり企業のFAやスマートファクトリー戦略のあり方を明らかにする。

256　第Ⅱ部　変化する生産管理

2　ケース：富士電機

2.1　富士電機株式会社三重工場

　本章では，省人・省エネに貢献する自販機や，安心・安全な食材の流通に貢献するショーケース・店舗システムを提供する食品流通セグメントのコア工場である富士電機株式会社三重工場を取り上げる。富士電機は，1923 年に設立され，本社は品川区大崎のゲートシティ大崎イーストタワーにある。富士電機機器制御株式会社（FCS）ほか，子会社 116 社および関連会社 21 社を傘下に持つ。事業はパワエレエネルギー，パワエレインダストリー，半導体，発電プラント，食品流通の 5 つのセグメントで構成されていたが，2023 年第 3 四半期より，パワエレエネルギー事業，パワエレインダストリー事業，発電プラント事業を，エネルギー事業，インダストリー事業に再編し，エネルギー，インダストリー，半導体，食品流通，その他の 5 区分にセグメントを見直した。2022年度の売上は，パワエレエネルギーが 33％（3333 億円），パワエレインダストリーが 37％（3698 億円），半導体が 20％（2062 億円），食品流通が 9％（953 億円），その他が 6％（598 億円）である。図 13-1 に示すように，食品流通では日本・中国・東南アジアの飲料自販機市場においてトップシェアであり，店舗向け設備機器の幅広いラインナップ，気流制御・冷熱を中心とした省エネ技術，堅牢，メカトロ技術を駆使した自販機が強みである。

　三重工場は，1944 年に操業を開始し，2023 年現在従業員は約 740 名（関係会社を含めると 1140 名）である。三重工場の主たる製品の 1 つである自販機は19 世紀末から 20 世紀初頭にかけてアメリカやヨーロッパで生み出され，その後急速に普及した。自販機は最初，タバコやガム，飲料水などの簡単な商品を販売するための仕組みとして開発された。日本では，1924 年に袋入菓子の自販機を製作し，これが日本初の普及型の自販機とされているが，本格的に普及したのは，1969 年に富士電機が自販機を販売してからである。最初の自販機は，牛乳を販売するためのものであったが，1970 年三重工場で紙コップ式コーヒー自販機を生産したことで，コーヒーやお茶など，さまざまな飲料が自販機で販売されるようになったのである。自販機は技術の進化とともに機能や形態も変化し，現在ではさまざまな商品を販売する多機能な機械となっている。また，キャッシュレス決済や IoT（もののインターネット）技術の導入など，最新のテクノロジーが活用されている。三重工場の 2022 年生産台数は，自販機が約 9

第 13 章　ファクトリーオートメーション（富士電機）　257

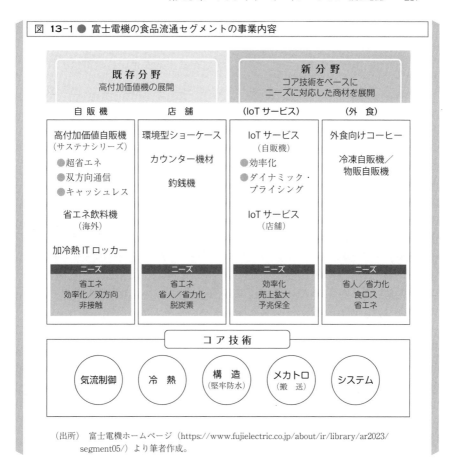

図 13-1 ● 富士電機の食品流通セグメントの事業内容

（出所）　富士電機ホームページ（https://www.fujielectric.co.jp/about/ir/library/ar2023/segment05/）より筆者作成。

万台，フード機器が約 1 万台，店舗ショーケースが約 2 万台，釣銭機はコンビニ特需もあり約 4 万台である。2022 年の日本国内の自販機分野は，省エネやデジタルトランスフォーメーション（DX）といったニーズに対応した高付加価値（自販機）を展開し，飲料メーカーに対し，従来機と比較して最大 20％の消費電力量を削減したサステナ自販機（2001 年比で 85％削減）や，需要動向に応じて価格を柔軟に変動できるダイナミックプライシング機能，自販機への商品補充業務の効率化を実現する自販機 IoT サービスなどの DX 関連商材を展開している。また，コロナ禍以降，非接触／非対面，24 時間販売といったニーズに対応し，新たな自販機の活用を検討する顧客に対しては，バージョ

258　第Ⅱ部　変化する生産管理

ンアップした冷凍自販機を2023年度モデルとして市場に投入したことがある。紙コップ式のコーヒー自販機を手掛けるほか，2012年から大手コンビニエンス・ストア向けのコーヒーマシンを展開しており，23年には業務用の汎用コーヒーマシン市場にも再参入した。金属フィルターを使うドリップ式の新製品を投入し，紙製フィルターの使用やメンテナンスの手間を減らし，ランニングコストを抑えて，1杯（約160ml）の抽出時間を約40秒に短縮し，商社や飲料メーカーなどのルートを通じ，外食やオフィス，ホテルといった業種に販売している。

2.2　三重工場の FA の取り組み

　富士電機の三重工場では，富士電機の歴史的な FA 化に合わせてさまざまな取り組みを行ってきた。まず，FA 化の取り組みの経緯を紹介すると，図 13-2 に示すように，日本では1960年代から本格的な FA 化が進み，あわせて欧米の先進機器の NC（数値制御）を取り入れた。当時，NC 加工が世界的にも普及していた。富士電機も1956年頃導入を開始し，60年にはファナックの NC 加工を取り入れて，タービン加工を NC 化した。1980年代になるとロボット導入とともに，CAD（コンピュータ支援設計）なども出てきて自働化が進むようになった。しかし，実際のラインでは，自働化のスピードについていけなかった。その後，2000年になると投資した割には生産性が上がらず，TPS（トヨタ生産システム）などの取り組みに当たって簡易自働化という方向に少しずつ動き始めたのである。2010年代以降，コンポーネント系を中心に，ロボットによる自働化を進め，三重工場もそれに合わせて自働化に取り組んでいる。

　これまでの経緯をまとめると，1960年代に加工機械の NC が始まり，70年代前半に FA 新時代として組立の自動化に取り組み，80年代半ばからコンピュータを活用し一貫 CIM（Computer Integrated Manufacturing：コンピュータ統合生産）化に取り組んだ。2000年代に入り，モジュール化と簡易自働化を目指し，10年頃からは人とロボットの協調化や人工知能（AI）を活用するようになった。今後は人とロボットの協調による工場の自律化を通してデジタルツインを目指す戦略である。

　富士電機は，いち早く「自働化」「ロボット化」の取り組みを行ってきたが，ロボットは決められた位置間を繰り返し動作するにすぎず，人と同じようなちょっとした変化には対応できずに稼働率を下げることもあった。その結果，富

第 13 章　ファクトリーオートメーション（富士電機）　259

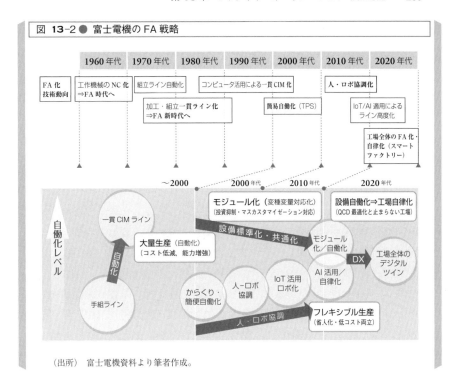

図 13-2 ● 富士電機の FA 戦略

(出所)　富士電機資料より筆者作成。

士電機は，ニンベンのついた「自働化」を目指し，設備自らが働いて価値を生み出すという考え方のもと，「人とロボットの協調」を進めるようになった。このように富士電機の自働化の取り組みは一般的な自動化の考え方と異なる日本的な特徴を持つ典型例といえよう。

次に，本章のケースである三重工場の FA の取り組みについて見ていこう。三重工場は主に 3 つのポイントを中心に FA に取り組んでいる。

第一に，スケールメリットを追求している。自販機は三重工場において年間でおよそ 10 万台を生産している。10 万台という数は全自動にするには少なく，全部手組みにするには多いため，半自働化ラインとなる。一方，自販機の中に商品を収納するラックやボタンなど，1 台の自販機に複数個使用するモジュールがある。共通のモジュールが 30 万個を超えるようなところは自働化していこうとしている。

第二に，全体の生産プロセスの中で重量物作業や過酷な作業環境への対応に自働化で取り組んでいる。自販機はかなり重量があり，筐体溶接するときに，

260 第Ⅱ部 変化する生産管理

以前は作業者が一生懸命，運搬していた。また，自販機の生産工程の中には作業環境が暑いところがあり，たとえば，粉体塗装では防護服を着なくてはいけない。そういったところを自動化していくという考え方である。

第三に，匠の技が必要な工程に自動化を検討している。匠の技が必要な工程は定量化することが難しいため，現在取り組みの最中であるが，今後も検討を継続していく方針である。

三重工場の2023年現在の自動化率は，自販機の生産工程の場合，50％弱である。自販機の組立工程では，そこまで積極的に自動化を進めていない。自販機は，180cmの高さと，重さも400kg程度になるため，実際にすべての工程を自動化する場合，かなり大型の設備投資が求められる。そのような自動化は，投資の費用対効果が合わなくなる。そのため，組立の前工程となるモジュール工程の自動化に力を入れている。缶自販機の生産工程は，外扉溶接工程と外箱溶接工程の後，塗装とマークを行う。その後，組立の前工程（ラック組立，ユニット，モジュールの組立）を実施し，扉と本体の組立を行い，最終的に試験工程を経て出荷する。全体の生産工程の中で，外扉溶接工程，外箱溶接工程，塗装とマーク工程はすでに自動化率が50％を超えている。また組立の前工程であるラック組立とユニット工程も自動化率は50％を超えており，日本的自動化の代表的な事例といえよう。ここでは，三重工場が取り組んできた代表な事例として，板金加工の自動化とモジュール組立工程の自動化について紹介する。

(1) 板金加工の自働化

板金加工では，さまざまな設備が使われている。三重工場では，板金加工の自動化のために，レーザー＆NCT複合機による自動化やパネルベンダーによる自動化に取り組んできた。パネルベンダーは板金を曲げる設備である。従来は向きを変えたりすることは人間が手作業で行わなければならなかった。しかし，パネルベンダーの設備を導入することで自動で向きを変えて押さえることができ，精度高く曲げることもできる。従来は型が必要だったR曲げもパネルベンダーでは必要がなくなった。パネルベンダーの導入により，加工スピードが速くなり，直接加工費も低減できることに加え，直接材料費を下げることもできた。今までは分厚いものを曲げていたが，パネルベンダーを導入することで，曲げたものをさらに曲げることが可能となった。そのため，直接材料費を年間4000万円近く削減できている。プレスブレーキ方式の従来の板金工程では，持ち上げタイミングや材料の突き方の勘・コツ部分が多く存在しただけ

ではなく，作業者が手袋をしていても手に傷を負ったり，膝や腰に負荷がかかっていたりしていた。また，部品種類ごとの金型の交換に時間がかかっていたのも改善ポイントだった。そのため，新たなパネルベンダーを導入することで作業者の負担を軽減させ，品質が安定するようになった。従来のプレスブレーキ方式に比べて，薄板で大きな部品，曲げが多い部品にも対応できるようになった。具体的な導入効果には，自働化による原価低減への貢献，誰でも作業が行えることへの貢献（勘・コツの排除），作業者の安全確保，省スペースの確保，高騰する直接材料費に対する低減などがあげられる。また，生産性に関して，歩留まり（投入した原料に対する完成品の割合），加工時間，工程それぞれが大幅に向上した。

(2) モジュール組立工程の自働化

　次にモジュール組立工程の自働化について紹介しよう。先述したように，組立の前工程であるラック組立とユニット工程の自働化率は非常に高い。まず，ラック組立ラインの自働化について見ていく。ラック組立ラインとは自販機の中に収納する棚を組み立てることを意味する。以前は 10 人ほどの現場の作業員が並んで組んでいた。それを 2014 年頃に前工程を全部ロボットで自働化した。この工程で一番工夫したのは，導入当初のトラブル対応である。ロボットで自働化されている箇所にカメラを設置して設備トラブル発生の前後 40 秒ぐらいの動画が撮れるようにした。そのため，何かの影響で止まってしまった場合に動画で確認することができるようになった。今までは，なぜトラブルが起こったのかわからなかった。そのため，次にもう一度この現象が起きるまで生産技術業者が張り付いて，同じ現象が起きるまで待つことが求められた。カメラを設置して動画を撮ることによって原因追求までの時間が劇的に短縮するとともに，改善策を盛り込んで生産性を上げることが可能になった。従来は半年かけて 25％ほどの生産性を上げていたが，それを 1 カ月半に短縮でき，改善スピードが速くなった。画像データなどを活用することによって，改善のスピードを速めることに成功したのである。生産設備の稼働状況をリアルタイムでモニタリングし，データに基づいた改善を行うことで生産性を高めた。

　モジュール組立工程の自働化の中でもラック組立ラインの自働化は，富士電機の簡易自働化の考え方の典型的な取り組みといえよう。簡易自働化の考えのもとでは，すべての組立工程を自働化せず，作業が難しい工程や，作業時間や品質にバラツキが発生する工程と自働化が可能な部分，人がやった方がよい部

262 第Ⅱ部 変化する生産管理

分など，ライン全体の効率を考慮したうえで自働化するのである。結果的に市場対応力も高まるようになる。生産工程だけを考慮した自働化だけではなく，需要変動に対応できるようにすべての手組ラインも戦略的に残しているのが三重工場の特徴である。品質確認で作業者の目視確認に依存していたものを，外観検査設備を導入することで，良し悪しをリアルタイムで判定するようになった。また，各工程のプロセスデータを取得・分析することで品質不良の原因を究明し，人の目や考えではできなかった品質改善を実施できるようになったのである。

　最後に，電子膨張弁（EEV）の圧入工程の自働化である。電子膨張弁は，自販機に搭載する冷却ユニット（冷凍機）の冷媒流量の調整弁である。自販機1台当たり，1ユニットに3〜4個搭載される。もともと，部品組立と着脱をすべて手作業で行っていた。また，バッチで生産しており，リードタイムが長く，仕掛品も多く発生していた。加えて，ダイヤフラムなどの繊細な部品があるため取り扱いによる不良が多く，原因究明が困難であった。しかし，2021年からロボットを導入して部品のセットをロボットにさせ，その部品寸法や組合せ寸法を計測・判別することに取り組んだ。このように自働化による生産性向上とプロセスデータ活用による品質改善を推進し，後工程との同期生産を実現した。その結果，組立から塗布工程までの同期生産，プロセスデータの取得・活用による組立圧入品質の向上を実現したのである。具体的には，生産性は約2.3倍，品質も72％の改善と，生産性を上げながら品質も一気に上げることができた。今後，後工程も自働化を進めていく計画である。

(3) 今後の目指す姿

　コロナ禍を経て，近年，三重工場もものづくりの環境が変わってきた。コロナ禍以降，外部環境の変化によって素材が高騰し，調達リードタイムも長くなっている。さらに，生産現場に作業者が集まりにくく，1人が辞めてしまうと，すぐに新しい人を生産現場に補充しなければならない状況になりつつある。また，生産現場の作業者の平均年齢も高齢化している。たとえば，三重工場の板金工程の平均年齢は43歳となっており，これが10年後にはさらに高齢化が進むことは明白である。同じようなものづくり，同じような品質を保つために高齢者でもできるような工程の取り組みや，新人でもベテランと同じレベルのことができるような作業環境をつくることが重要となってくる。さらに生産現場の男女比率は，女性の比率が低いが，今後，女性作業者も問題なく作業できる

第 **13** 章　ファクトリーオートメーション（富士電機）　263

作業環境をつくることが求められる。三重工場はそういったところを意識し，効率追求型だけではなく，変化に対応するために何でもいつでもつくれるといった環境をつくることも自働化のミッションになっている。

　これまでの三重工場の自働化は，大きな流れとして 2 つにまとめられる。第一に，TPS（トヨタ生産システム）を基軸にした簡易自働化，人とロボットの協調，IoT などを使用することで生産性を上げていく流れである。第二に，生産工程をコンパクトにしていくモジュール化の取り組みである。工程全体の自働化率は落ちるが，自働化技術レベルは進化させたうえで，人とロボットが共存した仕組みとなっている。今後，富士電機本社と三重工場は工場全体をデジタルツイン化する取り組みを目指している。また，つながるスマートファクトリーを目指して，製品開発設計から生産までのエンジニアリングチェーンのPLM（Product Lifecycle Management：製品ライフサイクル管理）を強化し，工場のものの流れのサプライチェーンと統合していくものづくり DX 戦略を検討している。DX 時代に同社が進めている**スマートファクトリー**戦略は，従来のファクトリーオートメーションのレベルを上げてスマート化を実現し，製品ライフサイクル全体を通じてバリューチェーン全体の統合と制御を目指している。

　このように富士電機と三重工場の FA 戦略における今後の重要な方向性の 1 つは，従来の単なる効率追求にとどまらず，変化に柔軟に対応できる自働化である。言い換えれば，生産工程のロボット化による単なる自働化のみならず，生産ラインの柔軟性を高め，市場の変化や顧客ニーズの迅速な変更にも素早く対応できる仕組みづくりを目指している。

3　ケースを解く

3.1　自動化と自働化

　激動しているビジネス環境において，企業は戦略的および運営上の情報共有を通じて社内外のバリューチェーンおよびサプライチェーン活動を統合することがますます求められている。企業戦略の設計・実行には，適切な情報システムの構築が不可欠である（Park and Shintaku, 2022）。とりわけ，製造業は変革期にあり，発展途上国が世界の工場という発想はもはや古く，昨今では，日本，欧州，アメリカなどの先進国が優れた生産技術や IT（情報技術）活用を通じて，新しいものづくりを試みている。たとえば，ドイツでは，2011 年にインダス

トリー 4.0 をスローガンに産官学によるものづくり改革プロジェクトがスタートした。工場内のデータと企業を連携させ，サプライチェーンを効率的かつ自律的に管理するスマートファクトリーの構築に取り組んでいる。さらに，2021年に欧州委員会は第 4 次産業革命（インダストリー 4.0）に代わる新しいコンセプトとして，第 5 次産業革命（インダストリー 5.0）を提唱した。

　一方，日本の生産管理の基本は，現場の暗黙知の集積に基づく統合型ものづくりである。したがって，暗黙知を明示的かつ成文化された知識に変換することは，重要な課題の 1 つである。これまで日本企業には，製品開発から製品生産までの高度なマッチングを可能にするスキルやノウハウが蓄積されてきた。これらのスキルやノウハウは OJT（On the Job Training）を通じて社内の先輩社員から後輩社員に継承されている。OJT によるスキルやノウハウの社内伝承は，高度経済成長期に日本独自の組織的能力伝達・組織学習システムとして定着した。

　日本の代表的な生産管理のコンセプトは，トヨタ生産システム（TPS）およびリーン生産システムである。それは，最も効率的な方法を追求してすべてのムダを完全に排除するという哲学に基づいている。TPS は，トヨタ自動車の創業者豊田喜一郎が提唱したジャスト・イン・タイム（JIT）の考え方に基づき，効率化を図るため長年の試行錯誤を経て進化してきた。過剰在庫，不要な加工ステップ，欠陥製品などが廃棄物となることがある。これらすべてのムダ要素が互いに絡み合ってさらなる無駄を生み出し，最終的には企業自体の経営に影響を及ぼしている。

　トヨタによると，TPS は，「リーン生産システムまたは JIT システムとも呼ばれるものづくりの方法であり，世界中でよく知られ，研究されている」とされる。1980 年代のアメリカ製造業の低迷の中で，成長する日本企業のものづくりへの関心が高まると同時に，欧米企業で見られるその成功を支えるリーン生産方式に関する研究が増加した。トヨタの生産管理システムは，顧客から受注した車両をできるだけ早く効率よく納車することを目的として，長年改良を重ねて確立された思想である。

　トヨタ生産方式は，異常が発生したら機械が直ちに停止して，不良品をつくらないという考え方（トヨタではニンベンの付いた「自働化」という）に基づいている。トヨタの考える自働化，すなわち異常が発生したら機械が止まることの実現には，安全な仕事が確実にできるまで手作業でつくり込むことが大切で，

第 **13** 章　ファクトリーオートメーション（富士電機）　265

まず人がとことんこだわって手作業でラインをつくり込み，改善の積み上げで作業を簡単にしていく。そして，最終的には人間による付加価値がなくなるレベル，つまり誰がやっても同じ作業になるようにしたうえで，それらの作業を自動化やからくりで実際の量産ラインに織り込んでいく。これを繰り返すことで，機械は簡単な仕組みでかつ安くなり，またメンテナンスにかかる費用や時間も低減し，さらには生産量の増減に対応できる「シンプル・スリム・フレキシブルなライン」が可能となるのである。この手作業こそが，技能の原点であるとトヨタは見ている。機械やロボットは自ら考え，勝手に進化したわけではなく，匠の技能を移植することで進化することができたのである。つまり，手作業を通じてものづくりの原理原則を知り，現場で応用することで改善を積み上げていくと，それが匠の技能となる。この匠の技能に磨きをかけ続け，同時にその匠ならではの勘・コツを機械に織り込む新技術・新工法にチャレンジし続ける技能と技術のスパイラルアップがトヨタの自働化といえよう（Park and Shintaku, 2022）。

　藤本（2001）は，欧米の自動化をハイテク自動化戦略と位置づけ，それに対し，日本の自動化戦略をローコスト自動化戦略として対比したことがある。1980 年代までの欧米企業によく見られたハイテク自動化戦略は，自動化のための自動化，技術至上主義に陥る傾向，システムの改善なしに自動機器単体によって単に既存作業を置き換えようとする傾向，過剰な機能を持った高い機器に依存する傾向，機器の拡張性が乏しいため，継続的改善の疎外要因となりやすいこと，設備は外から買って量産効果を享受することを重視する傾向，専門技術者によるトップダウン型の設備改善，一発大技をねらう大規模自動化システム傾向などを特徴とすると指摘している。一方，日本のローコスト自動化戦略は，戦後日本の自動車メーカーの自動化戦略でよく見られるように，競争力志向，トータルシステム志向，機能限定型自動化，拡張性の重視，設備の自社開発，漸進主義，現場主義的改善との両立，不良や故障などの製造問題を隠蔽せず，むしろ早期に顕在化するような仕掛けを自動化システムに持たせる問題の顕在化との両立を特徴としている。

　1990 年代以降の自動化戦略は，とりわけ組立自動化では，国際競争の激化や少子化による作業者の不足，女性・高齢作業者の相対的増加，従業員の価値観の変化などのような競争環境や労働市場などの急激な変化を受けて新しい展開を見せている。その結果，近年は，欧米流のハイテク自動化戦略と日本独自

266　第Ⅱ部　変化する生産管理

のローコスト自動化戦略を融合した形で，ヒューマンフィッティング自動化戦略，ヒューマンモチベーション自動化戦略として展開されている。このように日本のものづくり現場に流れる自動化の考え方は，単なる効率性追求型の全自動化ではなく，人を活かす自動化であるといえる。人を活かす自動化とは，組立システム全体の改善と連動することによって，より高次元なレベルでの作業の人間化を目指すものである。例として自動化部分と作業組織のインターフェースの最適化を目指すことがあげられる（藤本, 2001）。

　本章のケース企業の富士電機も単なる欧米流の自動化ではなく，簡易自動化という取り組みでわかるように，ロボットと作業者との協調による「自働化」を目指す典型的かつ日本的な自動化の事例といえよう。

3.2　自働化戦略とパフォーマンス

　自働化戦略は，企業が自動化と自働化のバランスをとりながら業務プロセスを改善し，パフォーマンス向上を図る戦略である。最近の研究では，この戦略がさまざまな側面で企業に与える影響が注目されている。第一に，自動化は企業の生産性と効率性の向上に影響する。自動化は，繰り返しの単純なタスクや作業の自動化によって生産性を向上させる。これにより，従業員はより高度な作業に集中することができ，企業全体の効率性が向上する。近年の研究では，自動化によって作業時間の短縮や作業の正確性が向上し，生産プロセス全体の効率が向上することが示されている。

　第二に，自動化は企業の品質管理を向上させる。自動化は品質管理にも大きな影響を与える。機械やロボットによる自動化は，人間のミスや製品のバラツキを減らし，製品の品質を一貫して高めることができる。センサーやデータ解析を組み合わせたシステムは，製品の品質監視とリアルタイムの品質改善に貢献する。

　第三に，自動化は作業環境の改善に貢献する。自動化は危険な作業や過酷な環境での作業から人を解放することで，労働者の安全性が向上し，作業環境が改善される。たとえば，ロボットや自動化された機器が高温や有害な環境下での作業を担当することで，従業員の健康リスクを軽減する。

　第四に，自動化は労働力の活用とスキル向上に影響する。自動化が進む中で，従業員はより高度なスキルや専門知識を必要とする業務に集中することができる。これにより，企業は従業員のスキル向上を促進し，より価値の高い仕事に

リソースを割り当てることができる。

　一方，自働化の取り組みの際に，さまざまな要素を考慮しなければならない。とくに自働化に取り組む際に組織文化との調和が重要な要素となる。そのため，自働化を導入する際には，組織文化や従業員の受容性を考慮する必要がある。従業員の教育やトレーニング，変化への適応力を育むことが重要である。組織文化と自働化の調和がなされることで，効果的な自働化戦略が展開されるといわれている。

　このような両面性のため，自働化は経済的にプラスとマイナスの影響を与える可能性がある。自働化が進展すると，初期の投資費用や設備更新のコストがかかることもあるが，長期的には生産性向上やコスト削減につながると考えられる。また，これにより競争力を高め，新たな市場機会を開拓することが可能となることも示唆されている。このように自働化には競争力を高める機能と逆機能が同時に存在する。藤本（2001）によると，生産現場の自働化は，労働生産性向上，コスト低減，品質向上，納期短縮，フレキシビリティの向上，作業環境改善に有効に機能するが，熟練解体・労働疎外および雇用への悪影響を起こす逆機能を持っていると指摘されている。

　日本の代表的な自動車メーカーの自働化戦略は，欧米型のハイテク自働化路線に対して，どちらかといえばローコスト自働化戦略に近く，これが競争への向上に寄与したといえよう。しかし，1980年代末から90年代初頭にかけて，労働力不足，とくに組立現場の人手不足と高齢化傾向が進む中で，先述したように人にやさしい自働化であるヒューマンフィッティング自働化戦略が志向されるようになり，その後，単に人にやさしいというだけではなく，新しい作業組織と連動して積極的に人を活かすヒューマンモチベーション自働化戦略が重視されるようになったのである（藤本, 2001）。本章の富士電機三重工場のFA戦略も人を活かすヒューマンモチベーション自働化戦略に近いといえよう。このように，最近の研究では自働化が企業の多岐にわたる側面に影響を与え，組織のパフォーマンス向上に寄与することが示される一方，環境や産業によってその効果は異なるため，個々の企業の特性や状況に適合した形で人とロボットとのコラボレーションを図る自働化戦略が求められるようになった（Park and Shintaku, 2022）。

　そのため，日本のものづくり企業が自働化を検討する際に，事前に，まず自社内で自働化の基準・目的，領域，投資基準を策定する必要がある。ここで

268　第Ⅱ部　変化する生産管理

図 13-3 ● 富士電機三重工場の自動化の検討プロセス

自動化投資案の策定	自動化施策の具体化	自動化投資の可否判定
●自動化の投資目的（合理化，増産，新製品など）を明確にする（IoT化投資の場合は，原価低減を目的とした生産性向上・品質向上，安全・安心・省人化，省エネなどのアイテムに限る） ●具体的自動化策を検討する。生産ラインの自動化投資の場合，動作のムダを排除したうえで自動化（ニンベンの付いた自動化）する ●自動複数案を検討し，技術的難易度・解決期間も考慮し，効果の大きそうなアイテムから優先づけを行う	●自動化施策のライン構成，方式，対象範囲など，最適な方策を検討する ●対象ラインの構成や人員配置，生産性，付随する条件（環境・法規制，IoT化など），改善効果の見積もりなど，工程設計を実施する	●工程設計が終わった段階で，投資額対回収効果を評価し，投資基準により投資可否判断を行う（不可の場合は，別施策を検討） ●回収可能と判断されれば，設備投資稟議書を起案し承認を得たうえで，実行に移す ●投資実行後は，効果が出たかの評価フォローを実施する

（出所）　筆者作成。

は企業が高いパフォーマンスを発揮するための自動化検討プロセスを紹介する（図13-3）。第一に，自動化投資案の策定である。富士電機三重工場は，自働化の投資目的（合理化，増産，新製品など）を明確にした。たとえば，IoT化投資の場合は，原価低減を目的とした生産性向上，品質向上，安全・安心・省人化，省エネなどのアイテムに限っている。次に，具体的自動化策を検討した。生産ラインの自動化投資の場合，動作のムダを排除したうえで自働化することを目指した。最後に，技術的難易度・解決期間も考慮しながら，複数案を検討し，効果の大きそうなアイテムから優先順位をつけた。第二に，自動化施策の具体化である。三重工場では，自動化施策のライン構成，方式，対象範囲など最適な方策を検討した。対象ラインの構成や人員配置，生産性，付随する条件（環境・法規制，IoT化など），改善効果の見積もりなど工程設計を実施している。第三に，自動化投資の可否判定である。三重工場の場合，工程設計が終わった段階で，投資額対回収効果を評価し，投資基準により投資の可否を判断している。不可の場合は，別施策を検討している。もし，回収可能と判断されれば，設備投資稟議書を起案し承認を得たうえで，実行に移している。投資実

第 **13** 章　ファクトリーオートメーション（富士電機）　269

行後は，効果が出たかの評価フォローを実施している。このように基準を策定することで，効果に直結しないムダな自動化設備を量産することがなくなった。自働化投資案の策定，施策の具体化，投資の可否判定が策定されていることによって，どこからどこまでの自動化が可能な範囲かを明確にしたうえで，自動化の検討を行うことができるようになる。また，自動化の検討内容を現場である工場側が本社の生産技術と相談しているのも特徴である。すなわち，自動化の領域を広げるために設計領域にもフィードバックし，自動化を前提とした製品設計を可能としている。生産工程の自動化は，生産プロセスの設備は作業ラインの自動化にとどまり，結果的に全体最適にならず，部分最適に終わる恐れがある。全体最適の自動化を目指すためには，製品開発設計から量産する生産プロセスと連携した自動化に取り組む必要があるのである。

3.3　日本型のスマートファクトリーのあり方

日本の製造業は，伝統的な統合型ものづくりが基本となっており，企業戦略の設計・実行において情報システムの構築が欠かせない。多くの日本企業が採用しているトヨタ生産システム（TPS）は，自動化より自働化を重視している。一方で，欧米の自動化戦略は最近のスマートファクトリーの議論のようなハイテク自動化が主流であり，日本の自動化戦略とは異なるアプローチが見受けられる。

かつてのアメリカ企業は技術至上主義や大規模な自動化システムに依存する傾向が見られた。これに対し，日本企業は競争力志向やトータルシステム志向，機能限定型自動化を重視していた。1990 年代以降の製造業においては，組立自動化が国際競争の激化や労働市場の変化に対応して新たな展開を見せた。この時期に日本のものづくり企業も人を活かす自動化に焦点を当てるようになったといえよう。具体的には，自動化部分と作業組織のインターフェースを最適化することで作業の人間化を推進し，競争環境に柔軟に対応できる仕組みへと進化している。ケースとして取り上げた富士電機も，自働化に焦点を当て，作業者とロボットの協調を目指す事例である。これは，技術の進化と人間の技能を組み合わせたアプローチにより，生産性と品質の向上を図るものである。

最後に，日本型のスマートファクトリーのあり方について考察しよう。日本型のスマートファクトリーは，伝統的な製造業の価値観と革新的なテクノロジーを組み合わせ，効率性と品質の向上を同時に達成することが求められる。そ

270 第Ⅱ部 変化する生産管理

れと同時に，人とロボットとの協調性，および持続可能な開発目標（SDGs：Sustainable Development Goals），第5次産業革命（インダストリー5.0），サーキュラエコノミー（CE：Circular Economy）などのグローバルトレンドに対応する戦略が求められる。ここで，具体的な施策を提示する。

(1) トータルシステムの構築と連携

エンジニアリングチェーンから生産ラインやサプライチェーン全体，さらにバリューチェーンを包括的に管理するためのトータルシステムの構築が重要である。バリューチェーン視点では，これまで GAFAM（Google〔Alphabet の子会社〕，Amazon, Facebook〔現・Meta の旗艦サービス〕，Apple, Microsoft）のようなプラットフォーム企業に優位性があった。このエリアは，インターネットやクラウドを経由してデジタルプラットフォーム企業が最終顧客と直接つながる世界である。この業界では，1990 年代以降，半導体の微細化，大型コンピュータの進歩，計算能力の拡大，インターネットの普及，スマートフォンの流行，5G のような通信革命，AI や機械学習などの革新，巨大なデータセンターの出現など，急速な変化が起きている。とくに，近年はビッグデータや Google の深層学習のような AI の出現や Amazon に代表されるクラウドコンピューティングが新たなビジネスモデルを矢継ぎ早に生み出す一助となっている。一方，エンジニアリングチェーンとサプライチェーンのエリアでは，CAD（Computer-Aided Design）・CAM（Computer-Aided Manufacturing）・CAE（Computer-Aided Engineering），PLM（Product Lifecycle Management），ERP（Enterprise Resources Planning），MRP（Materials Requirements Planning），MES（Manufacturing Execution System），SCM（Supply Chain Management），CRM（Customer Relationship Management）といった個別企業の IT システムが支配している（藤本・朴，2015；藤本，2017）。とりわけ，本章の富士電機三重工場のような生産工場の場合，従来の NC 工作機械の導入から FA の取り組みが始まり，近年はより高度な IoT センサー，ロボット，AI 導入などによって自働化が徐々に進んでいる。もともと工場の自働化システムはすでにある程度階層化しており，機械を直接制御する階層，流れに沿って工場全体を制御する階層などがあって，工場内ネットワークで設備，制御盤，コントローラー，サーバーなどが連携された構成になっている。近年，IoT センサーと各種の設備からの PLC データを連携して，膨大なリアルタイムデータを高速処理し，AI でデータを分析し，経営意思決定者にフィードバックするデータ，同じ工場内の他工

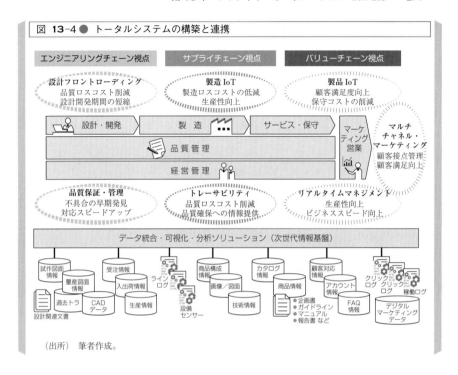

図 13-4 ● トータルシステムの構築と連携

（出所）筆者作成。

程，さらに国内と海外の他工場のデータを連携することでスマートファクトリーの実現は現実のものとなりつつある。

　一方，日本企業の強みは，富士電機三重工場のように匠の技（勘・コツ）のような暗黙知を持つ熟練者によって支えられる工場が多いことである。そのため，暗黙知をいかに工場や企業全体で共有できるようにするかが今後の日本のスマートファクトリーの実現の大きな課題となろう。すでに一部の企業では日本型のスマートファクトリーの実現に向けて，暗黙知を持つ熟練者というアナログとデジタルの関係をデザインしていくデジタル人材を育成している（ヤマハ発動機，2023年12月21日）。そのため，理想的な日本型のスマートファクトリーは，欧米主導の完全自動化のようなFA戦略と異なり，図13-4に示すように，生産現場の暗黙知をいかに吸収し，FAシステムと連携・統合し，さらにエンジニアリングチェーン，サプライチェーンと連携し，そのうえバリューチェーンまで統合できるかが成功と失敗を左右する決め手になると考えられる。

272 第Ⅱ部 変化する生産管理

(2) IoT，ビッグデータ，AIの活用能力

近年の急速なデジタルデバイスの進歩によって，センサーやIoTデバイスの発展スピードはめまぐるしい。こうしたデジタルデバイスを活用して，工場内の機器や生産ラインからのデータを収集し，ビッグデータとAIによる分析を行うことは，少子高齢化による働き手の不足問題に直面した企業だけではなく，すべての企業に共通する検討課題といえよう。これにより，生産プロセスの可視化や予知・予測メンテナンス，最適化が実現できる。

(3) 柔軟性とカスタマイズを同時に追求

日本のスマートファクトリーは，大量生産だけでなく，柔軟な生産を可能にする必要がある。カスタマイズや個別生産への対応が求められ，これを実現するためのシステムとプロセスを整備する必要がある。

(4) 人と技術の融合

技術の進化は人との連携を強化することが求められる。自働化が進む一方で，人間のスキルや判断力を活かすことで，より高度な業務や問題解決に従事できる環境を整えなければならない。

(5) サイバーセキュリティの確保

デジタル化された環境では，サイバーセキュリティの重要性が高まる。厳重なセキュリティ対策と定期的なアップデートを行い，データやシステムの安全性を確保しなければならない。そのため，5Ｇという通信環境を活用し，ローカル5Gの活用も重要なテーマとなりうる。ローカル5Gとは通信事業者ではない企業や自治体が，一部のエリアまたは建物・敷地内に専用の5Gネットワークを構築する方法であり，日本企業のサイバーセキュリティの確保に役立つと考えられる。

(6) 持続可能性と環境への配慮

持続可能な開発目標（SDGs）に合わせたスマートファクトリーの実現が，今後の日本のものづくりにおける重要な課題である。2015年9月の国連サミットで加盟国の全会一致で採択された「持続可能な開発のための2030アジェンダ」に記載されたSDGsは，2030年までに持続可能でよりよい世界を目指す国際目標である。それに歩調を合わせる形で，2021年に欧州委員会が第4次産業革命（インダストリー4.0）に代わる新しいコンセプトとして，第5次産業革命（インダストリー5.0）を提唱した。第5次産業革命では，脱炭素（カーボンニュートラル）の実現や，資源・エネルギーの循環型アプローチ，あるいはデ

ジタルを活用したエコシステムの形成といった取り組みを推進し，地球環境の保全と企業の発展の両立を追求する。スマートファクトリーの運用は，環境への負荷を最小限に抑えることが重要であり，省エネや廃棄物の削減など，持続可能な運用を目指すべきである。そのため，スマートファクトリー戦略を検討する際に近年議論されている第5次産業革命（インダストリー5.0）やサーキュラエコノミー（CE）戦略も考慮して取り組む必要がある。

(7) 産学官連携と共創

産学官連携を強化し，最新技術やノウハウの共有を図る必要がある。とくに，大学や研究機関との協力によって新たな技術やアイディアを取り入れ，イノベーションを推進するのも目指すべき方向である。日本型スマートファクトリーは，伝統的な日本の製造業の精神を持ちながら，最新のテクノロジーを取り入れて効率性，柔軟性，持続可能性を追求することが重要である。これにより，グローバルな競争力を高め，次世代の製造業の先駆者となる可能性があると考えられる。

4 課　題

(1)　具体的な事例を取り上げて，自動化と自働化には，どのような共通点と相違点があるのかを考えてみよう。
(2)　自働化のメリットとデメリットを比較し，日本企業が自働化を検討する際にどのような点を考慮すべきかを考えてみよう。
(3)　欧米のスマートファクトリーの取り組みと日本型のスマートファクトリーのあり方には，どのような相違点があるのかを論じてみよう。

読んでみよう　　　　　　　　　　　　　　　　　BOOK GUIDE

伊藤宗彦・松尾博文・富田純一編（2022）『1 からのデジタル経営』碩学舎。
　　スマートファクトリー，AI，IoT などデジタル技術にまつわる用語や知識を企業事例とともに解説しており，日本における代表的なデジタル経営の教科書の1冊。

藤本隆宏・朴英元（2015）『ケースで解明　IT を活かすものづくり』日経 BP マーケティング。
　　日本の代表的なものづくり企業の IT 活用事例を紹介することで，事例から日本に最適な IT システムとは何かを解明する教科書。

参考文献 REFERENCES

藤本隆宏（2001）『生産マネジメント入門Ⅱ　生産資源・技術管理編』日本経済新聞出版。
藤本隆宏（2017）『現場から見上げる企業戦略論：デジタル時代にも日本に勝機はある』KADOKAWA（角川新書）。
藤本隆宏・朴英元（2015）『ケースで解明　ITを活かすものづくり』日経BPマーケティング。
Park,Y.W. and J. Shintaku (2022) "Sustainable Human-Machine Collaborations in Digital Transformation Technologies Adoption: A Comparative Case Study of Japan and Germany," *Sustainability*, 14(17), 10583.
ヤマハ発動機（2023年12月21日）【ニュースレター】データサイエンティストならぬ"現場サイエンティスト"（https://news.yamaha-motor.co.jp/2023/026119.html#_ga=2.158558138.1489099536.1703117915-1663169608.1674460399）。

| 第 | 14 | 章 |

デジタル3次元情報の活用

ラティス・テクノロジーのケース

福澤 光啓

KEYWORDS
- デジタル化
- 3D CAD
- コンカレントエンジニアリング
- フロントローディング
- デジタルトランスフォーメーション

1　本章のねらい

　人びとが生活している現実世界や企業がものを生産している実際の現場（工場）はアナログであるが，そのような人びとが現実世界で行う活動をコンピュータなどの電子機器やソフトウェアで実現するための技術は，デジタル技術と呼ばれる。このデジタル技術の活用により，それまでなかった新たな機能や価値が提供されることで，人びとの生活が飛躍的に便利で豊かになるとともに，本書の各章で解説されてきた企業の「ものづくり活動」においても，その活動のさらなる効率化と新たな事業創出を進めることが可能になる。たとえば，自動車を運転する際には，従来は，自分でアクセルとブレーキの調整やハンドリングなどを交通状況にあわせて常時人が行う必要があったが，近年ではセンサやアクチュエータ，ECU（Electronic Control Unit），ソフトウェアの統合的な制御により，それらの操作がある程度自動的に行われるようになった。あわせて，MaaS（Mobility as a Service）として提供価値の多様化と高度化も進み，以前とは異なる業界からの新規参入やスタートアップも促進されている。

　1980年代以降，日本企業において，コンピュータと情報通信技術（ICT）を用いた業務効率化は，間接業務についてはオフィスオートメーション（OA），工場における直接業務についてはファクトリーオートメーション（FA）として取り組みが進められてきた。その後のコンピュータや半導体，ソフトウェアの急速な技術進歩を受けて，2010年代以降，デジタルトランスフォーメーシ

ョン（DX）として，人が行っていた仕事を単に機械やコンピュータに置き換えるだけでなく，デジタル技術を用いることで従来の業務の進め方そのものを変えたり，新たな事業をつくり出していくことが注目されるようになった。

第13章でも学んだように，近年では工場内における生産活動に関わる情報のデジタル化も重要であるが，顧客に提供される価値に関わる設計情報そのものを生み出す製品開発活動の**デジタル化**と，工場におけるさまざまな活動のデジタル化が連動していることが，開発や生産活動のパフォーマンスを高めるためには不可欠となっている。つまり，工場における「生産活動」という物理的特性を持つアナログな現地現物の活動を効率化するためには，デジタル技術の活用により構築される「バーチャルな現地現物」（デジタルツイン）を活用した，部門横断的な調整連携と創意工夫を可能にするための技術基盤と組織体制が必要になる。

これまで本書の各章で取り上げられてきたような生産活動の対象（部品や製品）は立体（3次元構造）である。みなさんは，学校の算数や数学の時間に，立体を平面図に展開したり，その逆の演習問題を解いた経験があるはずである。また，身近な製品の外観（デザイン）を言葉で表現したり，それを誰かに説明しようとすると難しかったという経験をしたこともあるかもしれない。プラモデルを組み立てたことがある人は，紙の設計図や手順書を見ながら作業を行ったことがあるだろう。このように，本来は3次元である「もの」について，1次元（言葉）や2次元（紙の図面）で表現したり，それを他者に伝達したり理解してもらう（逆に自分が理解する）ことは容易ではないし，この変換の過程において，ミスが生じたり情報が欠損したりすることも起こる。複雑な形状をしたものや多数の部品からなる製品になるほど，その傾向は顕著になる。

製品の開発や生産活動においては，「こんなものがほしい」（顧客のニーズ）という1次元情報を，最終的には3次元構造を有する「もの」に変換し具現化することが行われている。そして，この最終的な3次元の「もの」に関する情報は，企業内のさまざまな人や部署，協力企業との間で，1次元から3次元の形式を織り交ぜながらやりとりされている。その過程において，迅速かつ正確に情報をやりとりするためには，最終的な製品の情報を3次元で作成して，それを関係する人や組織の間で共有していくことが望ましい。開発や生産活動において，膨大な部品や複雑な形状に関する3次元情報を，どのようにすれば効率的につくり出すことができるのか。その情報をさまざまな関係者間で効率的に

第 **14** 章　デジタル 3 次元情報の活用（ラティス・テクノロジー）　277

共有できるようにするためには，どうすればよいのだろうか。これらの問題は，デジタル技術を活用することによってうまく解決するようになるのだろうか。

　本章では，製造企業が設計情報のデジタル化を進めて，それをバリューチェーン全体（エンジニアリングチェーンおよびサプライチェーン）にわたって，「よく流れる」ようにする際に直面する課題とその解決策について，設計情報のデジタル化と社内外連携を進めるための IT システム・情報技術プラットフォーム（基盤）を開発・提供している，ラティス・テクノロジー社の事例に基づき考えていこう。

2　ケース：ラティス・テクノロジー[1]

2.1　ラティス・テクノロジーの概要

　ラティス・テクノロジー株式会社（以下，ラティス社）は，1997 年 10 月に，慶應義塾大学教授であった千代倉弘明と株式会社リコーのエンジニアであった鳥谷浩志らにより設立された IT ベンチャーである。同社は，3 次元（3D）データを軽量化する独自技術である XVL（eXtensible Virtual world description Language）を開発し，製造業向けに 3D データ活用のためのソリューションを提供している。開発や設計部門が作成した **3D CAD**（Computer-Aided Design）の設計データの精度を保ったまま軽量化し，設計や生産，販売，サービスといった一連のものづくりに関わる活動全般，すなわちバリューチェーンに活用することを可能にしている。それにより，従来，開発・設計部門に閉じられていた 3D データをさまざまな部署をつなぐコミュニケーションの媒体として利用できるようになった。

　ラティス社の提供する製品は，日本国内における 3D ビューワー市場において長年にわたりトップシェアを獲得している[2]。CAD システム自体は，欧米系企業が開発したものが支配的であるのに対して，そこで生成された 3D デジタル情報の全社活用のためのシステムとソリューションについては，日本発のベンチャー企業の技術が業界標準（デファクトスタンダード）といえる状況にまで成長している。その理由は，ラティス社の技術が，軽量化された 3D データを簡単かつ部門横断的に共有・流通できるようにし，設計部門に閉じられがちであった 3D デジタル情報を「開かれた」ものにしたことにある。ラティス社のコア技術といえる XVL は，XML（eXtensible Markup Language）をベース

278　第Ⅱ部　変化する生産管理

とした超軽量 3D 表現を可能にする技術フォーマットである。それにより 3D CAD などで生成されたデータを約 100 分の 1 にまで軽量化できる。たとえば，2023 年時点で自動車 1 台分の 3D CAD データのファイルサイズは約 20GB（ギガバイト）ほどあるが，XVL データ変換により，高い精度で約 250MB（メガバイト）まで軽量化できる。また，巨大な 3D データを高速表示できるため，ネットワークを用いた 3D データ共有にも適している。

　この軽量化技術に加えて，干渉チェック機能を搭載したデジタルモックアップ（DMU：Digital Mock-Up）や 3D ビジュアル作業手順書を作成するソリューションが高く評価され，ラティス社の製品は自動車産業や航空機産業，電機産業など多くの製造企業で採用されている。以下では，国内外の製造企業に広く普及しているラティス社の技術・製品の開発経緯を見ていこう。

2.2　ラティス社の中核技術 XVL の開発

　ラティス社の中核的な技術である XVL は，既存の 3D 表現の問題点を踏まえて，①精度と軽量性を実現する 3D 表現形式，②既存の 3D CAD データからの自動変換，③ネットワーク環境への統合の容易性という 3 点に注力して開発が進められた。ネットワーク環境との親和性を高めるために，XVL は XML をベースに定義されている。XML では情報の構造を規定できるので，アセンブリ構造のような複雑な形状構造と属性についても情報として保持することができる。そのため XML 言語を用いた XVL では，3D 形状や 2D 図面，部品表を関連づけて保有でき，軽量化されているので全社的に共有しやすい。

　同社の XVL を活用する多くの企業で，業務時間の短縮や品質向上，コスト削減などの効果が得られている。また，グローバル生産を行っている企業が海外拠点とやりとりをする際にも，軽量である XVL を用いて，ネットワークを通じて 3D データを簡単に共有できるようになる。視覚的にわかりやすい 3D データをたがいに共有できれば言葉の壁を越えた円滑なコミュニケーションが可能となり，視覚的に作業条件を伝達できるため国内外での技能教育・継承も促進される。

　ラティス社における製品開発の特徴は，卓越した技術を持つベンチャー企業が，うまく共同企業を見つけて相手の困りごとに寄り添いながら，開発や生産現場の課題を解決しうる IT ソリューションを迅速かつ連続的に創出していることにある。たとえば，トヨタ自動車と共同でデザインレビュー（DR：Design

第 **14** 章　デジタル 3 次元情報の活用（ラティス・テクノロジー）　279

Review）のソリューションを開発するなどして，先端的なものづくり企業が抱えるニーズを捉えて着実に技術開発と製品化を進めてきた。以下では，同社における製品・サービスの開発経緯を 4 つのフェーズに分けて見ていこう。

(1)　フェーズ 1：3D データを高精度に超軽量化する技術の開発（1999 年頃）

第 1 世代の XVL（P-XVL）は，徹底的な 3D データの軽量化を目指したものであった。ラティス社の設立者である千代倉と鳥谷が 1980 年代半ばに開発した 3D ソフトウェアの技術は，数 MB のメモリで多くの形状を表現できる軽量性を特徴としていた。その後，1990 年代にはインターネットが普及し始め，テキストや画像，音声，映像などウェブコンテンツが現れた。Web 3D コンソーシアムの設立により，1994 年末には VRML（Virtual Reality Modeling Language）の最初のバージョンが提案され，1997 年にはウェブ環境での 3D 表現方法が VRML97 として ISO 規格となった。しかし，この技術では 3D 形状は単純な三角形の集合（ポリゴン）で表現されるが，製品の CAD データの表現には十分ではなく，曲面データを精度よく表現するためにはデータ量が急増し，当時のネットインフラでは伝達しづらかった。

この世界標準の技術では実際の運用は難しいという点に，すでに開発していた軽量 3D 技術を利用する新たな事業機会があると鳥谷は考え，1997 年にラティス社が設立された。同社の設立時のコンセプトは，日本から世界に通用する技術を発信すること，市場創造に挑戦すること，これらの実現のために大企業との連携を進めるというものであった。同社では，必要最小限の情報から曲面情報を再構築することによりデータ量を削減する手法が開発された。それにより，3D CAD データの大部分を占める曲面データを削減できるため XVL のデータ量を劇的に小さくできるようになり，元データの 50 分の 1 から 150 分の 1 程度まで軽量化できるようになった。それにより，当時の通信環境においてはデータ転送に 1 時間かかっていたものが数十秒で行えるようになり，3D データの転送や表示・確認が実用に耐えうるものになった。

1999 年 4 月に，ラティス社はラティスデザイナーという XVL をデザインするためのソフトウェアの無償配布を行い，同年 11 月には CAD データを軽量化し，3D データ活用に必要な基盤機能を提供するラティスカーネルを発表した。同年 12 月には，XVL を表示するための XVL Viewer を無償配布し，2000 年 10 月には XVL を JavaScript から制御するための仕様を公開し，それにより定義されたアニメーションを再現するための XVL Player を無料

280　第Ⅱ部　変化する生産管理

配布した。さらに，2000 年 11 月には，3D CAD から XVL を生成する XVL Converter を発売した。その後，2002 年 5 月までには，XVL の生成・編集・表示に関連する数十のソフトウェアが市場に流通する状況にまで普及した。この第 1 世代の XVL によって，CAD システムから伝達された製品の構成情報や属性情報を，XVL 編集ソフトを用いることにより軽量化することで設計や生産現場で参照できるようになった。

　XVL の開発の成功とともに XVL フォーマットを普及させる取り組みも進められた。XVL を表示するソフトウェア XVL Viewer を無償で配布し，1999 年末にはマイクロソフト社の Internet Explorer のプラグインソフトとして提供された。その後，アニメーション機能を搭載した XVL Player として進化したが，そのきっかけは，CAD データを軽量化することにより組立工程をアニメーションで海外にも伝えたいというニーズであった。

(2)　フェーズ 2：大容量データの表示（2004 年頃）

　第 2 世代の V-XVL では，大容量データの表示を可能にするための技術開発が行われた。2000 年代に入り，3D CAD の普及がさらに進み，大容量の 3D データが開発・設計部門で生成されるようになり，大容量データの表示という新たな課題が発生した。とくに，自動車のように 3 万点近い部品からなる複雑な製品の場合には，全体の 3D CAD のデータ量は当時で約 10 GB ほどであった。その頃の 32 ビット PC ではこの全体のデータを読み込むことができなかった。トヨタ自動車から車全体を見たいというニーズを的確に拾い上げ，それに応える形で開発が進んだ。第 2 世代 XVL では，グラフィクスライブラリに適合した形式でデータを持つように改良したことで画面表示の速度を大幅に高速化した。また，3D データ表現の冗長性を排除することによりメモリ消費量を削減し，表示後の回転や拡大のような操作も高速化できた。それにより，自動車全体の高速表示が可能となり，それまで個別部品の 3D 情報しか見えていなかった設計者が，製品全体の 3D 情報を見ることができるようになった。

　このトヨタ自動車との共同開発により，大規模な自動車データを一度に表示して，全部品間の干渉計算や隙間のチェックを迅速かつ反応性良く実現することが目指された。ラティス社の技術者が，自動車設計の現場に入り，実際にどのような仕事の仕方をしているのか，そこではどのような問題があるのかを徹底的に把握して，干渉チェック用のプログラムを開発した。これにより，だれでも手軽に 3D データを扱えるという XVL の価値に，設計のデザインレビュ

ー（DR）に利用できるという価値が追加された。なお，当初は自動車に代表されるような機構部品（メカ）を対象としていた DR であったが，その後 2010年にはエレクトロニクス系 CAD の株式会社図研との業務提携により，半導体およびワイヤハーネスなどのエレクトロニクス部品の物理的特性や電気的特性についても XVL 表現が可能となった。その結果，メカとエレキ部品の物理的干渉や電気的な課題を検出できるエレメカ連携ソリューションも提供されている。

(3) フェーズ3：超軽量と大容量3D技術の融合（2009年頃）

第2世代 XVL のリリース後に，グローバルに XVL を活用するユーザーから，さらなる XVL の軽量化ニーズが出されるようになった。とくに新興国などでは通信環境が十分ではないが，それらの国や地域でも日本にいるときと同じように軽快に表示したいというニーズを受けて，データをいっそう軽量化するための技術開発が進められた。同時に，熾烈な開発競争が繰り広げられている自動車や造船など，大規模で複雑な製品を開発しているユーザーからは，より大容量のデータを用いて表示・検証したいというニーズが出された。これは，実機の代わりにデジタルに構築された仮想の試作機，すなわちデジタルモックアップとして3Dデータを軽快に扱いたいというニーズであった。

そこで，第1世代の軽量 XVL と第2世代の大容量 XVL を統合し，単一のフォーマットを用いて，軽量性・省メモリ性と高速表示・高精度のいずれにおいても，世界トップ水準の技術開発に成功し多くの大企業で採用された。

(4) フェーズ4：軽量3Dと点群モデルの融合（2015年頃）

2010年代に入り，第13章でも見たような IoT（もののインターネット）化が進むと，あらゆるものがネットでつながり，センサ経由で多様かつ膨大なデータを収集できるようになった。そこで起こる重要な変化は，「仮想と現実の融合」である。これは，サイバーフィジカルシステム（CPS：Cyber-Physical System）とも呼ばれる。この場合，現在の工場の現地現物を3Dデータで再現することができるので，設備レイアウトなどについてどのような改善が生じたのかを時系列で把握できる。国内外の工場をすべてバーチャルで再現できれば，自社工場のグローバルな比較・改善も可能になる。そのためには，現地現物と3Dモデルを統合・融合できる環境の構築が必要となり，そのために工場における現地現物をデジタル化するニーズが生じた。

そこでラティス社は，レーザースキャナを用いてスキャンされた工場内の現

282 第Ⅱ部 変化する生産管理

物の点群データを分割・構造化して，CADにおけるアセンブリ情報のように XVLで扱える技術を開発した。それにより，設計部門のCADから変換された3Dモデルと工場の現地現物を表現する点群モデルを統合して表現可能になり，バーチャルに問題点を発見・検証できるようになった。これは，完成品を開発している企業や部署だけでなく生産設備を開発している企業や部署にとっても大きな利点となった。すなわち，新たな設備開発・設計をする際に，新設備のCADデータと，既存設備の点群データを融合し，新旧設備を入れ替えようとした場合のシミュレーションなどを事前に行えるようになった。また，既存設備の点群データと新製品のCADデータをXVLで統合することで，その設備で新製品が組立可能か否かをバーチャルに検証することが可能になった。

2.3 ラティス社の提供する価値：デジタル3D設計情報の全社的連携

ラティス社のXVLに代表される製品群の長所を端的に表せば，①設計部門に閉じ込められがちであった3D設計情報を，その精度を落とすことなく軽量化することで，他の部署・部門に「開かれた」ものにしたこと，②他の部署・部門の業務を行ううえで必要となる情報を，共通のファイル形式で統合的に保有し流すことができるようにしたことの2点である。軽量3DデータXVLの特徴として，①ものづくり情報と3D情報をリンクさせることができる，②超軽量かつ高精度，③豊富なアプリケーション群，④マルチCAD/CG対応，⑤大容量データの表現が得意である，という5点があげられる。初期のXVLで表現できるものは，①CADのソリッドモデルとアセンブリ構造（製品の部品構成情報），②形状情報（立体，面，稜線，頂点）からウェブ上のデータへのリンクの設定，③注記と寸法表現（公差情報なども含む），④ユーザー属性の定義（3D形状とあわせて任意の情報をネット転送可能），⑤テクスチャやマテリアル表現であった。これらの情報が共通のフォーマットに従い，ひとまとまりで保持されることにより，生産現場や生産技術，販売，カタログ作成など社内の多様な部署で，必要な3D情報を手軽に必要なときに活用したり，新たな属性情報を付加して次工程で活用することができるようになった。

開発・設計の現場とは異なり，生産現場では基本的に高額で高速に動作するコンピュータは設置されておらず，人や機械が動作する場所に情報端末を置くことには制約もある。高価で難解な3D CADシステムは，設計部門の一部のエンジニア以外が手軽に利用できるものではなかった。他方，PCの高性能化

第 **14** 章　デジタル 3 次元情報の活用（ラティス・テクノロジー）　　283

と製品設計の複雑化により，生成される 3D データの規模と複雑さはますます膨大なものとなった。しかも，各社各部門で 3D 化が進むほど，多様な CAD システムが企業・部門ごとに導入されるため，システム間での互換性が低い状況となり，3D データの部署間・企業間連携が難しくなった。

設計部門でつくり出される 3D データが，工場などの生産部門，生産技術，調達，商品企画，販売，営業，サービス・メンテナンスなど他部門と連携できるデータ容量と形式になっていないため，全社的に円滑に流通できていないという，情報共有・連携におけるボトルネックがあった。そこで，3D データをネットワーク経由で部門間の壁を越えて，全社的に連携・活用していくための技術基盤となるのがラティス社の XVL であった。それにより，誰もが手軽に 3D モデルにアクセスして仕事を進められる「Casual 3D」というコンセプトが実現した。

従来は CAD で生成した 3D データを，わざわざ設計部門が 2 次元に図面化して，生産技術や生産部門に渡しており，これらの部門はこの 2 次元図面を見ながら作業をしていた。作業の段取り決めや組立作業の指示，イラスト作成のための分解図作成などが，2 次元図面や実機をベースに行われていた。生産現場では，紙に標準作業票や作業指示書などが印刷され用いられていた。ラティス社の技術により，これらの作業について，製品の設計完了と同時に全部門が設計情報を 3D で参照し並行して進められるようになった。何が「正の情報」であるのかを 3D データとして明確に CAD で定義して設計部門が担保しつつ，その後の工程や活動で必要になる情報については，各部署・各現場で自らの状況に応じてつくり付加することで，設計情報が進化していく。

2020 年代に入ってからは，それまでラティス社が開発してきたさまざまな製品群を包括するコンセプトとして，実製品・実機と 1 対 1 対応する 3D モデルを IoT や PLM（Product Lifecycle Management：製品ライフサイクル管理）情報をすべて保有した形で実現する「3D デジタルツイン」が提唱されている。製造業で使われている CAD は，主にメカ系，エレキ系，建築系の 3 種があり，それらのほぼすべてが XVL に変換可能である。さらに CAD データが存在しない工場やその設備については，スキャンして点群データを取り込み，部品表と紐づけて点群モデル化することもできる。現在では，現場で用いられる設計部品表や製造部品表，制御ソフト，機構データなど，ものづくり活動を遂行していくうえで必要な多岐にわたる情報を共通のフォーマットである XVL で収

284 第II部 変化する生産管理

集・管理・改善可能である。

　このように，XVL は製品や工場などの現地現物について，必要な情報を損なうことなく，3次元でバーチャルに再現可能な「3D デジタルツイン」に進化した。さらに表示技術としても VR（仮想現実）や AR（拡張現実）といった新たな技術と 3D デジタルツインを連携した「XVL VR」や「XVL AR」が開発されたことにより，これまで IT になじみの薄かった製造現場のベテラン社員も，設計や製造条件などの検証・改善に積極的に参加できるようになった。この技術を用いれば，仮想空間の中に入り込み，現物大の 3D モデルを体験しながら作業性を確認したり，画面に映し出された現物の映像上に，3D の作業指示書を表示したり，よりリアルにかつわかりやすく作業を行うことができる。

2.4　ラティス社の技術の導入・活用事例

　ラティス社の技術とソリューションが，国内外の多種多様な業界で広く採用されていることは，裏を返せば多くのものづくり企業において 3D 設計情報の機能横断的な共有と活用において課題を抱えており，それを解決しようとしていることを意味している。以下では，その具体例を取り上げよう。

(1)　トヨタ自動車：デザインレビューソリューションの開発

　大容量データのデザインレビューを簡素化したい，設計の上流工程で問題の洗い出しをしたいという要求を満たすために，トヨタ自動車と共同で XVL Studio Pro が開発された。これを用いると，大容量データの一括表示が PC で実現され，DR の機能（断面表示，部品間干渉計算，クリアランスチェック）が提供され，検証結果のレポート作成機能が提供される。

　自動車で用いられる約3万点の部品は，多くの設計者が並行して設計するため，適切な調整がなされなければ，生産現場において部品同士の干渉が生じてねらい通りの完成車にはならない。そこで，自動車1台分を XVL で表示して，すべての部品間での干渉部位や必要な隙間が十分にあるかどうかを見つけるソリューションが開発された。DR では，設計や生産，保守担当者が一堂に集まり，見つけた問題箇所を 3D と2次元図面でレビューして対応が決められる。この DR を複数回繰り返すことにより，品質の向上と知識蓄積が図られる。自動車全体を一度に検討できる DR を実施できるようになったことで，従来は発見できなかった問題を設計段階で見つけて対処できるようになった。これにより，実際に生産段階に入ってから生じる可能性のあった問題を，上流の設計段

第 **14** 章 デジタル 3 次元情報の活用（ラティス・テクノロジー） 285

階で事前に解消できるようになった。

このような XVL Studio Pro の導入効果として，デザインレビュー活動自体の効率化（大規模データの解析，自動干渉計算，報告書作成）と上流工程での問題発見力の増大があげられる。とくに，自動で干渉チェックが行われてエクセル・ファイルにその結果が自動で落とし込まれていくことにより，従来は設計者がそのために要していた労力を，設計上で見つけた問題への解決策の考案といったより創造的な活動に割くことができるようになった。

(2) **常石造船：3D を利用した作業指示書の作成**

常石造船では船舶の設計と建造手順決めまでを日本で行っている。2010 年当時，数十万点にも及ぶ部品の組付け手順について，XVL を用いて定義することにより，データの軽量化が進んだため海外拠点でも容易に参照できるようになった。これにより，従来の紙の作業指示書ではわかりづらかった作業内容を 3D のまま海外拠点に伝達し作業者に具体的にイメージしてもらえるようになった。その結果，建造上の問題も見つかりやすくなり，それが日本の設計拠点にも迅速にフィードバックされ，設計や工程変更が行われるようになった。言葉や文化の壁を越えて，3D とそのアニメーションで作業指示を伝えられるようになったので，従来の紙ベースでは伝達が難しかった勘やコツも含めて迅速に海外作業者に伝えられるようになった。

(3) **大豊精機：生産現場のバーチャル化**

工場における生産現場の設備やレイアウトなどは，改善を重ねることで，刻々と変化していくので，アナログ情報だけではすべてトレースしきることができず，新規設備と旧設備との干渉問題や新旧設備の組み合わせ問題も解決することは難しい。そこで，製造現場空間そのものをデジタルデータ化（点群モデル化）するための技術がラティス社と大豊精機で共同開発された。それにより，完全な 3D デジタルモデル（製品に関する完全な情報，工程に関する完全な情報）の構築が可能となった。これが，上述した第 4 世代の XVL の開発につながった。

3 ケースを解く

3.1 コンカレントエンジニアリングとフロントローディング

企業の開発・生産に関わる活動は，研究開発や商品企画，要素技術開発，設

286　第Ⅱ部　変化する生産管理

計・開発，デザイン（意匠など），シミュレーション・解析，試作，テスト，生産準備，生産技術，製造など多岐にわたる。これらの活動を担当する部署が存在し，そこを設計情報がよどみなく流れることによって，有効かつ効率的な開発・生産が行える。しかし，ねらった通りの製品の設計図や試作品が一度で出来上がらなかったり，開発中に予想もしなかったような新たな用途が見つかったり，設計図通りに部品を組み付けられないといったことが，工場に行ってからわかる場合もある。

　このように，現実の開発・生産では多岐にわたる活動が，時には後戻りしながら進められることが多い。そうであるならば，厳格に手続きやルールをつくって遵守するよりも，必要に応じて柔軟な変更や同時連携を行えるような組織体制や手順を持ち合わせておく方が，開発の効率性が高くなる場合が多い。しかし，いろいろな部署が同時に相互連携をとりながら開発や生産を行うことは想像以上に難しい。同時並行で異なる仕事をしている複数の人間や部署が，相互に上手く調整をとりながらも，横目で隣の人の仕事の進捗度合いやその人たちの力量を考慮しながら，自分の作業を進めていかなければならないからである。

　したがって，開発・生産活動のパフォーマンスを高めるためには，**コンカレントエンジニアリング**[4]（concurrent engineering：並行開発）をうまく行うことが重要である（Clark and Fujimoto, 1991）。コンカレントエンジニアリングとは，各機能部門が個別に業務を完了させてから，次の機能部門へと引き継ぐのではなくて，業務を並行させて開発活動を行う手法のことである。同時並行させない場合には，「シーケンシャル（逐次的）」なプロセスと呼ばれる。他の条件を一定とすれば，シーケンシャルに開発を進めるよりも，それぞれの活動を並行的に進める方が，開発期間を短縮することができる。

　このような開発期間の短縮だけではなく，商品企画や設計，生産といった機能部門をまたがって発生する問題を，開発プロジェクトのなるべく早い段階に前倒しして解決することも重要である。起こりうる問題を早い段階からできるだけ多く洗い出して，それをできるだけ早期に解決することは，**フロントローディング**（frontloading）と呼ばれる（Thomke and Fujimoto, 2000）。

　開発や生産のプロセスが進むにつれて，設計図面や生産設備，必要な部品などが揃ってくるため，後になるほど設計や設備等の変更によりムダになる作業や変更の影響が大きくなる。そのため，フロントローディングは開発生産性や

第**14**章　デジタル３次元情報の活用（ラティス・テクノロジー）　287

総合製品品質，ものづくり現場の生産性などを向上させる効果を持つ。たとえば，設計と生産準備という２つの活動を取り上げよう。設計図面が完成した後に，実際に工場設備やレイアウトなどを考える生産準備を始めたとしよう。その場合，生産準備の段階になってはじめて，作業しづらい設計図になっていることがわかったり，図面通りにつくるためにはこれまでにはない加工ができるような新型の設備が必要であることが判明したりする。そうなると，再度図面を書き直す必要が生じてしまい，それが一度で終わらなければ後戻りを繰り返すことになる。もし実際に工場の設備を設置し終えてから，この設計では生産が難しいことがわかったというような場合には，より膨大なコストが発生する。それに対して，事前に設計と生産準備の両担当者が一緒に，どのような設計にすれば無理なく効率的に生産できるのかということを考えるようにすれば，後戻りをする必要もなくなる。このような取り組みは，製造しやすい設計（DFM：design for manufacturing）と呼ばれる。さらに，製品設計の途中の図面を生産準備部門に渡しておくことによって，早い段階から円滑に生産準備を進めることができるようになる。

　このようなフロントローディングによって，ムダを抑えつつも開発期間を短くできるようになるが，そのためには，単に事前に問題を前工程へ送りさえすればよいわけではなく，関連する機能部門間・エンジニア間でうまく連携・調整することが必要である。第2節のケースで見たように，ラティス社の提供している製品群は，①コンピュータの処理能力の制約により開発・設計部門に「閉じられがち」であった設計情報が，生産現場などでも容易に閲覧・加工しやすくなる，②3Dの設計情報を用いることにより生産部門における工程設計や作業設計の精度と速度が向上する（3Dでバーチャルに再現できる），③生産部門から開発・設計部門に対してつくりやすさ（作業性）などに関するフィードバックを豊富に迅速に行える，という特徴を有する。同社の技術を用いることで，開発活動に関わる業務だけでなく，バリューチェーン全体にわたる情報の流れをデジタル化し，同時並行的に業務を進めることができるようになる。高いコストと時間をかけてつくり上げた「正しい」設計情報を，XVLという統一フォーマットを用いて全社で一貫して流通させることができることにより，社内で部門横断的な連携が進むとともに，サプライヤーや顧客に至るまで，一貫した設計情報の流れをつくり出すことができる。同じ形式でデータ・情報が流通し，XVLで構成された「3Dデジタルツイン」にアクセスして必要な情報

288 第Ⅱ部 変化する生産管理

を獲得・処理・改善できるようになることで，自社のバリューチェーン全体や業界全体においてデータ管理やデータ変換の手間を省くことも可能になる。

3.2 設計情報のデジタル化技術としての 3D CAD

もともと，製品の設計図は「手書き図面」であった。その後，コンピュータを用いた2次元図面の設計（2D CAD）が行われるようになった。そして近年では，3次元図面の CAD（3D CAD）へと発展してきた。前項で説明したフロントローディングを推進するうえで有効なツールが 3D CAD である（青島，1998；延岡，1997）。

このような設計図面の 3D 化によって，扱う製品そのものの立体的な情報が視覚的に共有されるので，製品開発の初期段階における製品設計者と生産技術者間のコミュニケーションが促進される。3D CAD を用いることにより，実機での試作前に，コンピュータ・シミュレーションを用いて試作（CAE：Computer Aided Engineering）して，自分の設計の良し悪しを判断することが可能になる。それにより，試作・実験の担当者とのやりとりを行う前に，ある程度正確な解析結果を設計者自身が確認できるため，実機試作の回数を減らしたり精度を高めることができる。

また，3D CAD を用いることにより，設計者自身が自ら生産条件を盛り込んだ設計図面を作成しやすくなるので，フロントローディングが促進される。加えて，3D で表現することにより部品の裏側の状態や部品干渉の状況を視覚的に把握できる。それによって，実物の試作品で不具合が生じるよりも前にコンピュータ・シミュレーションを用いて検証できるため，開発コストを低く抑えたり，開発期間も短縮できるようになる。このような生産条件に関する情報は，もともと生産技術者しか持ち得ない情報であったが，それを，製品設計者も考慮しながら設計できるようになるので DFM を効率よく実現できる。

このように，フロントローディングを促進するツールとして 3D CAD には大きな効果が期待されるが，その前提としてフロントローディングをうまく行うための組織能力が必要である。藤本・延岡（2006）によれば，日米欧の自動車企業を比較すると，1990年代後半では，3D CAD の導入は欧米企業の方が日本企業よりも先行していた（欧米企業は 100％に対して日本企業は 49％）にもかかわらず，製品開発効率は日本企業の方が高く改善も進んでいた。これは，3D CAD の導入の程度よりも，開発の早い段階から関連するエンジニアが共

同で問題解決に取り組めるような組織であることが重要だということを示唆する。

　以上のように，3D CADは関係者間でのコミュニケーションを濃密かつ円滑にする技術・ツールとして画期的な効果をもたらすものである。たしかに，製品開発活動では，3D CADが普及したことで設計情報のデジタル化が進み，開発活動に関わる複数の業務・部署間での連携も進んだ。しかし，第2節でも見たように，デジタル設計情報が開発・設計部門の中に閉じられていたり，生産現場で用いられる生産指示などの情報が「アナログかつ2D」であることが大きな課題として残されていた。優れたものづくり活動が，「良い設計情報の良い流れづくり」であるとすれば，正確な情報をつくり，それを関連する部署・組織において正確かつ迅速に流すことが不可欠である。しかし，設計情報が2Dのままでやりとりされている状況ではそれを十分に実現できず，設計者や作業者個人の中や個々の部署内において情報の滞留も生じやすい。グローバルに開発や生産，販売活動が分散し展開されている企業においては，その問題はより深刻化する。このことからわかるように，3D CADによる効果を得るためには，従来の組織構造や分業構造，スキル，専門性などを大幅に変更することが必要になる（青島・延岡・竹田, 2001）。たしかに3D CADは境界再定義型の技術（青島・延岡・竹田, 2001）ではあるが，その利用だけでは，開発・設計活動内での境界再定義が促進されるだけであった。このような境界再定義の対象をバリューチェーン全体に広げ，容易かつに軽快に行える技術を開発したのがラティス社であった。

3.3　情報技術と組織と戦略の良い連関をつくり出す

　デジタル技術の浸透が，生活や産業などのあらゆる分野をよりよい方向に変化させていくことを指して，**デジタルトランスフォーメーション（DX）**という概念が提唱されるようになった（立本・生稲, 2020）。企業におけるものづくりの観点からすれば，社内外を流れる設計情報がデジタル化されないことにはDXは始まらない。自社が何をつくるのか，それが顧客にどのような価値をもたらすのかを示す開発・設計活動でつくられた「設計情報」がデジタル化され，生産現場をはじめバリューチェーン全体で利用されることが必要となる。そのためには，3Dデータのように誰が見てもわかりやすい情報に基づいて正確なコミュニケーションが行われることが必要であり，設計や生産，販売などさま

290　第Ⅱ部　変化する生産管理

ざまな部門が必要とする情報を一緒に流すことのできる情報技術が不可欠である。その意味で，ラティス社の技術は，設計情報の持ち方を変え，流し方を変え，部署間連携を徹底的に進めることを可能にし，利用企業のDXを促進するものである。

　3D CADの導入自体は進んでいても，そこでつくられたデータの活用範囲が限定的であることが，日本企業における情報活用面でのクリティカルな課題である。[5] さらに，サプライヤーとの関係や企業外部との連携については，依然として紙図面でやりとりされているという課題もある。サプライヤー側の設計・生産活動に関する情報のやりとりが2Dで紙のままであると，せっかく自社で設計を3Dで行っても，企業間連携を進める際には2Dに変換し直さなければならないというムダが生じることになる。つまり，設計活動の3Dデジタル化は進んでいたとしても，2Dや図面中心での仕事のやり方が変わらない限り，それ以外の部署や他社との連携は十分に行えないし，せっかくデジタル設計情報を高速に流通させられる技術があったとしても活かすことができない。さらに，製品の複雑化が急速に進んでいる状況では，従来のようなアナログ的な相互調整をしていると，問題を解決しきれなくて，品質問題を引き起こしたり，開発期間が長くなりすぎたり，コストが高くなりすぎるという問題が生じうる。

　デジタル技術を活用して新たな事業創出を行ったり，ビジネスモデルを変えていくためには，その前提として，リアルでもバーチャルでも卓越した「良い設計情報の良い流れ」を実現できるようなものづくり組織能力やオペレーションの体制を整えておくことが不可欠である。そのためには，3Dデジタル情報を，製品開発をはじめ生産技術，生産，購買，販売，営業などからなるバリューチェーン全体によどみなく流し，かつ，その設計情報が各活動を経る中で柔軟に進化していくような仕組みが必要である。それを可能にする情報技術と一連のソリューションを提供しているのが，本章でみたラティス社である。

　日本のものづくり企業の強みは，設計と生産現場が協調しながら設計を進め，チームとしてすり合わせを行い，性能や品質を極限まで高めることにある。しかも，それを迅速かつ低コストで実現していた。これらを支えるのが，「統合型ものづくり組織能力」であった（藤本ほか, 2007）。本章で見たようなデジタル技術は，このように，現地現物で人びとが協調しながら，事後的にいろいろな問題を発見し，さらには，あとからわかってくる顧客ニーズへの対応や機能

第 **14** 章　**デジタル 3 次元情報の活用** (ラティス・テクノロジー)　291

変更・追加に柔軟に対応することで，製品販売のぎりぎりまで機能や性能の向上を続けることのできる柔軟かつ迅速なものづくり能力を，補強するものである。従来は実機がなければできなかった生産準備や工程設計，販売計画，サービス・メンテナンスの計画などが，設計段階で構築された 3D モデルと 3D で再現されたバーチャル空間を用いることで，時間と空間の壁を超越して，必要なときに必要な情報にアクセスしたりつくり出すことが可能になった。そのための技術的な制約は，本章のケースからもわかるように大幅に低減されてきており，結果として，組織のあり方や経営者の戦略構想力の問題が浮き彫りになることが予想される。

　3D デジタル技術を活用することにより，卓越した強靱なものづくり組織能力（バリューチェーン全体での正確かつ迅速に設計情報を流すことのできるものづくりの仕組み）を構築することができるだろう。そうなった場合に求められるのは，ものづくりの能力を最大限に活用し成長させることのできるような経営者の戦略構想力と実践である。つまり，ものづくり企業の経営者には，デジタル技術の発展をテコにした，ものづくり企業の業務のあり方や組織能力の変革と事業変革を同時に進めることが求められているのである。

　新宅（1994）によれば，デジタル技術の発展のような環境変化を味方につけるためには，システム全体にかかわる知識（システム知識）に基づいて環境変化の本質を理解して，優れた戦略を構想し実践することが必要である。技術体系全般にかかわる変化である場合には，その変化を推進するために，技術システム全体を理解し統制する能力が求められるのである。そうであれば，DX のような技術変化や競争状況の変化への適応力を高めるためには，自社のものづくりに関するすべての情報や知識を，早い段階で一気通貫して把握し，全社的にうまく流しておけるような組織体制や組織能力を構築しておくことが有効である。つまり，ものづくりに関する機能横断的なシステム知識をつくり出し，正確かつ迅速に全社に流すことのできる企業が，環境変化への適応力と環境をつくり出していく能力を有することになるといえよう。

　近年のデジタル技術の変化やそれにともなう競争状況の変化に適応し，さらには，自社に有利な状況をつくり出すためには，システム知識をつくり出し，保有し，それを一連のバリューチェーン全体で「良く流していく」ことが必要である。これが，DX によって成長し続けられるものづくり企業のオペレーションと戦略の 1 つの有効なあり方である。そのための技術基盤は，本章で見た

ように，すでに準備されている。

4 課　題

(1) 開発や製造現場の仕事のうち，人手による作業が今後も続きそうなものを探してみよう。それがデジタル技術では代替できないのはなぜかを考えてみよう。1年先，5年先，10年先，20年先のタイムスパンで，それぞれ考えてみよう。

(2) 設計活動と生産活動を緊密に連携することにより，生産のQCDを大幅に改善できた事例を探してみよう。そこでは，どのような設計情報がデジタル化，3D化してやりとりされていたのかを考えてみよう。

(3) 開発や生産活動のデジタル化が進んだことにより，新たな事業創出が可能になった企業の事例を探してみよう。その事例で，デジタル化が進んだからこそ生み出された新たな価値として，どのようなものがあげられるのか考えてみよう。

(4) 設計から販売まで3Dデータの共有化が進むようになった場合に，人びとの働き方は，どのように変わるのかを考えてみよう。どのようなスキルが必要とされるようになり，それはどのように育成できるのかについて，設計や生産，販売，購買といった活動ごとに，それぞれ考えてみよう。

読んでみよう　　　　　　　　　　　　　　BOOK GUIDE

藤本隆宏・朴英元（2015）『ケースで解明　ITを活かすものづくり』日本経済新聞出版。
　🔖日本企業のものづくり活動においてITを活用する際の課題とその解決策が複数の先進的な企業事例に基づき解説されている。

内田孝尚（2017）『バーチャル・エンジニアリング：周回遅れする日本のものづくり』日刊工業新聞社。
　🔖開発・設計のバーチャル化が欧州をはじめ世界的に急速に進展している状況と，その中で日本企業の直面している課題が解説されている。続編も複数書かれており，あわせて読むことを勧める。

注

1) 本節のラティス・テクノロジーに関する記述は，ラティス・テクノロジーのウェブサイト，鳥谷（2002, 2006, 2008a, 2008b, 2011, 2016, 2021）の内容に基づき執筆したものである。
2) XVL Studio Series の国内シェアは，2007 年時点で約 53%，14 年時点で約 68%，22 年時点で約 80% まで増加している。設計活動で使われる CAD システム自体は海外勢のものが日本で支配的である状況において，3D デジタル情報を全社的に活用するソフトウェアで日本発の技術が国内標準となっている。このことは，日本企業が得意とするものづくり活動の実態や組織能力に，ラティス社の技術やソリューションが適合していることを示唆する。
3) XVL 技術に基づき提供されている主な 6 つのソリューションとして，干渉チェック，機構シミュレーション，デジタルアセンブリ，工程アニメーション，部品表，イラストがある。前の 3 つが設計力を高めるもの（設計としての正しさのチェックと製造性のチェック）であり，後の 3 つは生産の現場力を引き出すもの（製品の生産指示など）である。
4) サイマルテニアス・エンジニアリング（simultaneous engineering）と呼ばれることもある。
5) 経済産業省『ものづくり白書』2020 年版。

参考文献

青島矢一（1998）「『日本型』製品開発プロセスとコンカレント・エンジニアリング：ボーイング 777 開発プロセスとの比較」『一橋論叢』120 (5), 711-735 頁。
青島矢一・延岡健太郎・竹田陽子（2001）「新製品開発プロセスにおける 3 次元 CAD の導入と組織プロセス」尾高煌之助・都留康編『デジタル化時代の組織革新：企業・職場の変容を検証する』有斐閣，93-119 頁。
Clark, K. B. and T. Fujimoto (1991) *Product Development Performance: Strategy, Organization, and Management in the World Auto Industry*, Boston: Harvard Business School Press.（田村明比古訳『増補版 製品開発力：自動車産業の「組織能力」と「競争力」の研究』ダイヤモンド社，2009 年。）
藤本隆宏・延岡健太郎（2006）「競争力分析における継続の力：製品開発と組織能力の進化」『組織科学』39 (4), 43-55 頁。
藤本隆宏・天野倫文・新宅純二郎（2007）「アーキテクチャにもとづく比較優位と国際分業：ものづくりの観点からの多国籍企業論の再検討」『組織科学』40 (4), 51-64 頁。
延岡健太郎（1997）「新世代 CAD による製品開発の革新」『国民経済雑誌』176 (6), 63-76 頁。
新宅純二郎（1994）『日本企業の競争戦略：成熟産業の技術転換と企業行動』有斐閣。
立本博文・生稲史彦（2020）「DX の過去，現在，未来」『一橋ビジネスレビュー』68 (2), 6-18 頁。
Thomke, S. and T. Fujimoto (2000) "The Effect of 'Front-Loading' Problem-Solving on Product Development Performance," *Journal of Product Innovation Management*, 17 (2), 128-142.

鳥谷浩志編著（2002）『XVL ネットワーク 3D 規格実践ガイド：高精度と計量を同時実現した XML 準拠 3D 規格とその活用』CQ 出版社。

鳥谷浩志（2006）『3 次元ものづくり革新：デジタルデータが変える日本製造業』日経 BP 社。

鳥谷浩志（2008a）『3D デジタル現場力：製造現場の力を引き出す軽量 3D データ XVL』日本能率協会コンサルティング。

鳥谷浩志（2008b）「製造業の競争力を高める 3D デジタルものづくり」『赤門マネジメント・レビュー』7（11），833–840 頁。

鳥谷浩志（2011）「超軽量 3D 技術 XVL でものづくり変革を提案するラティス・テクノロジー株式会社」『映像情報メディア学会誌』65（8），1190–1194 頁。

鳥谷浩志（2016）『製造業の 3D テクノロジー活用戦略』幻冬舎。

鳥谷浩志（2021）『製造業の DX を 3D で実現する：3D デジタルツインが開く未来』幻冬舎。

索　引

INDEX

事項索引　★は用語解説ページ

数字・アルファベット

数　字

3D　276, 277, 282, 285
　　——軽量化技術　278
　　——設計情報　282, 284
　　——デジタルツイン　283, 284, 287
　　——ビジュアル作業手順書　278
　　——ビューワー　277
　　——を利用した作業指示書　285
3D CAD（Computer-Aided Design）　277,
　　280, 288
3M／4M／5M　11, 12, 14, 28, 58
4P　12, 14
5S　101, 192

A〜G

AI　272
AR（拡張現実）　284
ASME（The American Society of Mechanical
　　Engineer, アメリカ機械技師協会）　119
B2B ソリューション事業　37
BCP（Business Continuity Planning, 事業継続
　　計画）　189, 195
BOM　→部品表
BSC　→バランス・スコア・カート
BTO（Build to Order）　→受注生産
CAD（コンピュータ支援設計）　258, 283
CAE（Computer Aided Engineering）　288
CI（コーポレート・アイデンティティ）　22,
　　91
CIM（Computer Integrated Manufacturing,

コンピュータ統合生産）　258
CPS（Cyber-Physical System）　281
CPU（Central Processing Unit, 中央演算処理
　　装置）　162, 163
CWQC（Company Wide Quality Control）
　　99
DFM（Design for Manufacturing, 製造性考慮
　　設計）　216, 287, 288
DMU（Digital Mock-Up）　278, 281
DR（Design Review）　→デザインレビュー
DX（デジタルトランスインフォメーション）
　　257, 275, 289
E コマース／EC（電子商取引）　144, 151
　　——プラットフォームとのシナジー　151
EMS（Electronics Manufacturing Service）
　　152, 154
ERP（Enterprise Resource Planning）　108
FA（Factory Automation）　255, 275
GKC　→現場改善会計論

H〜N

ICT（情報通信技術）　117, 275
IoT（Internet of Things, もののインターネッ
　　ト）　263, 281, 283
　　——化投資　268
　　——デバイス　272
iPhone　152
IT 活用の組織能力　121
IT システム　108, 110, 120
JEPS（ジヤトコ生産方式）　73
JIS　→日本工業規格
JIT（ジャスト・イン・タイム）　18, 80,

182, 193, 214, 252, 264

KD（ノックダウン）生産　222

S——　22, 225

KPI（重要業績評価指標）　110

MFCA　→マテリアルフローコスト会計

NC（Numerical Control, 数値制御）　204,
258

NPW（Nissan Production Way, 日産生産方式）
66, 67, 70, 71, 73

0～U

ODM（Original Design Manufacturer, 設計・
製造受託企業）　127, 164, 169

OEM（Original Equipment Manufacturer, 製
造受託企業）　127, 163, 164

Off-JT（職場外教育）　29, 42, 43

　——のデメリット　43

　——のメリット　42

OJT（職場内教育）　29, 43, 44, 46, 264

　——のデメリット　44

　——のメリット　43

PBS（塗装完了ボディストレージ）　70

PDCA サイクル　102, 103

PLM（Product Lifecycle Management, 製品ラ
イフサイクル管理）　263, 283

QC サークル（小集団活動）　99, 102

QCD（Quality, Cost, Delivery）　13, 14,
126, 143, 159

QCDF　14

QR　→クイックレスポンス

SDGs（持続可能な開発目標）　272

SPA（Specialty store of Private label Apparel,
製造小売業）　128, 132, 139, 143, 144

SPS（Set Parts Supply）　82

SQC（統計的品質管理）　99

T 型フォード　1, 2, 8

TFM（トータルフレッシュマネジメント）
95

TOC（Theory of Constrains, 制約条件の理論）

118, 214

TPM（Total Pruductive Maintenance）　63

TPS　→トヨタ生産システム

TQC（Total Quality Control, 総合品質管理）
91, 92, 99

TQM（Total Quality Management）　99

V～Z

VCM（Value Chain Management）　108

VR（仮想現実）　281, 284

VRML（Virtual Reality Modeling Language）
279

XML（eXtensible Markup Language）　277

　——言語　278

XVL（eXtensible Virtual world description
Language）　277–279, 283, 284, 287

50音

あ 行

アウトソーシング　142, 143, 153, 164

アウトプット　10, 14, 119, 211

アクチュアル順序生産（方式）　71–73, 78

後工程引き取り　80

安全　91, 189

安全スキル訓練　193

暗黙知　43, 149, 232, 264, 271

委託先企業に対する交渉力　→交渉力

委託先の集約化／分散化　158

一貫製鉄メーカー　50

一貫品質管理　93, 94

一貫ライン　74

一個流し　73, 74

　——の順序納入　77

一体型建造法　207, 208

一般管理費　114, 117

移動式（組立）生産ライン　4, 8

移動平均法　120

イノベーション　108, 172, 210, 273

事項索引　297

──・プラットフォーム　161
インサイト　71
インプット　10, 12, 14, 15, 58, 119, 151, 211
受入検査　100
請負契約　45
請負労働者　45
売上原価　113
売り手の脅威　157
営業利益　113
営業量（操業度）　116
エレメカ連携ソリューション　281
延期型生産　140
延期生産　249, 253
──と投機生産の間のトレードオフ問題　249
延期-投機の原理　249, 250
エンジニアリングチェーン　263, 271
エンジニアリング・ラン（ER）　169
親工場　233
オンサイト　71

か　行

海外現地生産　222
海外工場　39, 235
海外進出　144, 221
海外販売型　251
買い替え需要　9
会計の役割　106
改善（活動）　7, 22*, 46, 108, 121, 184, 261, 265, 266, 281, 285
──支援　234
開発期間の短縮　286
開発生産性　286
外部環境への対応　157, 167, 171
回復力　192
外部不良　101
外部労働力　45
価　格　13

柔軟な──改定　133, 139
科学的管理法　10, 120
拡張現実　→ AR
加工組立産業　63
加工経路　61
加工工数　211, 210, 213
カスタマイズ　169, 176, 272
仮想現実　→ VR
稼働率　59
金　型　22*, 186, 261
下流工程　23*, 73
川上工程　127, 130
川下工程　127
川中工程　127
簡易自動化　258, 263
韓国鉄鋼協会　51
勘定連絡図　113
完成品検査　101
完成品在庫（製品在庫）　77, 113, 114
官能検査　101
かんばん（方式）　76, 79, 80, 108, 252
──ポスト　79
管理会計　109
機械（設備）　10, 11
期間原価　114, 117, 118
企業統治　→コーポレートガバナンス
生地在庫保有　130
技術標準　92, 163
技術フィージビリティ　168
キット化（箱詰め）　82
キット供給（方法）　82-84
技能育成　234
機能横断的なシステム知識　291
技能者　38
機能部門間・エンジニア間の連携・調整　287
機能別レイアウト　61, 62
規模の経済　59, 155, 157, 159, 163
キャパシティ（最大生産能力）　59, 60

298　索　引

キャパシティ・クッション　60
吸収能力　233
教育訓練　11, 42
教育能力　232
境界再定義型の技術　289
競争力　2, 12, 40, 202
　　裏の――　12-14
　　表の――　12-14
協豊会　184
許容リードタイム　71, 72, 77
クイックレスポンス（QR）　127, 129
組立作業者の歩行距離と作業の密度　83
組立ライン　74
グリーン・フィールド　225
クレーム対応　97
グローバル工場標準　222, 227
グローバル・サプライチェーン　242
グローバル・サプライチェーンマネジメント
　　238
グローバル総合状況室　229
グローバル納期生産管理　238
経営資源　106, 153
　　――節約　154
　　自社にない――　155
計画（の）修正　81, 251-253
計画の精度　249
経験曲線効果　8
経済的隔たり　230
形式知　232
経　費　112, 114
系　列　73
ゲージ　186
月間生産計画　68
　　維持可能な――　251
月度生産計画　244, 251, 253
　　――の安定化　252
限界利益　116
原価管理（コスト・マネジメント）　106,
　　109

原価企画　110
原価計算　109, 110, 112, 122
原価計算基準　107, 117
原価態様　116
原価の形態別分類　112
原価標準のリアルタイム更新　120
原材料生産性　211
研　修　35, 234
建造ドック　205
原単位　212
現地現物のデジタル化　281
現地生産販売型　242, 246-248
現場改善会計論（GKC）　122
現場復旧能力　191, 192
コア部品　169, 185
公　差　6, 100, 101
工作図　209, 211, 213
交渉力　147, 148, 157, 163, 171, 173
工　数　106, 212, 213
工程イノベーション　210
工程インテグレーション　56, 63
工程間調整技術　56
工程間調整能力　63
工程内検査　101
工程流れ図　214
工程標準　92
工程レイアウト　61
構内請負式　7
鋼　板　203
高付加価値（自販機）　257
　　――のビジネス　154
高齢化　262, 267, 272
高　炉　53
高炉設備　51, 52
　　――の生産能力　57
互換性　175
顧客志向のものづくり　92, 95
国内完結型　242, 251
故　障　62

コスト　13
　　──競争力　202
コスト・ビヘイビァー　116
コスト・マネジメント　→原価管理
国家間の違い　229, 231
固定費　116, 117
　　──配賦　116
コーポレート・アイデンティティ　→ CI
コーポレートガバナンス（企業統治）　189
雇　用　11, 45, 267
コールド・ラン　59
コンカレントエンジニアリング（並行開発）
　285, 286
コンピュータ統合生産　→ CIM
混流生産　19, 74

さ 行

災　害　180
　　──対策　196
災害マネジメント　180
　　──の組織能力　191
サイクルタイム　22*, 214
在庫（問題）　127, 131, 249
　　──滞留　242
　　──販売　247, 248
　　──（保有／発生の）リスク　128, 135,
　136
最大生産能力　→キャパシティ
サイバーフィジカルシステム　→ CPS
財務会計　109
採用管理　42
材料在庫　113, 114
材料費　112-114, 260
作業環境の改善　266
作業組織　228, 231
作業の人間化　269
作業標準　6, 10, 11, 193
サステナ自販機　257
サプライチェーン　22*, 108, 127, 132, 161,

162, 171, 238, 263, 271
　　──の堅牢性　192
　　──の柔軟性　170
　　──の変更　192
サプライチェーン・コントロール　133
サプライヤー　67, 71, 158, 197
　　──間の競争　157
　　──生産能力　73
　　──との（長期的な協業）関係　147,
　157
　　──への事前発注情報　68
　　──への生産技術サポート　148
　　系列の──　73
　　中国の──　144, 146
サプライヤー・ネットワーク　184
サブライン　74
差別出来高給料制度　10
残　業　45
3 次元（情報）　→ 3D
残存リスク　130
サンプル検査　99
サンプル・ラン（SR）　169
試運転　59
支援活動　152, 153
仕　掛　262
　　──（品）管理　207
　　──（品）在庫　22*, 74, 77, 79, 113, 114,
　214
事業会社での人材育成　38
事業継続計画　→ BCP
事業部制　31, 117
資源依存理論　173
シーケンシャル（逐次的）なプロセス　286
資源集中戦略　95
資源不足　19
事後保全　62
仕込工程　90
　　──の品質検査　97
自社物流倉庫　130

300 索 引

自主検査　101
市場調査　92
市場認知度　174
市場予測　167
システム知識　291
次世代幹部開発研修　36
持続可能な開発目標　→ SDGs
シックスシグマ　100
躾（しつけ）　101, 192
実 験　7
実際原価　23*, 120
実装機　37
実地棚卸　121
自働化　18, 58, 255, 258, 264, 266, 268,
　269
　——の逆機能　267
　——率　260
自動化　58, 205, 226, 255
自動車軽量化　56
自動車用鋼板　50, 54–56, 63
自販機　256
　—— IoT サービス　257
資本（整備）生産性　211, 212
資本設備　58
ジャスト・イン・タイム　→ JIT
車体着工順序計画　72
ジヤトコ生産方式　→ JEPS
週間生産計画　68
柔軟性　→フレキシビリティ
重要管理指標　116
重要業績評価指標　→ KPI
重要財務指標　111
重量物作業　259
主活動　152
熟 練　23*
　——解体　267
　——（労働）者　7, 271
　——度　41, 213
受託生産　165

受託製造事業　165
受注確定生産　73
受注生産（BTO）　67, 96, 134, 135, 250
受注販売　247, 251
受注変動　78
出荷検査　100
需要（の）変化／変動　155
　——に対応できる生産委託システム　151
　——リスク　157
　——予測　131, 135, 144, 250
順序供給　81, 83
順序時間確定計画　69
順序納入　71, 73, 76, 78, 81
準内部組織　197
小組立　204
松甲学院　38, 44
小集団活動　→ QC サークル
情報一元化　103
情報技術　255, 290
情報駆動型 SP　151
情報システム　97, 150, 263
情報通信技術　→ ICT
情報の滞留　289
正味作業（時間）　23*, 122, 212, 213
上流工程　23*, 73
小ロット化　23*, 95
小ロット生産　19
職場外教育　→ Off-JT
職場内教育　→ OJT
ジョブショップ　62
ジョブローテーション　39, 46, 228
人為災害　180
人員削減の負担　196
新型コロナウイルス　196
シングル・ソース　194
シンクロ生産　71, 72
人工知能（AI）　58, 258
人材育成　29, 40
信頼（性）　174, 194, 196, 233

事項索引　301

垂直統合　7, 156
　　──戦略　171, 172
数値制御　→ NC
数量と価格の同期化　121
スキルマップ（星取表）　39, 47
スケールメリット　259
ステークホルダー　189
ストック　40
スーパードライ　87
スマイルカーブ　153, 154
スマートファクトリー　255, 271
　　──戦略　263
　　日本型（の）──　269, 273
スループット会計　115, 118
清潔　101, 192
製鋼工程　52
生産（活動）　10
　　──立ち上げ準備　234
　　──調整　133
　　──と実需の乖離（ギャップ）　130
生産委託　142, 152
　　──の集中／分散　148, 150
　　──のデメリット　156
　　──のメリット　154
　　──方式　143
　　自働車産業における──形態　152
生産委託業者のメリット　157
生産革新活動　108
生産管理　1, 10, 14
　　──コスト　111
　　──と原価管理の結合　123
　　──の目的　1, 12
生産技術　156, 255
　　──力　149
生産計画　174, 176, 246
　　──（の）調整／修正　69, 168, 171, 175
　　──と製品開発　168
　　──と部品納入　78
　　──の策定　67

　　──の精度　253
　　──のバーチャル化　285
　　──の標準化　6
生産効率　6
　　──化と連携する経営財務指標　110,
　　111
生産コストカーブ　250
生産指示かんばん　79
生産システム　2, 231
　　──（の）移転　220, 227, 229
生産準備　287
生産性　211, 266, 287
　　──のジレンマ　9
生産設備　49, 58
生産調査室　184
生産日程計画　68
生産販売計画　250
生産要素　10
生産ライン　23, 51, 74, 192
　　──コスト　111
　　──の工程進捗管理　108
　　──の自動化投資　268
　　──への部品供給方式　81
生産ランプアップ　62
生産リードタイム　86, 213
製銑工程　52
清掃　101, 192
製造間接費　114, 117
　　──の配賦問題　109
　　──配賦計算の精緻化　115
製造原価（製品製造原価）　113, 114
製造現場空間のデジタルデータ化　285
製造現場のマネジメントの変化／変革　210,
　　213
製造小売業　→ SPA
製造受託企業　→ OEM
製造性考慮設計　→ DFM
製造直接費　114, 117
製造費用　113

302　索　引

——の計算方法　114

製造品質　93, 98

製鉄プロセス　52

制度的な隔たり　230

整　頓　101, 192

生販調整　139

生販の連携力　253

製品イノベーション　210

製品開発活動デジタル化　276

製品原価　112

製品在庫　→完成品在庫

製品市場の予測情報　174

製品出荷サイクル　111

製品製造原価　→製造原価

製品特性と納期　134

製品別レイアウト　61, 62

製品ライフサイクル管理　→PLM

製麦工程　89

制約（条件の）理論　→TOC

整　理　101, 192

整流化　73

設　計　280, 287

設計情報のデジタル化　289

設計図面の3D化　288

設計・製造受託企業　→ODM

設計品質　98

設備管理サイクル　58

設備計画　23, 59

設備保全　→保全

セミ・ノックダウン（SKD）方式　225

先行艤装　217

先行投資　60

全数検査　100

銑　鉄　52

鮮度訴求　95

全部原価計算　23, 116

　　——と直接原価計算併用　117

専用工作機械　6

専用設備　6

操　業　24, 58, 63

操業度　→営業量

総組立工程　205, 206

総原価　114

総合製品品質　287

総合品質　98

総合品質管理　→TQC

装製工程　91

造船産業　200

造船所のレイアウト　203

組織能力　24, 96, 121, 150, 190, 288

組織の階層別教育　42

組織の機能別教育　42

組織文化　267

損益計算　113

た　行

大組立　205

第5次産業革命（インダストリー5.0）　264, 273

太鼓判システム　92, 93, 103

貸借対照表　114

代替生産　183, 184, 190, 194

　　——先の設備稼働率　194

代替生産能力　191, 193

ダイナミックプライシング機能　257

大容量データの表現／表示　280, 282

第4次産業革命（インダストリー4.0）　264

大量生産システム　1, 3

　　——の確立　7

大量発注　159

タクトタイム　24, 39, 71

匠　132

　　——指導員　148

　　——チーム　156

匠の技能／技　260, 265, 271

棚卸資産　114

多能工　19, 46, 83, 189, 194

　　——化　40, 75, 83

事項索引　　303

多品種少量生産　19
多様性　32
単一製品大量生産　8
単線型加工経路　61
段取り替え　24,* 73, 77
段取替時間短縮　19
短納期　131, 134
　　──の受注生産　136
知識（の）移転　232
　　──に対するモチベーション　233
知識の送り手と受け手　232
知識の性質　232
知識の量　232
チームワーク　46, 102, 194
中央演算処理装置　→ CPU
中間在庫　78
中間財取引　240
中国製造技術学院　35
注文変更情報　248
長期的な関係性　195
直接原価計算　24,* 116, 117
直接材料費　109, 120
直接取引　147
直接労務費　117, 212
直　課　115
直行率　111
賃　金　12
追加生産　133
低価格　131, 132
ディカップリング・ポイント　24,* 95
低コスト生産　144
定置式組立ライン　4
定番アイテム　145, 149
定番地化　207, 216
ディープラーニング　58
ディーラー　244, 245
　　──間の在庫交換　246
　　──の在庫補充生産　249
デイリー変更　244

適合品質　98
できばえの品質　98
適用と適応　231
デザインレビュー（DR）　278, 280
デザインレビューソリューション　284
手作業　265
デジタル技術　275
デジタル人材　271
デジタルツイン　258, 263, 276
デジタルトランスフォーメーション　→ DX
デジタルモックアップ　→ DMU
データのバックアップ体制　187
鉄鋼産業　49
鉄スクラップ　50, 51, 53
　　──の分類　58
デポ（部品倉庫）　81
デミング賞　99
デュアル・ソース　194
電気炉　50, 51, 53
点群データ　282
点群モデル化　285
電子かんばん　108
店頭在庫　132, 252
　　──量　245
伝　票　7
店舗間の製品移動　133
転　炉　52
投機型（生産）　137-139, 251
投機行動　136
投機生産　249, 250, 253
同期生産　67, 73, 81
統計的品質管理　→ SQC
統合型ものづくり　264
投資のリスク　155
塗装完了ボディストレージ　→ PBS
トータルフレッシュマネジメント　→ TFM
ドミナント・デザイン　3
トヨタ生産システム（TPS）　18, 108, 231,
　　258, 263, 264

トレーサビリティ（生産履歴管理） 94,
　97, 103, 108
トレンド（製）品 129, 139, 140

な 行

内 示 68, 80, 244
　——と確定発注の乖離 78
　発注—— 252
内製化 130
内部不良 101
流れ作業 19
日産生産方式 → NPW
日本化学技術連盟 99
日本経営工学会 63, 98
日本経営品質賞 100
日本工業規格（JIS） 97
日本自動車工業会 50
日本プラントメンテナンス協会 63
抜き取り検査 99, 100
ネットワーク効果 172
ねらいの品質 98
年間生産計画 67
納 期 13
　——と在庫のトレードオフ 135
納期型（生産） 137
納期管理 134
納期行動 136
納期生産管理 126, 133, 238
納期-投機の原則 136
納車リードタイム 69
ノウハウ 40, 52, 107, 142, 156, 232, 264,
　273
　製造の——蓄積 156
納入リードタイム 78
能率（生産性）増進運動 119
能力開発 40
ノックダウン（KD）方式 221

は 行

ハイテク自動化 269
　——戦略 265
配 賦 115, 122
　——計算の歪み 115, 117
ハイブリッド方式 53
パイロット・ラン（PR） 169
派遣労働 45
バージン・スチール 51
パーソナルコンピュータ 162
バーチャル空間 291
バーチャル・デュアル 194
バーチャルな現地現物 276
バーチャルな問題点発見・検証 282
発酵・貯酒工程 91
発注予告 252
発注量の確保 147
バッファリング 195
パートナー・サプライヤー 147–149
　——入れ替え 150
パネルベンダー 260
バランス・スコア・カート（BSC） 122
バリューチェーン 150, 152, 153, 263, 270,
　271, 291
パワーの不均衡 174
板金加工の自動化 260
半自動化ライン 259
販 促 12, 14
判断力 190
パンデミック 167, 171, 192
半導体産業 250
販売回転率 144
販売機会損失 128, 131, 135, 242
販売統括会社 245
販売費 114, 117
販売予測精度 251
販売予測と生産計画の事前調整 170
販売リスク 249

事項索引　305

販売量の拡大　147
販売力　253
汎用設備　6, 19
ヒエラルキー型加工経路　61
引き取りかんばん　79
非コア部品　169
ビジネス・プラットフォーム　161
ビジネスリスク　175
微生物管理　90
ビッグデータ　272
人　10, 11
　──と技術の融合　272
　──とロボットの協調　258, 259, 263
　──を活かす自動化　266
非汎用補完性　176
費目別計算　112
ヒューマンフィッティング自動化戦略　266,
　267
ヒューマンモチベーション自動化戦略　266,
　267
費用収益対応の原則　106
標準原価　24, 120
標準原価計算　119, 120
標準作業　46, 83, 98, 229
　──票　283
標準設計　175
鋲接（工法）　208-210
ビールの生産工程　89
品質　13, 97
　──のつくり込み　93, 99
品質改善（活動）　94, 101
品質管理　86, 96, 107, 266
　──の効率化　102
　──の歴史　98
　狭義の──　100
　広義の──　100
品質管理会計　122
品質情報一元管理　94
品質保証　92, 93, 96, 102

ファクトリーオートメーション　→FA
フィージビリティ・アナリシス　174
フィッター　6
フォード生産システム　1-3, 18, 221
複式簿記（システム）　106, 113
部材　10
復旧　181
物流コスト　111, 131
物流リードタイム　95, 96
歩留まり　212
船の生産プロセス　203
部品（原材料）　11
部品互換性　4, 7
部品在庫　76, 188, 248, 249
部品選択作業　83
部品調達　246
部品納入方式　75
部品発注計画　67
部品発注書　80
部品表（BOM）　121
部品保有時間　111
プライベートブランド（PB）　131
ブラウン・フィールド　225
プラットフォーム　161, 172
　──専用のプログラミング言語　176
　──提供者　173, 174
　──特殊資産（への）投資　175, 176
プラットフォーム・エコシステム　161
　──内でのポジショニング　172
　──における企業間関係　172
　──のパワー構造　173
ブランド・イメージ　226
ブランド価値　174
ブランド事業　165
ブランド・マーケティング　163
プランニング　195
不良品　97
　──の予防　99
フルライン戦略　9, 88, 95

フレキシビリティ（柔軟性）　8, 14, 18, 44,
　　192, 193, 196
フレキシブル大量生産システム　9
フレキシブルな専用機　183
フレキシブルライン　73
フレッシュマネジメント　92, 94
フレッシュローテーション　94
フロー　40
プロセス産業　25*, 61, 63
プロダクト・マネジャー　169
ブロック建造法　201, 208
フロー・マネジメント　193
フロントローディング　285, 286, 288
　　——を行うための組織能力　288
分解型加工経路　61
文化的隔たり　230
並行開発　→コンカレントエンジニアリング
平準化　78, 81
　　総量の——　78
　　品種別数量の——　79
ベーシック品　131, 138-140
ベルトコンベア　4
変動費　116, 117
貿易構造　240
防災　181
　　——対策能力　191, 192
方法　12
補完性　174
星取表　→スキルマップ
保全（設備保全／メンテナンス）　58, 59,
　　62
　　予防——　62
ホット・ラン　59
ボトルネック　41, 205, 206, 209, 213
　　——工程処理の能力　217
　　情報共有・連携における——　283
本国工場　235

ま 行

マザー工場　233
　　——システム／制度　233, 235
マテリアルフローコスト会計（MFCA）
　　122
マルコム・ボルドリッジ国家品質賞　100
マルチCAD/CG対応　282
マルチ・ソース　194
見込み生産　134
　　——計画　69
　　——と受注生産との組み合わせ　70
メタ・オーガナイゼーション　172
メンテナンス　→保全
モジュール（化）　259, 263
　　——（組立）工程の自働化　260, 261
モデル切り替え技能育成　234
モデル工場制　220, 227, 235
　　——による生産システムの移転　228
モデルチェンジ　9
ものづくり原価計算　109
モノづくり研修所　33, 34, 43
ものづくり情報　282
ものづくり組織能力　290, 291
モノづくり大学校　35
もののインターネット　→IoT
問題解決支援　234, 235
問題解決スキル　194, 196
問題解決のサイクル　193

や 行

輸出　247, 252
輸出販売型　242, 244, 245
輸送の長期化　250
ユニクロ（UNIQLO）　126, 131, 138, 139,
　　142, 146
　　——の生産委託　156
　　——の納期生産管理　133
ユニット　25*, 37, 81, 260

事 項 索 引　　307

溶　接　　201, 208, 210
　——・ブロック建造法　　207, 209, 211
予定原価　　25*, 120
4 つの隔たり　　229
米沢式原価計算　　109, 110
　——とスループット会計　　119
米沢生産方式　　108
予防費用　　122

ら 行

ライセンス生産　　91
ラインレイアウト　　234
ランプアップ期間　　62
利　益　　13
リスク分散　　158
リードタイム　　25*, 67, 72, 75, 193, 242,
　　246, 247, 249, 250, 252
　——の短縮　　73, 77
流　通　　12, 14
流通在庫　　95
リーン会計　　122
リーン生産システム　　18, 264
冷延鋼板生産　　57

レイオフ　　45
レーザー & NCT 複合機　　260
連続鋳造機　　52
労使関係　　228, 231, 235
労働組合　　228
労働生産性　　211-213
労働疎外　　267
労働力　　28, 40
　——の質的管理　　41
　——の（質的）フレキシビリティ　　44, 46
　——のフローとストック　　41
　——の量的管理　　40
　——の量的フレキシビリティ　　44
　——不足　　267
労務費　　112, 114
濾過工程　　91
ローコスト自働化（戦略）　　74, 265, 267
ロジスティクス　　250
ロックオン問題　　58
ロット供給　　81, 83
ロット生産　　74
ロット納入　　71, 76, 79, 81

人名索引

アルファベット

A～F

Abernathy, W. J.　9
Bucklin, I. P.　137, 250
Crosby, Philip B.　99
Daimler, G. W.　3
Deming, W. E.　99
Ford, H.　2, 8

G～J

Ghemawat, P.　229
Goldratt, E. M.　214
Juran, J. M.　99

O～W

Ortega, A.　28
Porter, M.　152, 157
Shewhart, W. A.　98
Taylor, F. W.　10, 120
Wayne, K.　8

50音

あ・か行

糸久正人　215
岩城宏一　108
大野耐一　19, 20, 122
岡本清　115, 123
オルテガ　→Ortega, A.
上總康行　123
粕谷誠　217
川上桃子（Kawakami, M.）　177
川崎豊彦　208
クラーク　→Clark, K. B.
クロスビー　→Crosby, Philip B.
ゲマワット　→Ghemawat, P.

小池和男　43
ゴールドラット　→Goldratt, E. M.

さ～な行

櫻井通晴　123
佐藤博樹　47
塩地洋　159
シューハート　→Shewhart, W. A.
ジュラン　→Juran, J. M.
新宅純二郎　291
瀬戸雄三　89, 95
ダイムラー　→Daimler, G. M.
竹田陽子　289
千代倉弘明　279
鄭周永（チョン ジュヨン）　50
鄭夢九（チョン モング）　51
辻厚生　120
テイラー　→Taylor, F. W.
デミング　→Deming, W. E.
富田純一　215
豊田喜一郎　18, 264
鳥谷浩志　279
仲根かすみ　119
西口敏宏　197
根来龍之　177

は・ま行

朴英元（Park Youngwon）　64, 273
柊紫乃　123
フォード　→Ford, H.
藤本隆宏（Fujimoto, T.）　23, 48, 85, 104, 197, 273
ポーター　→Porter, M.
松下幸之助　28, 30, 33
村井勉　91

人名索引　　309

山田秀　　104

ライ，ジミー（黎智英；Lai, Chee-ying）
　　145

や・ら行

柳井正　　131, 143, 145, 146, 151

310　索　引

企業名索引

アルファベット

A～G

Airbnb　161
Amazon　161, 172
Apple　163
ASUS　162
──グループ　166, 167
eBay　161
FOXCONN　152
GAP　144
GM　2, 9

H～N

H&M　144, 149
HMI（Hyundai Motor India）　222
HMIC（Hyundai Motor Investment
　　Company）　224
HMMA（Hyundai Motor Manufacturing
　　Alabama）　222
HMMC（Hyundai Motor Maunfacturing
　　Czech）　222
IBM　162, 163
Intel　161-163, 165, 168, 171-175
JFE スチール　50, 55
Microsoft　163
NBC 呉造船所　209, 211
NEC（日本電気）　107, 151
NEC パーソナルコンピュータ　107
Nintendo　173
NVIDIA　161

P～Z

PCO　→パナソニック　コネクト
PEX　→パナソニック　オペレーショナルエ
　　クセレンス
PHD　→パナソニック　ホールディングス

Qualcomm　173
TEMA（Toyota Motor Engineering &
　　Manufacturing North America）　246
TME（Toyota Motor Europe）　247
TMS（Toyota Motor Sales USA）　245
ZARA　126, 128, 137, 139, 144

50音

あ・か 行

アイシン　181
──刈谷工場　181
アクセンチュア　151
アサヒビール　86
アップル　152
仁川製鉄　51
インディテックス　126, 128, 144, 149
エイスース（華碩，HSUS）　164
大島造船所　205, 211, 215
キリンビール　87, 88
クオンタ（廣達，Quanta）　164
クライスラー　2
現　代　→現代（ヒュンダイ）
広汽トヨタ　248
広州汽車集団　248
小松製作所　117
コンパル（仁寶，Compal）　164

さ・た 行

ジヤトコ　66, 73
小郡商事　143
ジョルダーノ　145
図　研　281
ダイハツ工業　152
大豊精機　285
常石造船　285

企業名索引　311

デル（Dell Technologies）　250
東　レ　132
トヨタ（自動車）　76, 78, 108, 181, 186,
　　233, 235, 242, 278, 280, 284
　　——九州　152
　　——グループ　182
　　——のサプライヤー・ネットワーク　184
豊田自動織機　152

▌な・は 行

日産自動車　66
日本電気　→ NEC
パナソニック　31
　　——グループ　28, 30
パナソニック　オペレーショナルエクセレン
　　ス（PEX）　32
パナソニック　コネクト（PCO）　32, 37
パナソニック　ホールディングス（PHD）
　　31, 32
日野自動車　152
現代（自動車）　220, 221, 235
　　——グループ　50, 53, 55, 56
現代建設　53
現代重工業　53
　　——ウルサン工場　201
現代製鉄　49, 50
　　——唐津製鉄所　53, 54
　　——技術研究所　56
ファーストリテイリング　126, 131, 142
ファナック　258

フォード　1, 221
　　——ハイランドパーク工場　7
　　——リバールージュ工場　7
富士重工業　152
富士電機　255
　　——の FA 化　258
　　——三重工場　256
ペガトロン（和碩聯合科技）　165
北京汽車集団　223, 224
北京現代　228
北京現代汽車（Beijing Hyundai Motor
　　Company）　220, 222, 223
ベンキュー（明碁，BenQ）　164
ポスコ　49, 50, 52, 57
ボールワース　54, 59
ホンダ　186
ホンハイ（鴻海，Hon Hai）　164

▌ま〜ら 行

マイクロソフト　280
松下電器具製作所　30
松下電器産業株式会社　28, 31
三菱自動車　221
楽　天　161, 172
ラティス・テクノロジー　277
リケン　185
　　——の柏崎工場　185
リコー　277
リミテッド　145
レノボ　107

編者紹介　　徐　寧教（ソ・ヨンキョ）
　　　　　　　　神奈川大学経営学部准教授

　　　　　　新宅純二郎（しんたく・じゅんじろう）
　　　　　　　　明治大学経営学部特任教授，東京大学名誉教授

　　　　　　富野貴弘（とみの・たかひろ）
　　　　　　　　明治大学商学部教授

【有斐閣ブックス】

ケースに学ぶ生産管理

Production and Operations Management: Studying through Cases

2025 年 4 月 20 日 初版第 1 刷発行

編　者	徐寧教
	新宅純二郎
	富野貴弘
発行者	江草貞治
発行所	株式会社有斐閣
	〒101-0051 東京都千代田区神田神保町 2-17
	https://www.yuhikaku.co.jp/
組　版	田中あゆみ
印　刷	大日本法令印刷株式会社
製　本	大口製本印刷株式会社
装丁印刷	株式会社亨有堂印刷所

落丁・乱丁本はお取替えいたします。定価はカバーに表示してあります。
©2025, Youngkyo SUH, Junjiro SHINTAKU, and Takahiro TOMINO.
Printed in Japan. ISBN 978-4-641-18471-8

本書のコピー，スキャン，デジタル化等の無断複製は著作権法上での例外を除き禁じられています。本書を代行業者等の第三者に依頼してスキャンやデジタル化することは，たとえ個人や家庭内の利用でも著作権法違反です。

JCOPY　本書の無断複製(コピー)は，著作権法上での例外を除き，禁じられています。複写される場合は，そのつど事前に，(一社)出版者著作権管理機構(電話03-5244-5088，FAX 03-5244-5089，e-mail:info@jcopy.or.jp)の許諾を得てください。